上海"十二五"内涵建设项目案例系列教材
"十三五"规划教材·会计精品系列

财务报表审计案例分析
Caiwu Baobiao Shenji Anli Fenxi

(第二版)

杨 罡 主编
高圣荣 叶飞腾 副主编

立信会计出版社
LIXIN ACCOUNTING PUBLISHING HOUSE

图书在版编目(CIP)数据

财务报表审计案例分析/杨罡主编. —2 版. —上海:立信会计出版社,2018.4(2021.1 重印)
"十三五"规划教材. 会计精品系列
ISBN 978-7-5429-5766-5

Ⅰ.①财… Ⅱ.①杨… Ⅲ.①会计报表-审计-案例-高等学校-教材 Ⅳ.①F239.1

中国版本图书馆 CIP 数据核字(2018)第 072210 号

责任编辑　孙　勇

财务报表审计案例分析(第二版)

Caiwu Baobiao Shenji Anli Fenxi

出版发行	立信会计出版社		
地　　址	上海市中山西路 2230 号	邮政编码	200235
电　　话	(021)64411389	传　　真	(021)64411325
网　　址	www.lixinaph.com	电子邮箱	lixinaph2019@126.com
网上书店	http://lixin.jd.com		http://lxkjcbs.tmall.com
经　　销	各地新华书店		
印　　刷	常熟市华顺印刷有限公司		
开　　本	710 毫米×960 毫米	1/16	
印　　张	17.75	插　　页	1
字　　数	250 千字		
版　　次	2018 年 4 月第 2 版		
印　　次	2021 年 1 月第 7 次		
印　　数	7 501—8 600		
书　　号	ISBN 978-7-5429-5766-5/F		
定　　价	38.00 元		

如有印订差错,请与本社联系调换

第二版前言

自《财务报表审计案例分析》一书出版以来,我国会计、审计准则发生了较大变化,我国资本市场进一步发展、完善,这对本书的改版提出了要求,也提供了条件。一些热心的读者和教师以及行业专家也对本书提出了诸多良好建议。为使本书更好地适用于教学,我们对其进行了改版。

再版时对一些陈旧案例进行了替换,新增案例更加新颖、典型、有趣,如"獐子岛"案例,以及部分新三板公司审计案例。

本书是财务报表审计课程的配套案例书,目的是通过对国内外经典案例的学习,对学生进行有效的学习指导,使其开阔专业视野,巩固所学理论知识体系。在内容上,本书契合财务报表审计课程体系,共分为10章,大部分案例按照案例介绍、问题梳理、案例分析等部分进行编写。案例介绍部分主要针对案例的背景进行简要介绍说明,属于阅读引导环节,给学生重要的、关键的案例背景和时间节点提示,突出案例的时效性和地域性以及国情差别,避免学生理解时出现偏差;问题梳理部分,针对案情,梳理出案例中的主要问题,帮助学生进一步分析理清思路;案例分析部分,结合财务报表课程的基本原理、概念,解释案例涉及的焦点问题,以及建议对策和解决方案,以培养学生的分析思维和提高综合判断能力。

  本书由杨罡担任主编,高圣荣、叶飞腾担任副主编。主编负责拟订编写大纲,制定框架结构,并负责总纂、修改及定稿,副主编协助主编开展相应的工作。本书内容分别为:第一章财务报表审计行业发展及其规范体系、第二章审计法律责任、第三章审计证据、第四章风险评估及应对、第五章销售与收款循环审计、第六章生产与存货循环审计、第七章筹资与投资循环审计、第八章财务报表审计中对舞弊的责任、第九章特殊项目审计、第十章审计报告。本书的第一章、第三章、第六章、第七章由杨罡执笔,第四章、第五章由高圣荣执笔,第二章、第八章、第九章、第十章由叶飞腾执笔。

  本书配有丰富的教学资源,读者可通过 pastwater11@163.com 联系索取。

  书中如有缺点和不足,恳请广大读者不吝赐教,以便再版时修订、完善和补充。

杨 罡
2018 年 5 月

目 录

第一章 财务报表审计行业发展及其规范体系 ········· 1
第一节 财务报表审计行业发展概述 ········· 1
案例1 我国会计师事务所行业专长发展之路——以立信会计师事务所为例 ········· 1
第二节 审计人员职业道德规范 ········· 21
案例2 夏新电子利润造假案例分析 ········· 21

第二章 审计法律责任 ········· 31
第一节 被审计单位的会计责任 ········· 31
案例3 会计截期之美国女王真空 ········· 31
案例4 安然公司倒闭案 ········· 37
第二节 审计人员的审计责任 ········· 46
案例5 帕玛拉特——意大利的安然 ········· 46
案例6 注册会计师审计责任——基于广东科龙电器的案例分析 ········· 56

第三章 审计证据 ········· 72
第一节 审计证据的含义及其主要类型 ········· 72
案例7 施乐公司案例 ········· 72
第二节 环境证据审计 ········· 84
案例8 海外并购内部控制评估及其应用——基于庞大集团收购萨博汽车的案例分析 ········· 84

第四章 风险评估及应对 ... 101
风险应对概念及案例分析 ... 101
案例 9 中原大地传媒案例 ... 101

第五章 销售与收款循环审计 ... 112
第一节 营业收入审计 ... 112
案例 10 九好集团案例——销售收入造假 ... 112
案例 11 参仙源案例——新三板财务造假第一例 ... 124
第二节 IPO 企业报表审计案例 ... 136
案例 12 胜景山河上市叫停案例 ... 136

第六章 生产与存货循环审计 ... 143
第一节 存货计价审计 ... 143
案例 13 法尔莫公司案例——水桶账户 ... 143
第二节 存货监盘审计 ... 153
案例 14 獐子岛案例——扇贝去哪儿了 ... 153

第七章 筹资与投资循环审计 ... 165
第一节 股东权益相关项目审计 ... 165
案例 15 大股东资金占用风险——亚星化学案例 ... 165
第二节 投资活动相关项目审计 ... 171
案例 16 五粮液股份有限公司投资价值分析 ... 171

第八章 财务报表审计中对舞弊的责任 ... 194
第一节 国内上市公司舞弊案例及注册会计师责任 ... 194
案例 17 主动纳税之达尔曼财务舞弊 ... 194
案例 18 绿大地财务舞弊案 ... 205

　　第二节　国外上市公司舞弊案例及启示 ·················· 219
　　　案例 19　集体规避审计之南方保健公司案例 ············ 219
　　　案例 20　法国兴业银行舞弊案例 ······················ 224

第九章　特殊项目审计 ·· 234
　第一节　会计估计审计 ·· 234
　　　案例 21　杭萧钢构天价合同质疑 ······················ 234
　第二节　信息披露审计 ·· 244
　　　案例 22　重庆啤酒案例 ······························ 244
　　　案例 23　酒鬼酒案例 ································ 254

第十章　审计报告 ·· 262
　审计失败案例分析 ·· 262
　　　案例 24　美国废物处理公司案例 ······················ 262

第一章
财务报表审计行业发展及其规范体系

第一节 财务报表审计行业发展概述

 案例1 我国会计师事务所行业专长发展之路——以立信会计师事务所为例

一、案例介绍

(一) 会计师事务所行业专长概述

会计师事务所行业专长(Audit Firm Industry Expertise)是指会计师事务所针对特定行业的客户特征投资形成的产业专有知识和专业才能。行业专长是会计师事务所专业技能的重要组成部分,具备行业专长的会计师事务所通常具有较强的专业胜任能力,因此在其他条件相同的情况下,具有更高的审计质量。例如,Bedard 和 Biggs (1991)发现制造行业的行业专长会计师事务所,相对于非行业专长会计师事务所,发现客户财务报表上的错误的能力更强。类似地,Johnson 等 (1991)发现行业专长会计师事务所,相对于非行业专长会计师事务所,更可能发现客户财务报表舞弊的情况。另外一些研究人员发现会计师事务所行业专长与审计收费之间存在正相关关系(Ettredge 和 Greenberg,1990；Ward 等,1994；Cullinan,1998)，O'Keefe 等(1994)发现行业专长会计师事务所的审计质量更高；Krishnan（2003）发现行业专长会计师事务所审计客户的盈余管理程度更小；Krishnan（2005）发现行业专长会计师事务所审计客户的财务报表的质量更高，体现为会计盈余的稳健性更高。

根据现有的研究，发展行业专长可以为会计师事务所带来如下优势：①行业专长会计师事务所由于将资源和技术投资于特定行业，因此在其专长行业具有更大的规模效益，进而增强会计师事务所的竞争力，也为提供其他鉴证服务和非审计服务增强吸引力；②提高竞争者的进入门槛(夏立军,2004)。因此在审计实务界，行业专长从 20 世纪 90 年代开始逐渐受到会计师事务所的重视。1993 年，毕马威会计师事务所在国际五大会计师事务所中率先按照行业服务线(Industry Service Lines)对其组织结构进行了重组。其他的国际五大会计师事务所也分别具有自己的专长行业，国际五大会计师事务所行业专长如图 1-1 所示。

但国内审计行业与国外的情况颇为不同，具有自身鲜明的特点。首先，我国审计行业脱胎于计划经济向市场经济转型过程中，1999 年才刚刚完成会计师事务所脱钩改制，会计师事务所在行业专长方面的发展起步晚，起点低。其次，我国的审计诉讼风险很低，投资者对会计师事务所进行民事诉讼的概率很低。即使进行诉讼，由于不能像美国一样采用集体诉讼的方式，诉讼成功的可能性很低。最后，我国的审计市场集中度与国外也不同，国外发达国家的审计市场通常由"四大"（或之前的"五大""六大"）掌握绝大部分市场份额，而我国的审计市场份额则较分散，集中度不高。因此我国会计师事务所的行业专长发展之路与国外会计师事务所可能不尽相同。经过近十几年的发展，有关会计师事务所行业专长的如下几个问题值得我们进一步探讨：

(1) 国内会计师事务所的行业专长现状如何？国内会计师事务所是否建立了各自的行业专长？

Firm/Key Industries	SIC Codes	Firm/Key Industries	SIC Codes
Arthur Andersen		**Ernst & Young**	
Communications	48	Consumer Products	20–33
Financial Services	60, 62–64, 67	Financial Services	60, 62, 67
Government	91–97	Health Care	80
Health Services	80	Info, Communic & Entertnmt	48, 73, 78
Products	20–39	Insurance	63, 64
Utilities	49	Manufacturing	34–39
		Real estate/Construction	15–17
Coopers & Lybrand		**KPMG Peat Marwick**	
Energy, Util & Nat Res	10–14, 49	Financial Services	60, 62–64, 67
Engineering & Construction	15–17, 87	Health Care & Life Sciences	80
Financial Services	60, 62–64	Info, Commun & Entertmnt	48, 73, 78
Government Contracting	91–97	Mfg, Retailing & Distrib	20–39, 52–59
Health Care	80	Public Services	91–97
Information/Communication	48, 73, 78		
Manufacturing, incl high tech	20–39	**Price Waterhouse**	
Real Estate	65, 70	Financial Services	60, 62–64, 67
Retail/Wholesale	50–59	Products	20–39
Transportation	40–42, 44, 45, 47	Energy	49
Venture Capital	67	Entertmnt, Media & Com	48, 70, 78, 79, 84
Deloitte & Touche			
Aerosp, Auto & Defense Mfg	37		
Construction	15–17		
Financial Services	60, 62–64, 67		
Food and Consumer Prods	20–33		
Health Care	80		
High Tech/Electronic Svcs	35, 36, 38		
Higher Education	82		
Mfg Consulting Services	87		
Public Sector	91–97		
Public Utilities	49		
Real Estate	65, 70		
Telecommunications	48		
TRADE/Retail and Distrib	52–59		

图 1-1 国际五大会计师事务所行业专长

资料来源①：Hogan and Jeter (1999) industry specialization by auditors.

（2）国内会计师事务所是否愿意建立行业专长？建立行业专长的动机是什么？国内会计师事务所发展行业专长是否能够提高其市场份额？

（3）国内会计师事务所的行业专长能否带来审计收费溢价？行业专长能否提高审计质量？

为此，我们以立信会计师事务所为例，全面剖析中国会计师事务所的行业专长建设之路。选择立信会计师事务所主要基于以下两个原因：第一，立信会计师事务所是国内大所，比较有代表性，经中国注册会计师协会（以下简称中注协）全国前百家会计师事务所综合评价排名统计，立信会计师事务所2002—2006年度连续5年排名均列第五位（前四家均为国际"四大"），

---

① 1999 年时 Coopers & Lybrand 和 Price Waterhouse 尚未合并。

2007—2010年立信会计师事务所排名位列第六位。第二,由于作者所在学校与立信会计师事务所有颇多渊源,比较容易获得相关信息,在信息获取上有比较优势,因此选择立信会计师事务所作为我们案例分析的对象。

(二)立信会计师事务所介绍

立信会计师事务所(以下简称立信)由中国会计泰斗潘序伦先生于1927年在上海创建,是中国建立最早和最有影响的会计师事务所之一。1986年复办,2000年成立上海立信长江会计师事务所有限公司,2007年更名为立信会计师事务所有限公司。立信依法独立承办注册会计师业务,具有证券期货相关业务从业资格。2010年,立信获得首批H股审计执业资格。2010年12月改制成为国内第一家特殊普通合伙会计师事务所。立信部分相关大事件如图1-2所示①。

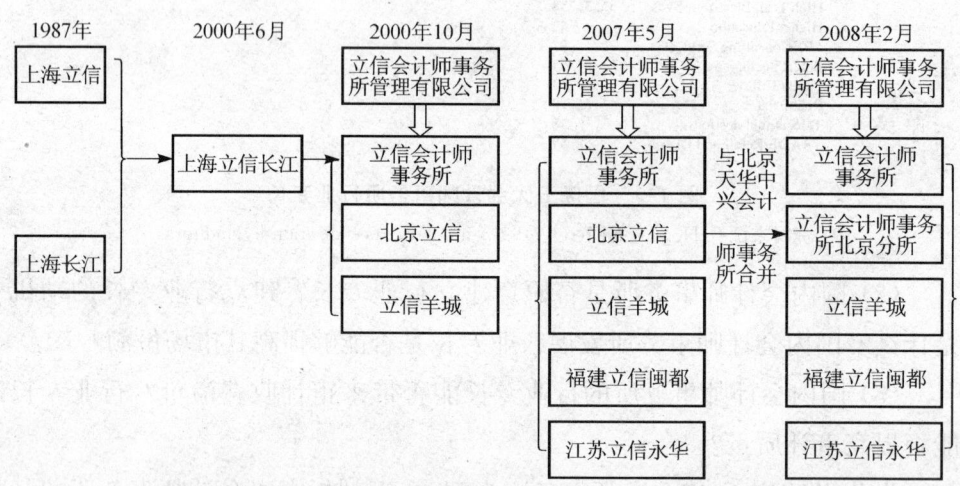

图1-2 立信会计师事务所部分相关大事件

经过80余年的长足发展,立信在业务规模、执业质量和社会形象方面都取得了国内领先的地位。自2001年起,立信在全国会计师事务所签发国

---

① 摘自陈信元、王英姿、夏立军:转型经济中的审计问题——基于中国上市公司的案例,上海财经大学出版社2011年版。

内上市公司审计报告数量排行榜上一直保持第一。独立、公正、客观是立信一贯秉承的原则。在信用经济和信息社会化的时代中,立信恪守职业道德,勤勉尽责,坚持执业质量,保护公众利益,承担社会责任,为国内外委托人提供高品质、高附加值的专业服务。

2000年,立信加入国际网络,提前实现了专业服务与国际接轨,并扎实培养了一批国际化人才。2009年,立信加入全球第五大国际会计网络——BDO国际,通过与境外成员所的交流、锻炼、巩固和发展了立信执行跨境业务的经验与优势。

2000年至2011年间,经由中华人民共和国财政部批准,立信又相继在北京、深圳等地设立了22家分所,立信在打造本土最具核心竞争优势的专业服务机构的同时,逐步完善和实现战略布局。

立信现有从业人员4 000余名,其中执业注册会计师千余人。总部设在上海,设有7个专业委员会,以及审计业务部、国际业务部、银行业务部和审计风险管理部、信息技术部、教育培训部、管理咨询部、税务部、资产评估部、工程造价咨询部、信息鉴证部、公司清算部、市场与品牌推广部、会计政策研究中心、产学研基地等与业务相关的部门。立信现有客户遍布全国各地,其中上市公司近300家,IPO公司300余家,外商投资企业2 000余家,并为大型央企、国有集团、银行、证券公司、期货经纪公司、保险公司、信托公司、基金公司等提供审计及相关业务。立信机构设置如图1-3

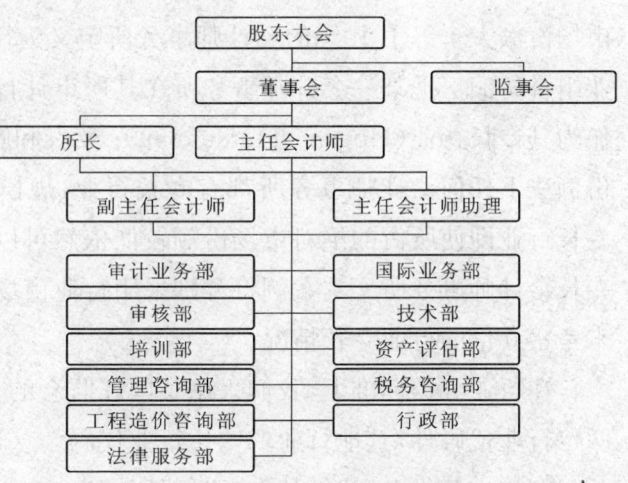

图1-3 立信会计师事务所机构设置

资料来源:立信会计师事务所网站。

所示。

二、问题梳理——立信会计师事务所行业专长建设情况

为了考察立信行业专长建设情况,我们首先需要对行业专长进行衡量。目前文献对会计师事务所行业专长的衡量主要有两种方法:行业市场份额法和行业组合份额法(market share approach 和 portfolio approach)。由于行业专长知识随着行业市场份额的增加而增加,因此可以用行业市场份额来衡量行业专长(Hogan 和 Jeter,1999;Ferguson,Francis 和 Stokes,2003)。Francis,Reichelt 和 Wang(2005)把行业中市场份额最大的 5 大会计师事务所定义为具有该行业专长的会计师事务所。Reichelt 和 Wang(2010)把在某一行业中拥有最大市场份额的会计师事务所定义为行业专长会计师事务所,并且该会计师事务所的行业市场份额需超过第 2 名至少10%或者该会计师事务所拥有的行业市场份额超过 30%。Lim 和 Tan(2010)则认为 2000—2001 年间行业市场份额超过 24%的会计师事务所为行业专长会计师事务所,2002—2005 年间行业市场份额超过 30%的会计师事务所为行业专长会计师事务所。国内学者蔡春和鲜文铎(2007)则把行业市场份额大于等于 10%的会计师事务所定义为行业专长会计师事务所。行业组合份额法把某一会计师事务所在其所审计行业中市场份额最高的行业作为其专长行业(Hogan 和 Jeter,1999;蔡春和鲜文铎,2007)。在行业组合份额法下任何会计师事务所都有专长行业,规模较小的会计师事务所在其专长行业即使所占的绝对市场份额较低依然可以被认为是这一行业的行业专长会计师事务所。本案例将分别采用行业市场份额法和行业组合份额法来考察立信的行业专长情况。

在行业分类标准上,我们采用中国证监会的行业定义标准,除制造业取两位行业代码外,其他行业取一位行业代码。

在样本年份上,我们从 1999 年开始到 2009 年结束。选择 1999 年作为我们数据分析的起始年份是因为 1999 年立信脱钩改制基本完成。特别需要说明的一点是,我们以不包括立信羊城、立信闽都、立信永华数据计算立

信行业专长,以减少合并事项对原立信会计师事务所的行业专长的影响。

(一) 以行业市场份额法衡量会计师事务所行业专长

以行业市场份额法衡量的立信行业专长情况如表1-1所示。

从表1-1可以看出,针对农林牧渔行业(证监会行业代码:A),立信在2001年进入该行业,当时的行业占有率为8.4%,在当时进入该行业的所有会计师事务所中排名最高。2002—2004年之间立信在该行业的市场占有率基本没有很大变动,维持在7.5%左右。但到了2005年,立信在农林牧渔业的市场占有率急剧下滑到4.5%,行业排名也从2004年的第2位下降到第6位。这导致2006年之后,立信退出了该行业。

采掘行业(证监会行业代码:B),立信从2004年进入该行业,当时的市场占有率为1.7%,在所有进入该行业的20家会计师事务所中排名倒数第3位。但是之后,立信在该行业进行了大量投资,行业的市场占有率逐步上升,从2005年的1.8%逐步上升至2009年的10.9%;行业排名也从2005年的第15位上升至2009年的第3位。因此目前可以认为立信在采掘业具有行业专长。

食品和饮料行业(证监会行业代码:C0)的情况与采掘业类似,立信在2002年进入,当时市场占有率较低,只有1.8%。但之后逐步发展,2008年时达到了10.9%,2009年也有7.3%的占有率。行业排名也基本维持在1~3名。因此,食品和饮料行业也是立信的专长行业。

纺织、服装、皮毛行业(证监会代码:C1)与之前的两个行业不同,立信很早就进入该行业,而且1999年的市场占有率就有5.9%,在所有进入该行业的24家会计师事务所中排名第5位。之后立信在该行业一直保持较高的优势,而且占有率和集中度越来越高。2009年时达到了22.3%。并且从2002年开始至2009年,立信在该行业的市场占有率行业排名一直保持第1位。因此纺织、服装、皮毛行业绝对是立信的专长行业。

木材和家居行业(证监会行业代码:C2)是立信唯一没有涉及上市公司审计业务的行业。

表 1-1 以行业市场份额法衡量的

行业代码	年				
	1999	2000	2001	2002	2003
A 农林牧渔业			1 22 0.084	4 22 0.075	1 25 0.075
B 采掘业					
C0 食品和饮料				24 34 0.018	4 34 0.055
C1 纺织、服装、毛皮	5 24 0.059	2 27 0.094	2 29 0.106	1 27 0.158	1 30 0.202
C2 木材和家居					
C3 造纸和印刷			14 19 0.031	17 20 0.031	15 23 0.031
C4 石油、化学、塑料和塑胶	8 53 0.032	2 54 0.046	2 50 0.056	2 54 0.053	2 55 0.053
C5 电子			5 24 0.06	6 25 0.054	8 28 0.046
C6 金属、非金属					46 52 0.004
C7 机械、设备和仪表	56 63 0.005	37 59 0.009	16 59 0.022	31 59 0.013	13 60 0.023
C8 医药和生物制品		6 39 0.041	4 43 0.051	3 43 0.053	2 41 0.064

第一章 财务报表审计行业发展及其规范体系

立信行业专长情况（1999—2009 年）

年份					
2004	2005	2006	2007	2008	2009
2	6				
27	29				
0.075	0.045				
17	15	14	12	3	3
20	19	17	19	17	17
0.017	0.018	0.017	0.017	0.103	0.109
3	5	3	3	1	3
35	35	35	36	33	29
0.056	0.051	0.059	0.061	0.109	0.073
1	1	1	1	1	1
32	33	35	34	31	30
0.228	0.192	0.188	0.211	0.215	0.223
16	15	17	10	11	11
24	22	24	23	25	24
0.029	0.03	0.025	0.04	0.04	0.034
2	6	4	3	6	11
56	55	52	51	47	43
0.062	0.043	0.053	0.056	0.044	0.034
9	13	12	9	2	9
29	30	32	33	28	24
0.042	0.031	0.037	0.041	0.088	0.061
29	41	42	11	2	6
52	49	50	47	42	39
0.013	0.005	0.004	0.028	0.096	0.062
2	4	4	3	1	6
63	62	57	55	48	45
0.043	0.043	0.045	0.056	0.079	0.057
1	2	2	3	4	11
46	44	44	44	40	36
0.085	0.065	0.061	0.053	0.054	0.033

行业代码	年				
	1999	2000	2001	2002	2003
C9 其他制造	3 10 0.116	3 13 0.097	2 13 0.117	2 13 0.126	1 14 0.13
D 电力、煤气、水的生成和供应			31 33 0.01	20 33 0.024	21 33 0.022
E 建筑业	4 13 0.097	5 14 0.09	4 16 0.092	4 18 0.085	7 20 0.073
F 交通运输、仓储业					21 32 0.017
G 信息技术业	28 37 0.012	32 37 0.01	32 36 0.009	18 38 0.02	5 41 0.044
H 批发和零售贸易	3 38 0.078	1 39 0.084	1 38 0.081	2 40 0.08	2 41 0.077
I 金融、保险业	6 6 0.065	7 7 0.046	5 6 0.041	6 8 0.023	7 8 0.018
J 房地产业	3 22 0.09	3 22 0.125	1 26 0.133	2 27 0.101	4 29 0.069
K 社会服务业	7 18 0.057	7 19 0.049	9 19 0.046	7 19 0.045	8 19 0.046
M 传播与文化产业	2 46 0.062	1 41 0.113	1 42 0.129	1 41 0.11	1 39 0.127

注：表中每一单元格的第一行数字代表立信的行业市场份额在所有会计师事务所中的行业排名，第二行业的市场份额。

(续表)

\# 份					
2004	2005	2006	2007	2008	2009
2	2	2	3	2	2
13	12	13	13	13	13
0.139	0.147	0.158	0.143	0.135	0.124
24	22	16	15	18	18
38	34	30	30	29	25
0.02	0.02	0.021	0.021	0.021	0.018
5	5	1	3	3	6
23	22	24	25	23	22
0.068	0.066	0.104	0.066	0.082	0.06
7	8	9	11	3	5
31	30	32	32	32	30
0.048	0.046	0.035	0.033	0.093	0.072
7	6	7	8	3	3
43	42	41	43	42	40
0.041	0.042	0.047	0.038	0.088	0.068
1	1	1	1	1	1
38	38	36	37	36	32
0.1	0.103	0.09	0.139	0.132	0.136
7	7	9	8	7	9
8	8	10	12	11	10
0.016	0.024	0.007	0.017	0.018	0.003
4	1	5	1	1	1
29	29	28	30	27	26
0.064	0.088	0.075	0.106	0.108	0.107
8	8	3	4	4	11
24	24	24	28	27	28
0.044	0.045	0.086	0.083	0.076	0.034
1	1	1	1	1	1
40	39	38	34	33	28
0.193	0.198	0.203	0.192	0.194	0.194

行数字代表某年共有多少家会计师事务所在该行业提供审计鉴证服务,第三行数字代表某年立信在该

造纸和印刷行业(证监会行业代码:C3),立信在2001年进入该行业,市场占有率一直在3%~4%之间,行业排名也一直在十几位。因此,该行业不是立信的专长行业。

石油、化学、塑料和塑胶行业(证监会行业代码:C4),立信在很早就进入该行业,在1999年时市场占有率为3.2%,行业排名第8位。2000—2004年之间,立信在该行业的市场占有率逐步上升,行业排名一直维持在第2位。但2005年之后,市场份额逐渐下滑,2009年立信在石油、化学、塑料和塑胶行业的市场份额仅占3.4%,同时排名也下滑至第11位。因此,总体上看,立信在石油、化学、塑料和塑胶行业曾经建立过行业专长,但2005年之后失去了该行业的行业专长。

电子行业(证监会行业代码:C5),立信只有2001年和2008年的行业排名比较靠前,分别为第5位和第2位。其他年份的市场占有率和排名都不居前,因此我们可以判定电子行业不是立信的专长行业。

金属和非金属行业(证监会代码为:C6),立信会计师事务所在2003年才进入该行业,而且在2003—2006年之间,行业市场占有率的排名大体上在30多位到40多位。但从2007年开始,立信在该行业的市场份额急剧上升,从2006年的0.4%上升到2007年的2.8%。这一趋势在以后几年继续保持,2008年立信在金属和非金属行业的市场占有率达到了9.6%,行业排名上升到第2位,虽然2009年市场份额有所下降,但行业排名仍然维持在第6位。从中我们可以得出,金属和非金属行业是立信的潜在或未来发展的行业专长行业。

机械、设备、仪表行业(证监会代码为:C7),立信的市场份额从1999年到2008年呈现逐步上升的趋势,2008年行业排名已经达到了第1位。但是从表1-1中可以看出2008年的行业市场占有率仅为7.9%,而到2009年更是降到5.7%。所以对于机械、制造和仪表行业,虽然立信的排名较靠前,但总体的行业市场占有率并不高,因此我们认为立信在机械、制造和仪表行业不具有行业专长。

医药和生物制品行业(证监会代码为:C8)的情况与机械、制造、仪表行业的情况类似,虽然行业排名较高,但立信的市场占有率并不高,因此我们认为立信在医药和生物制药行业不具有行业专长。

在其他制造行业(证监会行业代码:C9),由于行业分类比较模糊,因此我们不对立信是否具有行业专长进行判断。

在电力、煤气、水的生成和供应行业(证监会行业代码:D),立信从2001年进入该行业提供审计服务,一直到2009年,行业的市场占有率一直在2%以下,因此不具有行业专长。

建筑行业(证监会行业代码:E),立信各年的行业排名平均在第4和第5位,但行业占有率通常低于10%,所以也不具有行业专长。

交通运输、仓储业(证监会行业代码:F),立信进入时间较晚,2003年开始为交通运输、仓储业企业提供审计服务,市场占有率一直不高,但2008年份最高达到了9.3%,2009年为7.2%。所以交通运输和仓储行业是否是立信发展行业专长的行业较难判断。

信息技术行业(证监会行业代码:G),除了较早进入该行业外,与交通运输、仓储业的情况比较类似,较难判断信息技术行业是否是立信潜在的发展行业专长的行业。

批发和零售贸易行业(证监会行业代码:H),立信在1999年之前就进入了该行业,同时根据行业市场占有率的排名,一直维持在前3名。特别是2004年之后,行业龙头会计师事务所的地位越发明显,2004—2009年,行业排名始终是第1位,而且行业市场份额从2004年的10%稳步上升至2009年的13.6%,行业专长效应越来越明显。因此零售贸易行业是立信的行业专长行业。

金融、保险业(证监会行业代码:I)审计市场有着明显的自身特征,能够进入金融业上市公司审计市场的会计师事务所并不多,2005年之前一直不超过7家,2007年最高为12家。同时,由于四大国有银行都由四大会计师事务所审计,所以此行业的其他会计师事务所很难形成行业专长。即使是作为国内会计师事务所排名数一数二的立信也不例外,因此无法在金融保险行业形成行业专长。

房地产行业(证监会行业代码:J),立信在1999年之前就进入了该行业,从1999—2009年的总体水平上看,除了2003年、2004年、2006年处于第5位外,其他年份立信都处于行业前3名,且市场份额基本达到了10%左右。因此可以认为立信在房地产行业形成了行业专长。

社会服务行业(证监会行业代码:K),立信的市场排名基本维持在7~8名,市场占有率也平均在6%左右,处于不温不火的地位,因此不具备行业专长。同时从时间趋势上看,立信也没有将社会服务行业发展为行业专长的意图。

传播与文化产业(证监会代码:M),是立信最强的行业专长行业,从市场占有率看从2000年开始一直保持在10%以上,尤其是2006年达到了20.3%,2009年是19.4%,近几年基本维持在19%以上。行业市场占有率排名从2000年以来稳居第1位。因此立信一直在传播与文化行业保持行业专长地位。

(二) 以行业组合份额法衡量会计师事务所行业专长

以行业组合份额法衡量的立信行业专长情况如表1-2所示。

从行业组合份额法衡量的行业专长来看,1999年立信审计了11个行业,分别为纺织、服装、毛皮(C5);石油、化学、塑料和塑胶(C4);机械、设备和仪表(C7);其他制造(C9);建筑业(E);信息技术业(G);批发和零售贸易(H);金融、保险业(I);房地产业(J);社会服务业(K);传播与文化产业(M)。从表1-2可以看出行业组合份额第1位是批发、零售行业,占比为21.3%;第2位是传播与文化行业,占比为17.1%;第3位是房地产行业,占比为14.3%;第4位是石油、化学、塑料和塑胶行业,占比为12.9%;其他行业都在10%以下,可以认为,1999年立信内部各行业中,批发、零售行业,传播与文化行业,房地产行业,石油、化学、塑料和塑胶行业是立信的专长行业。

2000年的情况基本与1999年相似。立信审计了12个行业,新增行业为医药和生物制品(C8)。在所有行业中具有相对行业专长的行业仍然是:批发、零售行业(H),传播与文化行业(M),房地产行业(J),石油、化学、塑料和塑胶行业(C4)。但是依据组合份额的排名发生了变化,批发和零售行业的组合份额有所下降,从1999年的21.3%下降到16.7%,排名也从第1位下降到第2位;传播与文化行业的组合份额则从1999年的17.1%上升到21.1%,排名从第2位上升到第1位;房地产行业的排名也从1999年的第3位下降到第4位,而石油、化学、塑料和塑胶行业则从第4位上升到第3位。

2001年的情况与2000年类似,在所有行业中具有相对行业专长的行业仍然是:批发、零售行业(H),传播与文化行业(M),房地产行业(J),石油、化学、塑料和塑胶(C4)行业。只是相对行业组合份额占有率排名发生了变动。

2002年的突出变化是纺织、服装和皮毛行业(C1)的组合份额从2001年的8.8%上升到2002年的13.4%,排名也从2001年的第5位上升到2002年的第2位;这可能与立信在2002年加大对纺织、服装和皮毛行业的投入有关。与之相对应的是,房地产行业的组合份额从2001年的11.6%下降为2002年的8.7%,排名从第4位下降为第5位。因此纺织、服装和皮毛行业成为了立信的专长行业,而房地产行业不再是专长行业。立信的其他专长行业与2001年的情况类似,是批发、零售行业(H),传播与文化行业(M),石油、化学、塑料和塑胶行业(C4)。

2003年延续了2002年的情况,立信具备行业专长的是:纺织、服装和皮毛行业(C1),传播与文化行业(M),石油、化学、塑料和塑胶行业(C4),批发、零售行业(H)。

2004年立信进入了20个行业,达到了历史的顶峰,新增行业为采掘业(B)。但行业专长行业与2003年相同分别为:纺织、服装和皮毛行业(C1),传播与文化行业(M),石油、化学、塑料和塑胶行业(C4),批发、零售行业(H)。

表 1-2 以行业组合份额法衡量的

行业代码	年				
	1999	2000	2001	2002	2003
A 农林牧渔业			0.036 (10) [16]	0.035 (9) [17]	0.032 (10) [19]
B 采掘业					
C0 食品和饮料				0.017 (16) [17]	0.045 (9) [19]
C1 纺织、服装、毛皮	0.065 (6) [11]	0.091 (5) [12]	0.088 (5) [16]	0.134 (2) [17]	0.15 (1) [19]
C2 木材和家居					
C3 造纸和印刷			0.013 (14) [16]	0.012 (17) [17]	0.011 (18) [19]
C4 石油、化学、塑料和塑胶	0.129 (4) [11]	0.139 (3) [12]	0.132 (2) [16]	0.126 (3) [17]	0.108 (3) [19]
C5 电子			0.042 (8) [16]	0.039 (8) [17]	0.031 (11) [19]
C6 金属、非金属					0.01 (19) [19]
C7 机械、设备和仪表	0.027 (10) [11]	0.037 (9) [12]	0.068 (6) [16]	0.041 (7) [17]	0.062 (6) [19]
C8 医药和生物制品		0.056 (6) [12]	0.061 (7) [16]	0.065 (6) [17]	0.067 (5) [19]

立信行业专长情况

年份					
2004	2005	2006	2007	2008	2009
0.025	0.016				
(11)	(17)				
[20]	[20]				
0.009	0.011	0.01	0.014	0.07	0.095
(19)	(18)	(17)	(18)	(6)	(6)
[20]	[20]	[19]	[19]	[19]	[19]
0.035	0.034	0.037	0.031	0.04	0.033
(10)	(10)	(12)	(13)	(12)	(11)
[20]	[20]	[19]	[19]	[19]	[19]
0.138	0.125	0.122	0.114	0.079	0.101
(2)	(2)	(2)	(3)	(5)	(3)
[20]	[20]	[19]	[19]	[19]	[19]
0.008	0.009	0.009	0.011	0.008	0.009
(20)	(20)	(19)	(19)	(19)	(19)
[20]	[20]	[19]	[19]	[19]	[19]
0.102	0.075	0.088	0.075	0.043	0.04
(3)	(5)	(5)	(5)	(11)	(10)
[20]	[20]	[19]	[19]	[19]	[19]
0.023	0.018	0.021	0.02	0.031	0.026
(13)	(16)	(15)	(15)	(14)	(13)
[20]	[20]	[19]	[19]	[19]	[19]
0.025	0.01	0.009	0.051	0.126	0.098
(12)	(19)	(18)	(8)	(1)	(4)
[20]	[20]	[19]	[19]	[19]	[19]
0.095	0.105	0.11	0.113	0.123	0.112
(5)	(4)	(3)	(4)	(2)	(1)
[20]	[20]	[19]	[19]	[19]	[19]
0.075	0.062	0.055	0.035	0.025	0.018
(6)	(6)	(6)	(9)	(15)	(14)
[20]	[20]	[19]	[19]	[19]	[19]

行业代码	年				
	1999	2000	2001	2002	2003
C9 其他制造	0.045 (9) [11]	0.031 (11) [12]	0.029 (12) [16]	0.03 (12) [17]	0.026 (14) [19]
D 电力、煤气、水的生成和供应			0.011 (15) [16]	0.028 (13) [17]	0.024 (15) [19]
E 建筑业	0.068 (5) [11]	0.044 (7) [12]	0.037 (9) [16]	0.035 (10) [17]	0.029 (12) [19]
F 交通运输、仓储业					0.02 (17) [19]
G 信息技术业	0.023 (11) [11]	0.014 (12) [12]	0.01 (16) [16]	0.027 (14) [17]	0.052 (7) [19]
H 批发和零售贸易	0.213 (1) [11]	0.167 (2) [12]	0.12 (3) [16]	0.123 (4) [17]	0.1 (4) [19]
I 金融、保险业	0.053 (8) [11]	0.034 (10) [12]	0.027 (13) [16]	0.025 (15) [17]	0.02 (16) [19]
J 房地产业	0.143 (3) [11]	0.134 (4) [12]	0.116 (4) [16]	0.087 (5) [17]	0.05 (8) [19]
K 社会服务业	0.062 (7) [11]	0.042 (8) [12]	0.032 (11) [16]	0.031 (11) [17]	0.026 (13) [19]
M 传播与文化产业	0.171 (2) [11]	0.211 (1) [12]	0.178 (1) [16]	0.144 (1) [17]	0.137 (2) [19]

注：表中每一单元格中的第一行代表以行业组合份额法衡量的行业专长情况，第二行代表该行业在立

(续表)

年份					
2004	2005	2006	2007	2008	2009
0.021	0.023	0.026	0.019	0.013	0.015
(15)	(13)	(13)	(16)	(18)	(16)
[20]	[20]	[19]	[19]	[19]	[19]
0.019	0.021	0.024	0.019	0.014	0.016
(17)	(15)	(14)	(17)	(17)	(15)
[20]	[20]	[19]	[19]	[19]	[19]
0.023	0.025	0.044	0.034	0.031	0.029
(14)	(11)	(8)	(12)	(13)	(12)
[20]	[20]	[19]	[19]	[19]	[19]
0.043	0.047	0.042	0.034	0.067	0.061
(7)	(8)	(9)	(11)	(7)	(8)
[20]	[20]	[19]	[19]	[19]	[19]
0.037	0.039	0.041	0.026	0.045	0.045
(9)	(9)	(11)	(14)	(9)	(9)
[20]	[20]	[19]	[19]	[19]	[19]
0.099	0.111	0.09	0.12	0.084	0.111
(4)	(3)	(4)	(1)	(3)	(2)
[20]	[20]	[19]	[19]	[19]	[19]
0.014	0.024	0.018	0.06	0.045	0.009
(18)	(12)	(16)	(7)	(10)	(18)
[20]	[20]	[19]	[19]	[19]	[19]
0.037	0.056	0.053	0.07	0.055	0.072
(8)	(7)	(7)	(6)	(8)	(7)
[20]	[20]	[19]	[19]	[19]	[19]
0.02	0.022	0.042	0.035	0.022	0.013
(16)	(14)	(10)	(10)	(16)	(17)
[20]	[20]	[19]	[19]	[19]	[19]
0.154	0.166	0.158	0.117	0.079	0.097
(1)	(1)	(1)	(2)	(4)	(5)
[20]	[20]	[19]	[19]	[19]	[19]

信的所有行业中的排名情况;第三行代表某年立信提供审计鉴证服务的行业数目。

经过前几年的努力,在2005年,机械、设备仪表行业(C7),变成了立信的行业专长行业。但石油、化学、塑料和塑胶行业则份额进一步缩小变成了非专长行业。其他行业专长行业仍然为:纺织、服装和皮毛行业(C1),传播与文化行业(M),批发、零售行业(H)。

2006年、2007年的情况与2005年相同,立信的行业专长集中于机械、设备仪表行业(C7),纺织、服装和皮毛行业(C1),传播与文化行业(M),批发、零售行业(H)。

2008和2009年,新出现的情况是金属和非金属行业(C6)成了立信的行业专长行业,从2007年的5.1%上升到2008年的12.6%和2009年的9.8%,因此金属和非金属行业是未来可能发展成为立信行业专长的新行业。

三、案例分析

从立信发展行业专长的道路可以看出,我国会计师事务所在行业专长的建设方面主要有以下几种情况:①从进入该行业开始,就占据明显的市场份额,行业排名在前三位,然后一直保持行业市场占有率领先位置,从而形成该行业的行业专长。②一开始进入行业时比较落后,可能是由于较晚进入该行业,也可能是虽然较早进入该行业,但是起初的市场份额较低,专业投入较少。但之后,会计师事务所加大了对该行业的专有投资或者通过合并其他会计师事务所获得了其他会计师事务所对行业的专有投资,从而扩大了市场份额,最终形成行业专长或者潜在的行业专长。③虽然行业排名较为靠前,但是由于行业竞争比较激烈或者市场比较分散的缘故,会计师事务所在该行业的市场份额一直低于10%,形成不温不火的情形,难以形成行业专长。④还有一些行业,会计师事务所市场份额一直不高(可能是较晚进入,也可能是其他原因),一直不具备形成行业专长的条件。⑤前期曾经是行业领导者,具备行业专长,但之后市场份额急剧下降,导致失去行业专长,甚至放弃该行业的审计服务。

通过对立信行业专长的案例分析,可以帮助我们更好地了解和认识国内会计师事务所的行业专长建设情况,同时也可以为国内会计师事务所更好地建设行业专长提供借鉴和指导。

四、参考文献

[1] Hogan, Jeter D C. Industry Specialization by Auditors[J]. Auditing: A Journal of Practice & Theory, 1999, (18): 1-17.

[2] Krishnan, G V. The Association Between Big 6 Auditor Industry Expertise and the Asymmetric Timeliness of Earnings[J]. Journal of Accounting, Auditing & Finance, 2005, (20): 209-228.

[3] 夏立军. 审计师行业专长与审计市场研究评述[J]. 中国注册会计师, 2004, (7): 58-62.

[4] 陈信元, 王英姿, 夏立军. 转型经济中的审计问题——基于中国上市公司的案例[M]. 上海: 上海财经大学出版社, 2011.

第二节 审计人员职业道德规范

案例2 夏新电子利润造假案例分析

夏新电子股份有限公司(股票代码:600057,以下简称夏新电子)从名噪一时的手机巨头,沦落到破产重整,从最赚钱的上市公司到连续4年巨额亏损并被勒令退市,其间经历了:2007年8月份中国证券监督管理委员会(以下简称证监会)厦门监管局的调查;2007年夏新电子财务报表对2005年、2006年财务报表的15处重大差错追溯调整更正;2008年2月、7月厦门监管局分别发出整改通知书;2009年11月证监会发出处罚决议。我们通过分析夏新电子利润造假案过程,让人们更加清晰地认识到上市公司会计舞弊与会计信息披露之间的关系。

一、案例介绍

(一)夏新电子简介

夏新电子是经厦门市人民政府(1997)057号文、厦门市经济体制改革委员会厦体改(1996)080号文批准,在对原夏新电子有限公司(现已更名为夏新电子股份有限公司)进行部分改组的基础上,由夏新电子有限公司、中国电子租赁有限公司、中国电子国际贸易公司、厦门电子器材公司、厦门电子仪器厂、成都广播电视设备(集团)公司等6个股东共同作为发起人,于1997年4月24日经中国证监会(1997)176号文批准,以向社会公众募股方式设立。

夏新电子早期业务为生产黑白电视机。1993年,夏新电子进入当时热门的录像机市场,3年后,夏新电子进一步进入新兴的VCD市场,并一举进入行业前三名,1998年上市公司业绩排名中,夏新电子排名位居榜首。1999年,由于VCD市场竞争加剧,影碟机出现全行业衰退,夏新电子2000年和2001年业绩大幅下滑,带上了"ST"帽子。2000年5月,夏新电子转战手机市场。2001年,夏新电子推出了当时热销的A8手机,将夏新电子拉出了亏损的泥潭。2002年夏新电子实现了净利润6.1亿元,每股收益高达1.69元,在所有的上市公司中名列榜首,一举成为中国A股市场上最赚钱的公司。此后,夏新电子开始实施多元化战略,不仅大力投入3G手机的研发,还涉足液晶电视、笔记本电脑等领域。但2004年后,夏新手机开始走下坡路。2006年年底,夏新电子被迫退出笔记本电脑的品牌市场,转向代工。后来,夏新电子已开始逐渐从液晶电视市场撤退,只有部分卖场还能看到夏新品牌的液晶电视。

随着多元化发展的失利,夏新电子2005年亏损6.58亿元,2006年夏新电子对外披露的财务报表净利润为盈利2 517.6万元,在厦门证监局介入调查后,夏新电子在2007年的财务报表中对2005年、2006年的财务报表进行追溯调整,对过往的重大差错更改高达15项之多,经过这15项差错追溯调整以后,夏新电子2006年净利润数字由盈利2 517.6万元变为亏损1.05亿元,2007年、2008年夏新电子财务报表净利润亏损分别为8.029亿元、7亿元。2009年5月19日,夏新电子被责令暂停上市,9月21日,夏新电子实际控制人中国电子信息产业集团在经过两年的努力后无奈放弃,宣告夏新电子破产重组。

(二) 被证监会认定的违法事实及处罚

夏新电子于2009年11月16日收到证监会监督管理委员会[2009]40

号行政处罚决定书,被认定存在以下违法事实。

1. 商业承兑汇票披露存在误导性陈述

夏新电子在 2006 年年度财务报表附注中披露,2006 年 12 月 31 日应收票据明细项目中:银行承兑汇票 699 833 498.04 元、商业承兑汇票 10 682 440.00 元,合计 710 515 938.04 元。除上述已披露的商业承兑汇票以外,夏新电子 2006 年 12 月 31 日的银行承兑汇票中实际有 280 878 100 元为商业承兑汇票。

2. 未如实披露销售退回

夏新电子未根据资产负债表日后调整事项的要求,将 2006 年度销售、2007 年 1 至 3 月份退回的产品,冲减 2006 年度的主营业务收入 31 424 138.89 元和主营业务成本 18 212 444.77 元,导致虚增利润 13 211 694.12 元。

3. 未足额计提返利价保

夏新电子除 2006 年年报已预提的返利价保金额外,还存在已与客户确认、应归属于 2006 年度的部分返利价保价 27 561 924.77 元,未予以计提,导致虚增利润 276 124.77 元。

证监会认定,夏新电子的上述行为违反了相关规定,决定对夏新电子给予警告,并处以 60 万元罚款;对时任董事长苏振明等 9 名责任人分别给予警告,并处以 3 万元至 10 万元不等的罚款。

此外,天健华证中洲(北京)会计师事务所(以下简称天健所)在审计夏新电子 2006 年年度报告过程中,未实施必要的审计程序和收集充分的审计证据,导致出具了具有虚假内容的审计报告。根据相关法律法规,证监会决定没收天健所业务收入 75 万元,并处以 25 万元罚款;对相关责任人姚立中、周俊超分别给予警告,并处以 5 万元罚款。

二、问题梳理

(一) 关于商业承兑汇票披露问题

1. 夏新电子

在 2007 年年报中夏新电子主动披露了应收商业承兑汇票的差错更正:

"2006年12月31日本公司将应收商业承兑汇票280 878 100.00元披露为应收银行承兑汇票,本年度本公司对本项重大前期差错进行更正。"

夏新电子申辩称,商业承兑汇票在财务报表附注归类不当,处理不准确,是公司和会计师审核疏漏。

2. 天健所

天健所申辩称,夏新电子在财务报表附注中对应收票据的分类没有作出恰当的披露,是夏新电子的会计责任;对应收票据审核时已执行了监盘、函证等审计程序;应收票据未适当分类不足以影响或改变财务报表使用者的相关决策,不影响注册会计师对审计报告意见类型的确定,并不属于重大错报。

3. 证监会

商业承兑汇票与银行承兑汇票的信用、风险等级、可回收性都存在很大差异。夏新电子2006年年报将2.8亿元商业承兑汇票披露为银行承兑汇票,占全部应收票据余额的40%,且在到期日均为变现,全部转化为公司应收账款。天健所在对应收票据实施监盘的过程中,已抽查到3张金额分别为5 000万元、4 000万元、2 000万元商业承兑汇票但未给予合理关注,错误得出"盘点未见异常"和"期末应收票据均为银行承兑汇票,无商业承兑汇票"的盘点结论,因此,可以认定天健所未保持应有的职业谨慎态度,导致"未发现夏新电子商业承兑汇票披露"存在误导性。

4. 审计对夏新电子混淆商业承兑汇票和银行承兑汇票的推断

(1) 商业承兑汇票是由银行以外的企业和其他组织出票并承兑的,因此质押风险较大,也不宜作质押担保。而银行承兑汇票风险较小,信用度高,可以作质押担保。如果将商业承兑汇票作为银行承兑汇票进行披露,对夏新电子日后融资将产生有利影响,对于一个需要资金进行大规模研发的公司来说,这种做法可以在一定程度上帮助公司取得资金支持。夏新电子2006年年初应收账款4.45亿元,年末7.38亿元,增幅65.52%。夏新电子在年报中披露应收账款大幅增加的原因是:"主要系本年度销售业务的增长,为适应市场竞争需要调整了销售收款政策所致。"夏新电子自己解释说,销售收入由 2005 年的 48 亿元增长到 55 亿元,增幅 15%,应收账款的增长速度远远高于销售收入的增长速度,夏新电子为了扩大销售,承担了较高的应收账款无法收回的风险。因此人们怀疑夏新电子把商业承兑汇票披露为银行承兑汇票,可能想在应收票据的分类上做点文章,让人们感到可收回性大大增加,降低信息使用者对公司经营风险的估计。

(2) 把商业承兑汇票披露为银行承兑汇票,也可能是夏新电子销售收入造假的关联手段。如果是虚增销售收入,不可能收到货款,公司能较为方便地伪造商业承兑汇票进行关联造假,商业承兑汇票到期后未收到款项,夏新电子可直接转化为应收账款。银行承兑汇票由银行承兑,收到款项的可能性很高,造假的可能性很小。所以公司可能配合销售收入的造假,制造虚假的商业承兑汇票,并故意披露为银行承兑汇票。

(二) 未如实披露销售退回问题

1. 夏新电子

在 2007 年年报中夏新电子主动披露了销售退回的差错更正:"本公司 2007 年 1 至 3 月份销售退回 24 452 579.09(不含税金额),未按相关规定作为资产负债表日后调整事项调整 2006 年度报表,本年度本公司对本项重大前期差错进行更正。"

2. 天健所

2006 年和 2007 年夏新电子的审计都是天健所执行的,2006 年出具了标准无保留意见的审计报告,2007 年出具了保留意见的审计报告,导致保留意见的事项之一:"2007 年 1 至 3 月夏新电子公司收到退货 35 623 台手机,并应当冲减当期的营业收入和营业成本 2 463.57 万元和 1 678 万元,由于夏新电子公司未能就该部分退货的性质、销售确认时间等提供充分适当的证据,因此我们无法判断该部分退货对各年度财务报表的影响。"夏新电子对此作出的解释是:"为保证产品质量,公司所有的退货产品都必须经过检测、维修后重新办理入库手续,并重新写码。因公司的退货流程中对退货手机没有明确要求扫描原串码并留底,所以公司无法向会计师事务所提供2007年1至3月35 623台退货手机的串码信息。公司将立即改善管理,今后将对全部退货手机产品串码进行扫面留底。"天健所申辩称,天健所对夏新电子期后销售退回事项已按照《期后事项准则》的要求履行了必要的程序,函证、检查2007年1至2月的存货科目等,已针对期后销售退回事项执行了相关程序,审计程序是充分、适当的。

3. 证监会

天健所实施的审计程序不足以发现销售退回事项。首先,天健所审计的"存货——退回"科目并非通常意义上所认为的销售退回,该科目主要核算的是分公司、子公司退货及小部分暂无退货证明的退货,远未涵盖全部退货。因此检查该科目对应于发现期后销售退回事项的作用不大。天健所仅对该科目实施了资产负债表日后事项的审计,并以此作为其在期后退回事项上勤勉尽责的证据是不充分的。其次,天健所实施的函证程序,也并不能发现期后事项。应收账款函证的金额为2006年12月31日的金额,在询证函未作特别设计的情况下,客户一般仅核对年末余额,并非天健所所述的"报表日前发生的销售如在日后发生退货,回函客户都会在回函中予以说明"。再次,天健所对杭州分公司存在销售退回后,也未扩大审计范围,采取进一步的审计程序。此外,天健所实施的其他审计程序也都是针对2006年度会计记录的,不足以发现期后售后退回事项。

4. 审计对夏新电子收入确认截止性错误的判断

分析夏新电子2005年、2006年收入的变化,我们可以看到2005年和2006年夏新电子第四季度都出现了异常的销售量,2005年第四季度的主营业务收入环比增加40.74%,2006年第四季度更是高达55.28%。尽管夏新电子对此的解释看起来很合理:"由于手机产品季节性销售特性比较明显,元旦至春节前夕为销售旺季,销售量较平时往往有较大增长。公司近几年的销售报表均体现了12月销售收入增长的现象。"但人们按照一般规律推断,元旦至春节前夕的销售旺季的销售额应该体现在每年的第一个季度,也就是说年报中的第一季度才应该是收入增长的最大时间段,但人们看到夏新电子每年第一季度的主营业务收入与前一年第四季度的主营业务收入相比均有明显的下降,特别是 2007 年第一季度较 2006 年第四季度下降了近50%。由此我们有理由怀疑夏新电子可能存在试图通过年末虚假销售来年构造销售退回的假象来造假,掩盖其亏损的真相。

(三) 未足额计提返利价保

1. 夏新电子

夏新电子在 2007 年年报中主动披露了调价补差的差错更正:"因与经销商结算滞后导致本公司递延确认 2006 年 12 月 31 日调价补差 26 824 479.67 元,本年度本公司对本项会计差错进行更正。本项会计差错对合并报表的影响金额为:调减 2006 年年初留存收益 6 828 475.02 元,均为调减未分配利润;调减 2006 年 12 月 31 日预收账款 26 824 479.67 元;调减 2006 年度营业收入 19 996 004.65 元;调减 2006 度归属于母公司所有者的净利润 19 996 004.65 元。本项会计差错更正对母公司报表的影响金额为:调减 2006 年年初留存收益 6 828 475.02 元,均为调减未分配利润;调减 2006 年 12 月 31 日预收账款 26 824 479.67 元;调减 2006 年度营业收入 19 996 004.65 元。"

另外,夏新电子一直为其"全程价保这种特殊的销售方式"辩解,电子消费产品特点决定了此种消费政策为国内电子企业普遍采用。而公司在对外销售时对客户承诺在产品调价时按约定方式进行补差,是否进行调价及调价时如何进行补差的权利"完全由公司决定"。公司在各个会计期间的会计处理中也均对已发生的调价补差金额进行及时、全额计提,如实反映在当期的财务报表中。

2. 天健所

天健所申辩称,天健所已针对返利价保计提的真实性和完整性实施了函证和从原始单据到记账凭证的检查两个程序,审计程序充分,获取了充分、适当的审计证据,无须执行其他替代性程序,进一步关注期后事项。

此外,天健所申辩,由于夏新电子2006年返利价保存在有意推迟及人为删除返利价保系统数据的情况,导致其未能发现返利价保事项存在重大错报,根据夏新电子核算系统自动生成的"计算机单号"显示,应归属于2006年度的2 043万元返利价保已于2007年1至3月维护进核算系统,为此,天健所提出夏新电子财务报表的会计责任不能连带推定注册会计师一定要承担相应的审计责任,应根据全部工作底稿判断审计工作质量,不应当根据某个项目的工作底稿或某个程序执行与否,来评价审计结论的适当性及整体的审计工作质量;认定审计责任必须充分考虑公司管理层舞弊及对审计的重要影响。

3. 证监会

(1) 天健所函证的是2006年12月31日已录入夏新电子SAP系统已计提的返利保价。对于资产负债表日后维护进入SAP系统,应归属于2006年度的返利价保,天健所依赖函证程序是难以发现的。

(2) 天健所实施的将账面数与系统维护数进行核对、选取2006年12月主要调价型号追查返利价保计提依据等程序都是针对返利价保"存在和发生"认定的检查,并非针对返利价保计提"完整性"的检查;天健所实施的将2006年12月的调价补差通知单与系统维护数进行核对的程序,虽然是针对"完整性"认定的审查,但从审计底稿和天健所提交的审计证据材料中,未见其索引号标注所对应的内容。因此,证监会认为天健所"未按照《中国注册会计师审计准则第1101号——财务报表审计的目标和一般原则》第二十二条'注册会计师应当获取认定层次充分、适当的审计证据,以便在完成审计工作时,能够以可接受的低审计风险对财务报表整体发表审计意见'的规定,对夏新电子2006年度预提的返价利保的完整性获取充分、适当的审计证据,并实施充分的审计程序。在对2006年度返价利保预提事项审计时,未进一步采取其他替代性程序,去关注期后进行维护核算系统的相关记录"。"天健所针对夏新电子2006年年报未保持应有的职业怀疑态度,未勤勉尽责,应承担相应的审计责任。"

4. 审计对夏新电子未足额计提返价利保的质疑

全程价保是一种特殊的销售方式,过去有不少消费类行业企业采用过,但滋生了很多问题,不少财务造假就是对计提的"调价补差准备金额"一项做手脚,因此,目前我们普遍认为用全程价保销售方式,就不能确认收入。而夏新电子将不能确认的收入确认了,还没有在附注中披露,隐瞒财务信息。此外,调价补差准备金额,这个会计科目在会计准则8大减值准备里没有,不符合会计准则的要求。

三、案例分析

1. 夏新电子事件说明注册会计师在审计方法上存在的缺陷

在对夏新电子的审计中,天健所的重大过失行为包括:

(1) 对应收票据实施监盘的过程中,未对抽出汇票给予合理关注,得出错误结论,未保持应有的职业谨慎态度。

(2) 注册会计师未能如实披露销售退回。例如,审核的"存货——退回"科目主要核算的是分公司、子公司退货及小部分暂无退货证明的退货,远未涵盖全部退货。因此检查该科目对应于发现期后销售退回事项的作用不大。

(3) 注册会计师未能有效执行分析性测试程序。例如,元旦至春节前夕为销售旺季,销售量较平时有较大增长,而来年第一季度才应该是收入增长的最大时间段。

2. 对注册会计师在审计时降低重大错报风险的理解

对注册会计师在审计时降低重大错报风险的正常理解是:注册会计师把错报找出来,然后提请被审计公司纠正,排除已经发现的全部重大错报,降低审计风险,使财务报表符合制度规定,公允反映企业财务状况和经营成果。但是不需要加上没有发现的错报。错报超过重要性水平的,可能要发表保留意见。

四、结论

本案例并未罗列出所有违反审计准则的相关条款,因为注册会计师审计执业准则作为一个体系，一项重大过失往往会涉及审计准则体系中不同层次和不同方面。尽管如此，上述根据有关监管机构的调查报告所列示的违反审计准则事项已经能够提供充分的证据并表明，天行健会计师事务所在夏新电子案件中疏于已颁布注册会计师审计执业准则的执行，在专业胜任能力和职业道德两方面均存在重大过失。任何质疑现行审计准则体系的论调都是缺乏事实根据的，也是不攻自破的。相反地，夏新电子案例给注册会计师行业的警示恰恰在于注册会计师对现有准则的执行存在重大疏忽与不力的严重后果。另外，值得说明的是，在现行审计准则体系中，无不贯彻了审计重要性和审计风险的思想和原则，从这个意义上讲，那些声称现行审计准则体系缺乏风险导向的论点也是站不住脚的。夏新电子案例同样非常有力地证明了这一点，而且我们看到的事实是：注册会计师连最基本的公认审计原则都没有遵守，最基础的审计程序都没有执行，又何谈建立在内部控制结构非常完善基础上的风险导向审计？注册会计师应该努力提高自身的道德水准和风险素养，在执业过程中应始终保持其独立、客观和公正性，以提高独立审计师的价值。

五、参考文献

[1] 谭燕.资产减值准备与非经常性损益披露管制——来自中国上市公司的经验证据[J].管理世界,2008,(11).

[2] 王小军.2008年深圳主板公司资产减值及非经常性损益分析[J].市场证券导报,2009,(7).

[3] 王砚书,董丽英.审计案例[M].东北财经大学出版社,2012.

[4] 夏新电子2006年年报,2007年年报.

第二章
审计法律责任

第一节　被审计单位的会计责任

 案例3　会计截期之美国女王真空

一、案例介绍

这是一个关于利用会计截期在收入的确认和费用、负债的确认问题上做文章进而夸大企业业绩，进行会计舞弊的案例。

（一）案例背景

美国女王真空吸尘器公司是一家上市公司，以生产耐用的吸尘器著称，首席执行官唐·希兰先生为了获取该公司的控股权，不惜抵押了其所有的私人资产，以获得巨额借款用于购买女王公司的股票。因此，只有在女王公司的利润急剧增长的情况下，他才不至于陷入更大的财务困境之中。于是，不懂吸尘器行业的希兰及其管理小组武断地认定开发新一代真空吸尘器才是大幅提高利润的最佳途径。

（二）案例过程

为了筹措新生产线的资金，希兰先生授意财务经理人为地夸大几个季度的利润从而使股票价格上涨，再用股价上涨抛售部分股票的方法产生资金。财务经理选择了在销售和费用的截期上玩花样。他指使销售经理：①将期后的销售发票提前到会计年度结束前开，仓库将货物的发运提前，并同时编造大量的非法分录以掩盖造假举动。②将积存的商品发运他处，视之为销售计入销售收入。③将未付的账单锁在橱柜里不确认负债。

希兰通过他的方案得到了急需的现金流。由于公司从未在期后冲销虚假的销售（这是截期舞弊的典型征兆），审计人员并未发现该公司的造假行为。

新一代的真空吸尘器销售业绩飙升，利润飞涨。然而好景不长，不久消费者们发现吸尘器的质量存在严重问题并要求退货，其幕后原因是希兰贪婪地追求利润以至于将吸尘器原先坚实的金属部分替换成了塑料装配，从而导致产品不耐热。

于是，最初的利润转变为狂怒的抱怨声，仓库开始没有空间存放退回的产品。后来，公司不得不租用了较远的仓库存放退回的产品并销毁所有反映退货的记录，以此来蒙蔽审计人员。

由于产品的口碑极差，公司的名声一落千丈，销售严重滑坡。巨额的销售退回和销售额的锐减给希兰和财务经理带来了极大的压力，面对索要额外信息的审计人员，他们最终在律师的建议下主动认罪。

本案例中，投资者和债权人由于女王公司的舞弊行为遭受了共 4 000 万美元损失，公司也宣告倒闭。此外，希兰先生也被判 1 年有期徒刑并附带数百万美元的赔偿。另一责任人财务经理则被免予刑事处罚。

二、问题梳理

（一）舞弊行为

该上市公司是利用时间差异来实现舞弊造假的，所以该公司是运用截期舞弊来制造虚假利润的。舞弊行为,主要是伪造、编造记录或凭证;隐瞒或删除交易或事项;记录虚假的交易或事项;蓄意使用不当的会计政策,等等。

截期舞弊通常有两种形式:一种是提前确认收益;另一种是延迟记录费用或负债。但是,不论采取其中的哪一种,只要是通过时间因素实施舞弊的,造假者所选用的舞弊手法无非玩时间游戏、未完成全部服务前确认全部收益、凭订单确认销售等。该案例就是具体采取下列方式:

(1) 玩时间游戏:为了达到一定的销售指标或利润指标,有的公司会在年底不及时结账,将下一期的销售业务提前计入上一个会计年度。该公司提前确认收入:将期后的销售发票提前到会计年度结束前开。

(2) 凭订单确认销售:在接到商品或货物订单时就确认销售收入。更有甚者,为数不少的公司在审计前后,将货物发运到自己的私人仓库或分公司并记之为销售。而该公司则是记录不存在的收入:将积存的商品发送到别处,同时视为销售计入销售收入。

(3) 延迟记录负债:将未付的账单锁在橱柜里不确认负债。

(二) 造成舞弊的原因

从构成舞弊的三个要素——压力、机会、借口来看,压力无疑是舞弊发生的最原始动力。当初为了获取该公司的控股权,希兰先生不惜抵押了其所有的私人资产,以获得巨额借款用于购买女王公司的股票。能偿还该债务的唯一方法,就是从女王公司获得收益。若女王公司的利润如果没有急剧增长的话,他则将陷入更大的财务困境之中。因此,他具备了最主要的压力因素。对一个公司而言,虽然其产权是由股东所有,但日常经营权却在管理者的手中,实质上形成了"内部人控制",产权和经营权分离,给予造假者以可乘之机。这些为客观因素。

而主观的人为因素,一是管理者的盲目与决策武断。希兰和他领导的新的管理小组在不懂吸尘器行业的情况下,武断地认定旧的生产线过于老化,开发新一代的真空吸尘器才是大幅提高利润的最佳途径。二是管理者的短视。希兰贪婪地追逐高利润,将吸尘器原先坚实的金属部分替换成塑料装配,从而导致了新的吸尘器不耐热。有关新产品的问题接踵而来:有一部分消费者声称,吸尘器内部的齿轮脱落,要求退还产品;到处有报道说吸尘器的内胆会受热融化。三是个人利益与集体利益的抉择:财务经理听了希兰的打算后,对此夸大利润的非法伎俩同样持支持态度。他的动机很简单:他相信希兰先生有关新产品的创意,并且还天真地认为,这种做假账的行为只是暂时的;除此之外,他还必须保住他的饭碗。这些都使舞弊后果雪上加霜。

(三) 防止舞弊的措施

注册会计师们运用所学的审计技术和方法一般都能够发现舞弊,关键在于执业时保持合理的谨慎和职业怀疑态度。针对本案例而言,注册会计师在审计过程中注重加强对高层管理人员财务状况的调查,当客户业务结构发生变动时,加强对客户的业务的了解、现场勘察和询问、分析性复核等几个方面的调查和审计,就可以在事态扩大到不可收拾之前,发现女王真空吸尘器公司财务报表上存在的重大舞弊事项,使投资者免受巨额损失之苦。针对本案例的舞弊行为,我们结合资料,提出几点措施。

1. 善用分析性复核

对着大量单一、枯燥的数字,注册会计师难免会有云里雾里的感觉。然而这些简单的数字背后却隐藏着复杂的钩稽关系,其往往能帮助注册会计师确定报表的合理性。一旦这些钩稽关系被破坏,通常就预示着有一些不寻常的事项出现,注册会计师就需要注意,以便更好地抓住主要矛盾,提高职业警惕性。比如,要提早确认收入。货物常常在发运之前就已经被开单记账了,因此,货物的发运数量可能与开单记账的数量不一致。注册会计师通过实施对两者一致性的测试就可以验证利润的正确性了。在本案例中,审计女王真空吸尘器公司的审计人员如果能使用同样的方法和程序,就可能发现公司外租仓库的存储成本显著增长,从而进一步怀疑到退回的劣质商品可能没有在销售退回中予以反映,巨额的利润也许只是一个泡沫。

2. 抽查凭证,发现虚列收入

将记账凭证与销售发票、出库单、货运单、运费单据及销售合同分别核对,同时对这些单据中证账不符及金额较大、有疑问的应收账款进行函证。

3. 进行销售截止测试,发现提前确认收入证据

主要抽查12月下旬和次年1月上旬的相关凭证。

4. 现场勘察和询问

在审计存货项目时,多花时间现场勘察,同时询问仓库工作的相关人员。任何存货项目,不论是发货还是收货,最终都是要经由物流运输直至仓库才能完成的。因此,存货方面是否存在财务造假一定瞒不过关键的装运人员。在本案例中,如果审计人员在审计存货项目时,多花费一部分时间在现场勘察,有技巧地询问那些在仓库工作的相关人员牵涉舞弊和滥用职权方面的问题,相信不难发现新产品有大量销售退回这一事实,从而进一步揭示公司利用截期来虚构利润的舞弊行为。

5. 注重对高层管理人员财务状况的调查

当客户业务结构发生变动时,应加强对客户的业务的了解。虽然审计人员审计女王真空吸尘器公司已有多年了,但是该公司自希兰先生接手后发生了巨大的变化。原先传统的金属制吸尘器不再生产了,代之以全新的未经试验过的产品,而且公司的全部收入都来源于该新产品。由于公司产品、销售结构和人事发生了剧烈变动,对审计人员而言,应将现今的公司视同为与以往的女王真空吸尘器公司不同的一家公司。审计人员应在现有的销售结构下,重新衡量这种变化给企业带来的影响。在本案例中,如果审计人员重视所谓的利润剧增都来自新产品,他们必然会加强对该种新产品的调查和认知,从而重新评估审计风险。

三、案例分析

(一) 权责发生制

案例中女王真空吸尘器公司舞弊的手法钻了权责发生制的空子,可是利用权责发生制,依赖虚假销售所带来的短期利润好比空中楼阁,没有相应的现金流作为支柱,总有坍塌的一天。权责发生制最终还是由现金收付制来体现的,因为前期实现的利润或者以现金流方式流回企业,或者于期后冲销。而期后冲销销售是截期舞弊的典型征兆,也是注册会计师审计时会重点关注的领域。所以,许多存在财务报表舞弊的公司不会在期后冲销任何一笔虚假销售。关注上市公司现金流量表及其变动趋势就成了判断虚假财务报表的有力武器。

上市公司会计造假现象层出不穷、屡禁不止,这不仅损害投资者利益,挫伤了股民投资的积极性,也破坏了证券市场运营秩序,同时使会计执业界面临着前所未有的信誉危机。因此提高会计信息质量刻不容缓。我们应致力于建立一套分析现金流量的标准体系,帮助注册会计师和投资者判断财务报表的真实性。具体做好下面的工作:建立和完善会计法规体系,以适应经济环境的变化;加大行政、刑事处罚力度。

(二)借鉴国外对上市公司舞弊的处罚措施

如果中小投资者在投资决策前,所获得的是虚假信息,并因此而遭受投资损失时,可以对侵犯其权益的当事人提出赔偿要求。通常应首先追究公司董事和经理的责任。对他们的处罚包括刑事处罚和民事处罚。例如,女王真空吸尘器公司希兰先生由于舞弊被判处一年监禁,以及数百万美元的赔偿。而我国现有法规对上市公司舞弊的相关法律责任主要侧重于行政及刑事处罚,民事处罚还处于实质上的真空阶段。有关法规对上市公司财务报告舞弊应否承担民事责任或者没有规定,或者仅仅做了原则性规定,这显然与崇尚平等自主的市场经济不相适应。造假的收益要远远大于造假成本,而且投资者状告上市公司往往演变为对上市公司的处罚,即用股东的股本来偿还股东的损失,由投资者来为上市公司的舞弊行为承担责任,从而转嫁了上市公司及其主要责任人应负的舞弊责任。因此行政处罚对上市公司造假的遏制作用效果并不明显,并不能为投资者挽回经济损失。只有加强对相关责任人的民事处罚,上市公司的舞弊者才会真正考虑舞弊的成本,舞弊者只有在受到高于其舞弊收益几倍乃至几十倍的处罚后,才会有所收敛。

注册会计师们应当运用审计抽样技术和检查、监盘、观察、查询及函证、计算、分析性复核等方法对其进行审计。注册会计师并不需要什么特殊的技巧,关键在于你执业时是否保持了合理的谨慎和职业怀疑态度。针对本案例而言,如果注册会计师能在审计过程中加强调查和审计,那么就可以在事态扩大到不可收拾之前,发现女王真空吸尘器公司财务报表上存在的重大舞弊事项,使投资者免受巨额损失之苦。

四、参考文献

[1] 何磊.注册会计师审计风险分析及控制研究[D].中国优秀硕士学位论文全文数据库,2008,(2).

[2] 杨靓靓.论企业环境会计信息披露[D].中国优秀博硕士学位论文全文数据库(硕士),2005,(5).

[3] 武晶.注册会计师民事责任研究[D].吉林大学,2007年.

案例4 安然公司倒闭案

一、案例介绍

美国上市公司安然(Enron),是一家曾在《财富》杂志全球500家大公司中排名第7的明星企业。安然公司成立于1985年7月,其前身是休斯敦天然气公司(Houston Natural Gas)。20世纪80年代末之前,作为一家区域性天然气管道经营商,其主业是维护和操作横跨北美的天然气与石油输送管网络。1990年,安然收入的80%来自天然气传输服务业务,而到2000年,其收入的95%来自能源交易与批发业务。安然的转变发生在1991年海湾战争后,这一年,安然在英国建立了第一家海外发电厂,从此开始了国际化的道路。安然还于1992年成立了"安然资本公司",成为这一新市场的开拓者和霸主。到1995年,安然的收入有22%来自安然资本公司,12%来自国际项目。

为进一步实现从"全美最大能源公司"变成"全球最大能源公司"的目标,安然还大力向菲律宾和拉美国家扩张,包括建设玻利维亚到巴西的天然气输送管网络。安然从1994年起开始它在新兴市场国家投资项目的重组。不久,安然在北美的业务也从原来的天然气、石油的开发与运输扩展到包括发电和供电的各项能源产品与服务业。这是一个重要的转变。

壮大后的安然已不满足于传统的经营方式,它开始把目光投向能源证券之外,它们似乎越来越相信,为任何一种大宗商品创造衍生金融工具证券市场都是可能的,这种商品可以是水权,也可以是带宽。在"进军"途中,安然将一系列不动产(如水厂、天然气井与油矿)打包,以此为抵押,通过某种"信托基金"或资产管理公司,对外发行债券或股权,以此把不动产"做活"。在此过程中,安然建立了众多关联企业与子公司,它们之间隐藏着多种复杂的合同关系,从而达到隐蔽债务、减税以及人为操纵利润的目的。

到破产前,安然公司营运业务覆盖全球40个国家和地区,共有雇员2.1万人,资产额高达620亿美元。而下属公司(包括合作项目)更是达到3 000多个。但在2001年年初,一家有着良好声誉的短期投资机构老板吉姆·切欧斯公开对安然的盈利模式表示了怀疑。他指出,虽然安然的业务看起来很辉煌,但实际上赚不到什么钱,也没有人能够说清安然是怎么赚钱的。据他分析,安然的盈利率在2000年为5%,到了2001年年初就降到2%以下,对于投资者来说,投资回报率仅有7%左右。

切欧斯还注意到有些文件涉及安然背后的合伙公司,这些公司和安然有着说不清的幕后交易,作为安然的首席执行官,斯基林一直在抛出手中的安然股票——而他不断宣称安然的股票会从当时的70美元左右升至126美元。而且按照美国法律规定,公司董事会成员如果没有离开董事会,就不能抛出手中持有的公司股票。也许正是这一点引发了人们对安然的怀疑,并开始真正追究安然的盈利情况和现金流向。到了2001年8月中旬,人们对于安然的疑问越来越多,并最终导致了其股价下跌。8月9日,安然股价已经从年初的80美元左右跌到了42美元。

10月16日,安然发表2001年第二季度财报,宣布公司亏损总计达到6.18亿美元,即每股亏损1.11美元。同时首次透露因首席财务官安德鲁·法斯特与合伙公司经营不当,公司股东资产缩水12亿美元。10月22日,美国证券交易委员会瞄上安然,要求公司自动提交某些交易的细节内容,并最终于10月31日开始对安然及其合伙公司进行正式调查。11月1日,安然抵押了公司部分资产,获得J·P摩根和所罗门史密斯巴尼的10亿美元信贷额度担保,但美银美林和标准普尔公司仍然再次调低了对安然的评级。11月8日,安然被迫承认做了假账,虚报数字让人瞠目结舌:自1997年以来,安然虚报盈利共计近6亿美元。11月9日,迪诺基公司宣布准备用80亿美元收购安然,并承担130亿美元的债务。当天午盘安然股价下挫0.16美元。11月28日,标准普尔将安然债务评级调低至"垃圾债券"级。11月30日,安然股价跌至0.26美元,市值由峰值时的800亿美元跌至2亿美元。12月2日,安然一夜之间轰然崩塌,向法院申请破产保护,创下美国历史上最大宗的公司破产案纪录。这样一家颇具国际影响的能源交易商陷入破产的消息震动了国际金融市场。在此事件中,作为国际五大会计师事务所之一的安达信扮演了极不光彩的角色。

作为为安然提供长期服务的会计师事务所——安达信会计师事务所(Arthur Andersen & Co.),于1913年由Arthur Andersen在芝加哥创建,为全球第五大会计师事务所,代理美国2 000多家上市公司的审计业务,占美国上市公司总数的17%;安达信会计师事务所拥有4 700名合伙人、2 000多个合作伙伴,以及8.5万专业人员。安达信会计师事务所与其会员公司并不是母子公司关系,也不是合伙人关系,而更像一个协调性实体公司,一个由全球会员公司组成的松散网络。这些成员公司在管理、领导层和资本结构上独立运行,但在"安达信"这一品牌下,依照统一技术、操作方法和操作理念运作。

安达信会计师事务所在五大会计师事务所中,一贯表现出较为激进的风格。比如,安达信会计师事务所最早在原"八大"事务所中率先公开其年度收支业务数据,又如,安达信会计师事务所就 FASB 取代 AICPA 成为制定会计准则的非官方权威机构而与美国证券交易委员会打官司。

二、问题梳理——安然造假手段

"一个审计师不仅需要保持形式上的独立,而且需要保持实质上的独立",但安达信会计师事务所的管理层却将其抛之脑后。在"安然事件"中,安达信会计师事务所扮演了极其不光彩的角色,在销毁安然审计证据的同时,也最终"销毁"了安达信会计师事务所百年的信誉。安然公司造假手段五花八门,方法多种多样。其很多方法利用了已有会计准则的漏洞,这也导致"安然事件"后会计准则进行了较大的修正。

(一)利用复杂的公司组织结构,通过关联方交易操纵利润

安然公司组织结构的原理为:A公司(安然公司)通过51%的股份控制B公司,B公司再以相同方式控制C公司,以此类推不断循环下去,到K公司时,由于A公司仅持有K公司权益的几个百分点,根据美国公认会计原则,K公司的个别报表将不并入A公司的合并报表中,但A公司实际上完全控制着K公司,可让其为自己筹资,或通过关联方交易转移利润,然而其负债却未反映于安然公司的资产负债表上。上述仅为纵向持股关系,而实际上还可以发生横向方面的交叉持股关系。例如,在从B公司到K公司的多个层次上相互交叉持股。通过以上模式,安然公司最终发展出3 000多家关联企业,其中约900家是设在海外的避税天堂。安然公司通过建立复杂的公司体系,拉长控制链条,将债务留在子公司账上,将利润显示在母公司账上,以自上而下"传递"风险、自下而上"传递"报酬。

(二)利用"特别目的实体",隐藏企业债务

企业一般是出于经营目的而设立的,而"特别目的实体"是指企业根据某种特殊目的而设立的,并非是为了经营。安然公司不恰当地利用"特别目的实体"符合特定条件,可以不纳入合并报表的会计惯例,将本应纳入合并

报表的 3 个"特别目的实体"排除在合并报表编制之外,导致 1997—2000 年期间高估了 4.99 亿美元的利润,低估了数亿美元的负债。安然公司的上述重大会计问题是源于美国的现行会计惯例,即如果非关联方在一个"特别目的实体"权益性资本的投资中不超过 3%,即使该"特别目的实体"的风险主要由上市公司承担,上市公司也可不将该"特别目的实体"纳入合并报表的编制范围。安然公司正是利用这个只注重法律形式、不顾经济实质的会计惯例的漏洞,设立了数以千计的"特别目的实体",以此作为隐瞒负债、掩盖损失的工具。

(三) 通过特别目的实体空挂应收票据,高估资产和股东权益

安然公司于 2000 年成立了 4 家"特别目的实体",为安然公司投资的市场风险进行套期保值。为了解决特别目的实体公司的资本金问题,安然公司于 2000 年第一季度向特别目的实体公司发行了价值为 1.72 亿美元的普通股。在没有收到特别目的实体公司支付认股款的情况下,安然公司仍将其记录为股本的增加,并相应增加了应收票据,由此虚增了资产和股东权益 1.72 亿美元。按照公认会计原则,这笔交易也视为股东欠款,作为股东权益的减项。

(四) 利用衍生金融工具

安然公司几乎把所有的资产都转化成衍生金融工具,通过衍生金融工具使本来不流动或流动性很差的资产或能源商品"流通"起来,其主要的方法有:

(1) 为能源产品开辟期货、期权和其他复杂的衍生金融工具,以期货、期权市场和衍生金融合同把这些能源商品"金融化"。安然研制出一套为能源衍生证券定价与风险管理的系统,这构成了它的核心竞争力。其中一个最大的问题是会计准则如何对这些资产估价并没有明确的规定,会计师们也不知道该如何正确评估资产。在安然原来报告的 2000 年度 14.1 亿美元的税前利润中,差不多有一半属于此类获利。

(2) 将不动产打包作为抵押,对外发行债券或股权,以此把不动产"做

活"。以不动产抵押发行证券本身不足为奇,关键在于,在此过程中,安然建立了众多关联企业与子公司,之间隐藏着多种复杂的合同关系,从而达到隐藏债务、减税以及人为操纵利润的目的,这一手段也恰恰是导致安然破产的主因。

三、案例分析——对我国会计和审计行业的启示

(一) 国际五大会计师事务所也会审计失败

当时,人们普遍认为包括安达信会计师事务所在内的国际五大会计师事务所为了保护声誉,审计质量很高,不会出现重大审计失败的。中国证监会等有关部门曾出台规定,A股公司在股票发行上市或上市后再筹资时,必须由国际会计师事务所实行补充审计(双重审计)。而现在,令人尴尬的是,国际五大之一的安达信会计师事务所,却扮演了极不光彩的角色,公然替安然公司进行会计造假,还销毁了安然破产案中的债务审计资料。单就销毁安然破产案中债务审计资料而言,这至少说明了安达信会计师事务所没有达到会计审核的起码标准,按照惯例,客户的所有相关资料至少要保持10年。

(二) 管理和监督制度上是否存在缺陷

针对我国会计造假,应消除现有的管理和监控制度缺陷而不是一味指责国内会计师事务所,从而重建中国会计行业的公信力。

(1) 公司治理结构的缺陷。所有权与经营权的分离,必然导致上市公司的投资者与管理层之间存在着严重的信息不对称。信息生产者正是利用这种信息优势的不对称性,向外界披露对自己有用的信息使自己获利甚至进行舞弊和欺诈。因而,信息不对称是会计造假的诱因之一,并可能带来不利选择和道德风险问题。

(2) 现行的注册会计师聘任制度危及了社会审计的独立性。如果说公司治理是解决信息不对称问题的内部制度安排,那么,社会审计则是解决信息不对称问题的外部安排。独立性是社会审计的灵魂,离开了独立性,社会审计鉴证功能就不可能发挥,并有可能使上市公司的会计造假更具欺骗性。

应该指出的是,我国注册会计师的聘任制度存在着严重缺陷,严重危及了社会审计的独立性。

(3) 目前国内审计师承担的法律风险几乎为零。"五大所"在美国、西欧等发达国家具有较高声誉,是巨大执业风险锤炼出来的。而在中国,在最高人民法院出台《关于受理证券市场因虚假陈述引发的民事侵权纠纷案件有关通知》(以下简称《通知》)之前,会计师事务所实际上是不用承担民事赔偿责任的。即使在《通知》出台以后,也仍然存在操作性问题。

(4) 会计制度和证券市场规则落后于时代发展。会计制度、证券市场规则等方面的滞后给注册会计师的审计工作带来困难,随即也产生了各种不相容性。这种不相容性不仅体现在会计制度和证券市场规则不能跟上经济形势的需要,更重要的是会计在原有模式下不可能也不完全服务于由于各利益主体迅速产生带来的对会计信息全方位的需求。

(三) 会计师似乎更注重的是形式而非实质

虽然会计规则在数量上与日俱增,而且越来越复杂,但会计师有时更关注所报告内容的形式而不是实质,从而导致会计信息失真。我国会计信息的所谓"失真",主要并非由于会计准则、会计法规本身不健全导致,问题出在会计信息的产生背景上。注册会计师似乎可在不违反会计法规的前提下进行"假账真算"。

(四) 造假成本与造假收益的不对称助长了会计造假

虚假会计信息的大量存在,表明证券市场和上市公司存在着对虚假会计信息的旺盛需求。既然有需求,就必然有供给。对于造假者而言,造假的预期成本大大低于造假的预期收益,造假者就有博弈的理由和冲动。即使会计造假被发现,所付出的代价也是较有限的。因而,当前我国证券市场上会计造假的成本是微不足道的。

(五) 审计师的独立性

随着"安然事件"的深度曝光,事务所的独立性问题再次成为公众和监

管层关注的焦点。美国国会和行业管制机构都在考虑对注册会计师行业制定更为严厉的管制措施,其中一项最重要的内容就是可能要全面禁止会计师事务所为审计客户提供非审计服务,因为安达信会计师事务所这场审计失败很大的一个原因就是独立性问题。其他四大会计师事务所在"安然事件"后对各自的咨询业务进行了分拆和整理,其中普华永道和毕马威表示将禁止为审计客户提供 IT 咨询和内部审计服务,并主张拆分咨询服务。但这一做法难以让人怀疑不是四大"以退为进"的策略,避免国会和管制机构出台更为严厉的法规。同时在 2000 年其他四大同盟与 SEC 前主席 Leviit 发起的旨在限制或全面禁止注册会计师为审计客户提供非审计服务运动达成妥协,SEC 不再坚持全面禁止非审计服务,只是要求上市公司审计委员会审查注册会计师提供的非审计服务,认定其是否有损于审计独立性。虽然安达信会计师事务所已经为剩下的四大会计师事务所敲响了警钟,但是否会从"安然事件"中得到警示还有待于观察它们如何保持自身的独立性。

四、建议对策

从安达信会计师事务所替安然会计造假事件可以看出:某些上市公司会计信息造假,虚构利润,玩数字游戏,导致会计信息失真,蓄意欺骗利益相关者。这也是国内外普遍存在的问题。对于根治上市公司的会计造假,提出以下若干对策。

(一) 建立健全独立董事制度

目前,董事会成员不能很好地发挥监督作用,董事会中的成员大部分都是公司的经理或大股东所派,从而造成了事实上的"内部人控制"或仅代表大股东的利益,出现董事会和经理合谋操纵财务报告或"一言堂"现象。另外,我国已有知名专家、学者在上市公司中担任独立董事,但由于制度上没有明确独立董事的职责,独立董事的作用没有真正体现出来,应在公司章程中明确审计委员会的功能和职责,并在年度报告和股东大会报告中披露执行情况。由监事会和审计委员会共同担负对公司财务报告的监督职责是目前制度安排下的一个理性选择。

(二) 重新确立内部审计的地位,发挥其对财务报告的监督作用

我国实务界仅将内部审计(有时被称为稽核部门)作为公司经理人员对下级单位财务、经营的监督手段,内部审计部门向公司经理人员负责并报告。在这种情况下,如果内部审计师发现公司管理人员蓄意操纵财务报告,即使他有良好的职业道德也无能为力。这样,内部审计对财务报告应有的监督作用其实是名存实亡。内部控制的目的并不仅仅是防止、发现、纠正下级员工的舞弊和差错,它应该是一个整体结构,包括防止、发现、纠正经理人员的舞弊和差错。内部审计作为内部控制的一部分,它的一个重要功能就是监督经理人员的行为。要真正发挥内部审计对财务报告的监督作用,就必须使内部审计向监事会和独立董事组成的审计委员会负责。

(三) 加强外部审计师的独立性

由于我国上市公司"内部人控制"程度较重,会计师事务所的聘任、续聘、解聘一般是由经理人员决定,使外部审计师缺乏独立性。要彻底改变这一状况,首先必须完善公司内部治理结构,改变公司"内部人控制"和大股东"一言堂"的现象。只有独立董事会组成的审计委员会和监事会联手,才能对抗"内部人控制"和大股东"一言堂"。

(四) 健全会计职业道德的自律机制

我国会计市场的无序和不正当竞争对注册会计师的独立性产生了巨大的负面影响。它为上市公司购买审计意见提供了条件,使注册会计师在市场的压力与法律责任之间左右为难。这种被扭曲了的聘任制度不仅降低了一些注册会计师的职业敏感性,而且淡化了注册会计师对社会公众的责任感。这除了应加强外部审计的独立性之外,还应健全我国会计职业道德的自律机制:第一,建立健全我国会计职业道德的自律组织,在中国会计学会下设会计"职业道德研究组"并设相应会计职业道德的自律组织,具体负责全国会计职业道德的自律事务管理工作。第二,完善中国会计职业道德准

则,加强自律性规范的建设。

五、参考文献

[1] 夏海云.上市公司财务报告舞弊行为及防范对策研究[D].河海大学,2004.

[2] 陈静.注册会计师对第三人的侵权责任研究[D].江西财经大学,2003.

[3] 熊晓辉.英美法国家及我国会计师对第三人民事责任比较研究[D].对外经济贸易大学,2006.

[4] 武晶.注册会计师民事责任研究[D].吉林大学,2007.

[5] 王敏.注册会计师审计责任研究[D].东北财经大学,2007.

第二节 审计人员的审计责任

 案例5 帕玛拉特——意大利的安然

1. 案例介绍

(一) 案件背景

帕玛拉特公司是意大利的第八大企业,成立于1961年,是一家拥有40多年历史的家族企业,主要生产和销售牛奶、酸奶酪、果汁、冰激凌、蔬菜罐头、烘烤食品以及番茄制品等。它旗下的品牌很多,除 Parmalat 品牌外,还拥有其他著名的品牌,如 Chef、Mr. Day、Beatrice、Blackdiamond 等,并拥有 AC 米兰俱乐部。

帕玛拉特从意大利一个默默无闻的小镇起家,逐渐发展成为食品生产企业的跨国公司,在30多个国家建立了139家加工厂,雇员人数超过3万名。其创始人为卡利斯托·坦齐(Calisto Tanzi),坦齐对帕玛拉特的管理一直延续到2003年12月。在公司出现危机后,其职务由重组专家恩里科·邦迪(Enrico Bondi)取代。

帕玛拉特在债券市场是一个重量级客户,过去一直对外负担巨额债务。由于公司声称拥有雄厚的现金储备,不良信用并未引起投资者及有关方面的重视。帕玛拉特危机的爆发是在2003年11月中旬。由于帕玛拉特突然宣布无法偿还到期价值1.5亿欧元的债券,从而引起了审计师和银行对其财务状况的警觉;而当帕玛拉特宣称无法清偿在凯曼群岛大约5亿欧元的共同基金时,真正的恐慌开始了。帕玛拉特的股票价格在几个星期内持续跌落,在12月份下跌了87%。同时,标准普尔将帕玛拉特的信用评级降低至最低一级D,这无疑是雪上加霜。2003年12月27日,帕玛拉特向帕尔马地方破产法院申请破产保护并得到批准。帕玛拉特申请破产保护,在意大利引起轩然大波,导致全世界又将目光投向上市公司的财务欺诈行为,并探究问题的根源。帕玛拉特事件被称为意大利的"安然事件"。

(二)公司背景

1961年4月15日,刚满22岁的卡利斯托·坦齐继承了祖父创建的冷冻食品公司。当时,坦氏家族在当地已经有一定名望,但年轻的坦齐并没有满足现状,决心要扩展一个新的产品领域,打造出独具特色的品牌。不久,他意识到,牛奶是未来食品行业最具发展潜力的产品。便在克雷齐奥镇建立了小型灭菌厂,向临近的帕尔马及周边地区供应鲜奶。

帕玛拉特在牛奶行业真正引起革命,则是将牛奶作为健康食品之后。1965年,帕玛拉特开始销售经鉴定具有抗肺结核免疫作用的维生素C牛奶,这种不断创新的精神使其将竞争对手一个个甩在了后面。

20世纪80年代初,帕玛拉特开始采取多元化战略,通过改进产品质量和服务,扩大了其奶酪、甜点、黄油与长保质期白糖在世界市场上的销售。另外,它们还开始销售"Punto体形监测"系列牛奶。"Punto"牌牛奶产品一经上市,就受到关心身材与节食的消费者的青睐。在一些人眼里,帕玛拉特总能从不同阶层人的需要出发开发新产品,并能在人们遗弃的领域打开新市场。

帕玛拉特的海外扩张始于1974年。它们首先在巴西开展业务。1975

年,开始进军法国和德国。1982年,打入美国市场。为了实现市场全球化,帕玛拉特于1990年在米兰证券交易所上市,企业实力大大加强。仅1993年一年,帕玛拉特就进行了17次收购,不仅加强了其在意大利和巴西市场的地位,还鼓舞了在美国市场的竞争士气,并开始向东欧扩张。世纪之交,帕玛拉特已经在全球30个国家建立了分公司。

到2002年,帕玛拉特集团拥有36 356名员工,营业额高达76亿欧元。2002年全球知名商标特许权调查中,帕玛拉特在最有名的23个世界食品品牌中名列第二。

(三) 财务欺诈是导致危机的元凶

帕玛拉特危机是其管理当局进行财务欺诈导致的。在初步调查之后,意大利检查人员表示,在过去长达15年的时间里,帕玛拉特管理当局通过伪造会计记录,以虚增资产的方法弥补了累计高达162亿美元的负债。欺诈的目的不外乎两个:一是隐瞒公司因长期扩张而导致的严重财务亏空;二是把资金从帕玛拉特(其中坦齐家族占有51%的股份)转移到坦齐家族完全控股的其他公司。

(四) 暴露出的问题

帕玛拉特事件暴露出与生成财务信息链条相关的问题,既涉及公司本身,又涉及政府监管机构、相关利益者和审计师。

1. 公司治理结构

一股独大的缺陷。帕玛拉特事件暴露出欧洲最大的跨国公司存在着巨大的财务透明度缺陷。《商业周刊》评论说,像许多欧洲公司一样,对帕玛拉特这种家族控制的企业,要从公司治理结构和外部监督上进行完善非常困难。美国《洛杉矶时报》指出,帕玛拉特事件本质上是意大利特有的问题。这种看法令商界领导、政治家和投资者难以接受。因为美国安然公司垮台的时候,他们还认为这种大规模的企业丑闻不会发生在意大利。他们以为,如果一个家族的财富全部押在公司的股票上,这个家族就可以确保没有人能够做假账损害公司利益。意大利的农业部长詹尼·阿莱曼诺(Giovanni

Alemanno)指出:"帕玛拉特的规模大大扩展,然而结构却保持未变。这就是弱点所在。"

2. 政府监管机构

政府监管机构的疏忽。意大利负责证券市场监管的专门机构 Consob 备受诟病,就在其鼻子底下,帕玛拉特肆无忌惮地瞒天过海,Consob 竟毫无察觉。许多专家认为,这是意大利放任自流的企业文化的后果。

3. 利益相关者

利益相关者涉嫌合谋。在帕玛拉特事件中,一些利益相关者也扮演了不光彩的角色。花旗集团和美林证券等投资银行为帕玛拉特设计衍生金融工具和复杂的财务交易,使之能够向海外转移资金,并利用这种交易进行投机。企业方面,瑞典利乐集团包装回扣被曝光后(该回扣大部分被装进了坦齐家族的口袋),利乐公司在 2004 年 1 月 12 日宣布要进行内部调查。银行方面,意大利司法部门对美洲银行米兰办事处搜查之后,又对 Capitalia 银行的行长进行调查,因为坦齐供认该行长向其施加压力,要求以较高的价格收购一些企业,其中包括正在清算的公司 Eurolat。

4. 审计师

(1) 均富、德勤会计师事务所帮助舞弊的方式以及未查出纰漏的主要问题所在。从 1990—1998 年,均富会计师事务所一直为帕玛拉特提供审计服务。1999 年起,德勤会计师事务所担任帕玛拉特的外部审计师,而均富会计师事务所成为帕玛拉特全资子公司 Bonlat 的审计师。调查显示,Bonlat 是制造一系列财务欺诈的中心环节。

均富会计师事务所依靠帕玛拉特的邮寄系统发送关于帕玛拉特的审计询证函,均富会计师事务所的询证函根本就没有到达它们想要到达的目的地。它们所收到的确认函都是在帕玛拉特高层官员授意下的伪造文件。依赖客户的资源来询证客户的账户,这至少是缺乏应有的职业谨慎。

德勤会计师事务所从 1999 年起担任帕玛拉特的外部审计师,2002 年又被续聘至 2004 年。作为负责整个帕玛拉特集团审计的主审计师,德勤会计师事务所的审计报告部分地依赖于均富会计师事务所的审计意见。2002 年度占合并资产 49% 的资产和合并收入 30% 的收入是由其他审计师(均富会计师事务所)审计的,而德勤会计师事务所在没有对此部分报表实施追加审计程序的情况下,出具了无保留意见书。在这种情况下,主审计师发表合并报表的审计意见是否适当,值得商榷。

事实上,国际审计准则已经规定,集团公司的审计师应该考虑其他审计师的重大发现。但是,意大利的审计准则允许集团公司审计师依赖子公司的审计结果。因此,德勤会计师事务所没有对由均富会计师事务所审计的帕玛拉特海外分公司进行独立的复核,也无须为子公司的审计结果承担责任。直到 2003 年,意大利出台了与国际审计准则类似的规定,德勤会计师事务所按照新规定执行审计时才发现了帕玛拉特海外分公司的问题,并向证券监管部门汇报。

(2) 审计师在执业中存在缺陷。帕玛拉特丑闻爆发后,均富会计师事务所声称自己是这起舞弊案的受害者,断绝了与意大利分支机构的关系。德勤会计师事务所则声称涉案的合伙人是清白的,并表示其所执行的审计工作都遵循了意大利的审计准则。随着帕玛拉特事件的进展,国际社会对这两家会计师事务所扮演的角色提出越来越多的质疑。帕玛拉特破产丑闻暴露出国际大型会计师事务所在执业中出现的问题确实不容忽视,特别是在遵循审计准则方面。

德勤会计师事务所从 1999 年到 2002 年担任帕玛拉特集团审计师,而作为前任集团审计师的均富会计师事务所依然负责对海外分公司进行审计,而这些分公司正是串通舞弊的核心。虽然国际审计准则规定,集团审计师应当考虑其他审计师的重要发现,但是德勤会计师事务所没有对帕玛拉特海外分公司进行独立的复核,这是因为意大利的审计准则允许依赖均富会计师事务所的审计结果,因此在对集团进行审计时,德勤会计师事务所并不需要对均富会计师事务所实施的审计工作负责。因此有评论认为,在地区审计准则与国际审计准则差异较大的情况下,有些国际会计师事务所往往不考虑地区审计准则的优劣和可操作性问题。实际上,2003年意大利已经出台了与国际审计准则相类似的规定,明确了集团审计师和其他审计师在发现舞弊方面的责任,但为时已晚。德勤会计师事务所在2003年才按照国际审计准则的要求关注到帕玛拉特海外分公司的问题。

(五) 案件的结果

2003年12月20日,意大利总理贝卢斯科尼宣布政府将援助帕玛拉特公司,挽救公司产业和就业岗位。22日,坦齐和其他近20位公司管理人员开始接受意大利法院的刑事调查。24日,帕玛拉特正式向意大利工业部和帕尔马检察官办公室申请破产保护。27日,意大利帕尔马地方破产法院批准了帕玛拉特公司提出的破产保护申请。29日,美国证券交易委员会宣布起诉帕玛拉特,指控其通过虚增公司资产、少报负债的方法进行金融欺诈。同日,坦齐承认帕玛拉特公司的账上存在80亿欧元的漏洞。

2004年1月3日,意大利司法部门证实,美国和意大利司法当局已经开始联合调查帕玛拉特在美国证券市场的运作情况,曾帮助帕玛拉特销售公司债券的美洲银行等也在接受调查。2004年3月18日,意大利检查人员以操纵市场的罪名正式向米兰法院起诉29名涉案人员,以及美国银行、德勤会计师事务所和均富会计师事务所在意大利的分支机构。被起诉的29名人员中包括帕玛拉特创始人、原财务总监、法律顾问以及美国银行、德勤会计师事务所和均富会计师事务所在意大利分支机构的负责人。而美国银行、德勤会计师事务所和均富会计师事务所在意大利的分支机构将面临"知情不报"的处罚。此外,由于债权人拥有帕玛拉特148亿欧元债权,美国银行甚至还将同时面临债权人在美国提出的集体诉讼。随着调查的深入,包括花旗银行、摩根大通、德意志银行、摩根士坦利、意大利最大的银行因特撒银行等都面临着意大利政府的调查和指控。2004年7月31日,曾经因巨额金融诈骗丑闻而闻名世界的意大利帕玛拉特公司,对金融巨头花旗银行提起了诉讼。2004年8月9日,帕玛拉特又向前顾问公司德意志银行提起诉讼,要求其归还1700万欧元及利息。2004年8月18日,意大利食品集团帕玛拉特控告之前为其做审计的德勤会计师事务所和Grant Thornton两家会计师事务所,索赔"至少100亿美元";同时扩大诉讼规模,以期从导致公司破产的财务伙伴手中夺回资金。

2007年1月15日,帕玛拉特和德勤会计师事务所达成庭外和解协议,德勤会计师事务所和其在意大利的子公司将共同向帕玛拉特支付共计1.49亿美元的和解费。

二、问题梳理

注册会计师的法律责任,是指注册会计师因违约、过失或欺诈给审计委托人、被审计单位或其他有利益关系的第三人造成损害,按照相关法律规定而应承担的法律后果。引起注册会计师法律责任的不仅有会计师事务所和注册会计师自身的原因,还有整个社会环境和市场机制的因素,主要包括被审计单位方面的责任、注册会计师方面的责任和其他方面的责任。

(一)被审计单位的责任

1. 错误、舞弊和违法行为

审计人员若未能查出被审计单位的某些错误、舞弊和违法行为,给他人造成损失,可能会遭到被审计单位或财务报表使用者等的控告。错误是指被审计单位财务报表中存在的非故意的错报和漏报。而舞弊则是一种故意的行为。所谓的违法行为,是指故意违反国家法律、法规规定的错报、漏报行为。

2. 经营失败

被审计单位破产倒闭造成的经营失败属于被审计单位的责任,这可能连累注册会计师。

(二)注册会计师方面的责任

1. 违约

违约是指合同的一方或几方未能达到合同条款的要求。当违约给他人造成损失时,审计人员应负违约责任。

2. 过失

过失是指在一定条件下,缺少应具有的合理的谨慎。当过失给他人造成损害时,审计人员应负过失责任。评价审计人员的过失,是以其他合格审计人员在相同条件下可做到的谨慎为标准的。普通过失通常是指没有保持职业上应有的合理的谨慎。对注册会计师而言,是指没有完全遵循专业准则的要求。重大过失是指连起码的职业谨慎都不保持,对业务或事务不加考虑,满不在乎。共同过失是指对他人的过失,受害方自己未能保持合理的谨慎,因而蒙受损失。

3. 欺诈

欺诈又称注册会计师舞弊,是以欺骗或坑害他人为目的的一种故意的错误行为。不良动机是欺诈的重要特征,欺诈就是为了达到欺骗他人的目的,明知委托单位的财务报表有重大错报,却加以虚伪地陈述,出具无保留意见的审计报告的行为。

(三) 其他方面责任

其他方面的责任包括审计关系失衡、审计期望差距、行业立法相对滞后、审计方法的局限性和审计报告的表达方式五个方面。

三、案例分析

帕玛拉特的内部审计是失效的。审计委员会缺乏独立性,导致外部审计师的选聘和选聘到的外部审计师都缺乏独立性。外部审计师的强制轮换流于形式。外部审计师缺乏职业谨慎。合并报表的相当比例的部分是由其他审计师审计的,此时主审计师签发的合并报表的审计报告已经无法代表主审计师的审计结果。帕玛拉特案例所暴露的上述诸多审计问题引发我们进一步的思考。

(一) 内部审计的定位

内部审计发现的问题往往被管理当局压制下来。帕玛拉特事件告诫我们,应重新审视内部审计的定位。内部审计的最终目的是为企业的利益相关者服务。当管理当局是为企业的利益相关者谋利益时,两者的方向是一致的,否则将出现背驰。因此,单纯地将内部审计定位为向管理当局负责,将使内部审计不能及时发现并揭露管理当局的舞弊行为。建议将内部控制定位为同时向管理当局和董事会负责,重大的发现事项应同时向管理当局和董事会报告。

(二) 审计委员会的职能及其发挥

审计委员会是加强公司财务报告信息真实和可靠性的中坚力量之一。首先,审计委员会的成员应符合独立性的要求(在形式上和提名上都独立于企业的管理当局)。其次,审计委员会的成员还应具有相应的能力,应该至少有财务专家。最后,应明确审计委员会成员的待遇和责任,使其有良好的动机去履行其职责。

在审计委员会的运作过程中,应该增加召开会议的频率,并扩大参与会议的人员范围,应该重视细节问题。审计委员会的成员可以与内部、外部审计师进行私下的交谈。审计委员会应该对公司的风险给予更多的关注,应该对CEO、CFO的工作进行更多的审查。

(三) 审计师的强制轮换

实行严格的强制轮换制度,轮换周期不宜过长,轮换的范围应该扩大到关联方,即轮换后的审计师在一定时间内也不得担任原来客户的关联方的审计师。

(四) 明确合并报表的审计责任,协调审计准则地区差异

应该明确合并报表审计中主审会计师的责任——对合并的所有财务报表承担责任。对于重要的子公司,必须由母公司的审计师审计,不得委托其他会计师事务所审计。

表面上是合并报表的审计责任问题,实质上可能是审计准则的地区差异问题。当某个国家的审计准则与国际准则存在较大差异时,审计师应该

遵循更为严谨的审计准则,而不是避难就易。要想从根本上解决问题,还需要审计准则的国际协调。如果全球统一使用国际审计准则,则可以避免类似情况发生。

(五) 审计风险的评价

以审计风险模型"审计风险＝固有风险×控制风险×检查风险"为基础进行的传统风险导向审计,由于难以对固有风险进行评估,往往忽略了企业环境。当管理当局串通舞弊时,内部控制失效。此时,以评价内部控制为基础展开的审计很容易导致审计失败。我们应对传统风险导向审计方法进行完善,采用风险导向战略系统审计方法。风险导向战略系统审计将审计风险模型调整为"审计风险＝重大错报风险×检查风险"。风险导向战略系统审计方法需要:了解客户的战略性优势;了解威胁客户经营目标实现的风险;了解实现战略优势所需的关键程序和相关胜任能力;了解被审计单位情况及其环境以及评价重大错报的风险。帕玛拉特的教训更是让审计师更多地关注公司治理方面存在的问题。风险导向战略系统审计方法便于审计师全面掌握企业可能存在的重大风险,有助于识别管理当局的舞弊,有利于将有限的审计资源运用到关键的环节上。

(六) 政府监管方面

完善会计监管体系,授予监管者一定的权力、人力、财力,在建立监管制度的同时,更应使制度处于监督公司行为、监督会计师和律师等的状态。完善法律制度,建立有效的实施机制,加大对违法者的惩处力度。当无视法律的成本远超过其收益时,违法者自然会减少;否则就是纵容违法。

四、参考文献

[1] 张维迎. 所有权、治理结构与委托——代理关系[J]. 经济研究,1996,(09).

[2] 李维安. 现代公司治理研究[M]. 北京:中国人民大学出版社,2002.

[3] 郑志刚. 投资者之间的利益冲突和公司治理机制的整合[J]. 经济研究,2004,(02).

[4] 王敏. 注册会计师审计责任研究[D]. 东北财经大学,2007.

案例 6　注册会计师审计责任——基于广东科龙电器的案例分析

一、案例简介

广东科龙电器股份有限公司前身是广东顺德珠江冰箱厂,创办于1984年,是一家乡镇集体企业。在当时的容奇镇工业与交通办公室副主任潘宁带领下,广东科龙电器股份有限公司在全国各地进行市场调查后,选择主营业务为家用电冰箱,1987年更名为广东珠江冰箱厂。1992年8月,根据广东省股份制试点联审小组、广东省经济体制改革委员会联合签发的粤股审[1992]29号文件,广东科龙电器股份有限公司以定向募集方式改组为珠江电器股份有限公司。科龙电器成立时的股权结构如表2-1所示,公司成立时的总股本为422 416 755股,采取内部人持股和管理层持股的方法,新公司的法人股为珠江冰箱厂按净资产折价认购,以全部净资产按1元/股折合的法人股337 915 755股,占总股本的80%,由镇政府独资的容奇镇经济发展总公司持有;向公司内部职工按1元/股募集的内部职工股84 501 000股,占总股本的20%,后来正式改名为广东科龙电器股份有限公司(以下简称科龙电器),公司的经营范围为开发、制造家用电器,1993年初正式启用科龙商标。

表 2-1　科龙电器成立时的股权结构

股东性质	股本数	占比(%)
法人股:容奇镇经济发展总公司(镇政府独资)	337 915 755	80
内部职工股	84 501 000	20
合计	422 416 755	

在1993年之后的几年里,科龙冰箱产销量快速上升,销售额由1993年的18亿元迅猛增长到1996年的45亿元。科龙电器的上市过程可参见表2-2科龙电器上市过程,1996年5月,为筹备在海外上市事宜,科龙电器吸收

合并了其与外商合资兴办的中外合资企业——广东容声冰箱有限公司。原广东容声冰箱有限公司的外资方权益按照1.75元/股转换为181 639 808股的科龙H股。1996年7月,经国务院证券委员会证委发[1996]20号文批准,科龙电器以3.67港元/股的价格成功发行了201 352 000股H股。经过香港联合交易所有限公司(以下简称香港联交所)批准,该次发行的H股以及1996年5月增设的H股均获得在香港联交所上市资格。1997年7月,根据股东大会授权及经有关部门批准,科龙电器以9.2港元/股的价格增发了76 598 000股H股。此次增发后,科龙电器总股本增至882 006 563股,成为内地首家在香港上市的家电企业。

1998年,科龙电器名列世界冰箱企业前十名。经中国证券监督管理委员会(以下简称证监会)证监发行字[1999]58号文批准,与1999年6月2日通过深圳证券交易所以"上网定价"发行方式成功向社会公开发行9 350万股社会公众股,向10家基金公司配售1 650万股,共计11 000万股,每股面值1元,发行价格9.98元,总股本达99 200.7万股。

表2-2 科龙电器上市过程

时间	事件	股本数
1996年5月	港股转换	181 639 808
1996年7月	港股发行	201 352 000
1997年7月	港股增发	76 598 000
合计		459 589 808

二、问题梳理

(一) 上市后由辉煌到面临退市的ST科龙

A股上市后不久,科龙电器的发展就陷入了僵局,科龙电器连续数年保持中国制冷业销售第一的业绩在2000年被轰然打破。2000年科龙电器出现了6亿多元的亏损,并且在2001年陷入持续亏损的局面,科龙电器被戴上了ST的帽子,面临退市。2000年,科龙电器从1999年盈利0.65元/股下降到亏损0.68元/股,净资产收益率为—16.4%。在科龙电器的两个主营产品中,冰箱的销售额为24.74亿元,比1999年下跌21%,空调的销售额为17.91亿元,比1999年下跌21%。

面对2000年的业绩,科龙电器年报中是这样解释的:国内家电业竞争激烈,减价战仍然存在,但是科龙电器全线产品已平均削价11%,除削价外,冰箱的净销量也开始下降,期内公司营业额下跌31%,降至38.7亿元,但销售成本却未见下调,因此毛利大幅下跌65%,降至6.04亿元,毛利率更因此由上年同期31%下降至16%,同时,科龙电器为顾客经销商清理积压冰箱存货而调控对其销量。

面对2001年持续亏损,科龙电器给予如下解释:第一,虽然有销售收入上升及成本下降的支持,但由于广东科龙(容声)集团有限公司未能如2000年一样分担广告费用,令冰箱及空调业务的广告费用较去年增加人民币2.8亿元;第二,在市场竞争激烈的情况下,以及低价销售旧有存货,冰箱平均价格相比同期下调约8%,以至盈利受压;第三,现有的营销渠道正处于从批发渠道发展至零售渠道的整合期间,仍需时间以达到预期效果;第四,为公司在日本及中国香港的楼房产业减值而作出拨备;第五,为部分投资项目减值而作出拨备,将商誉余额一次摊销完毕,以及处理往来少数股东权益;第六,管理成本高,与去年持平,未能为公司减少支出。

然而无论科龙电器如何解释,事实是制冷巨头风光不再。2001年10月31日,科龙电器发布股权转让提示性公告,正式宣布第一大股东即将易主。在这次股权转让中,科龙电器公司法人股东——广东佛山市顺德区容奇镇政府所属的"广东科龙(容声)集团有限公司"把总计20 477.577 5万股的法人股转让给顺德市格林柯尔企业发展公司,转让价款5.6亿元人民币。完成交易过户手续后,格林柯尔企业发展公司持有科龙电器20.6%的股份,成为其第一大股东,容声集团持有比例降低13.46%,成为第二大股东。顾雏军成为科龙电器董事长,总裁由格林柯尔常务副总裁——常驻顺德一手操持收购科龙电器谈判事宜的刘从梦担任,并同时兼任副董事长,主管营销。严友松担任执行董事、副总裁,主管整合传播。

至此,科龙电器已经连续两年亏损,如果2002年再不盈利,科龙将面临退市的危险。2001年4月25日科龙电器2001年年报亏损披露之后,科龙电器股票被特别处理,变为"ST科龙"。

(二) 从ST摘帽到科龙危机

2002年对于刚刚接受了科龙电器的格林柯尔系顾雏军来说是至关重要的一年,他必须接受考验。2002年,科龙电器第一季度财务报告显示,公司盈利1 078万元,8月27日中报显示公司盈利1.12亿元,12月下旬又发出全年盈利报告。2003年4月3日调整后的科龙电器年报显示,2002年ST科龙净利润为1.01亿元;每股基本盈利为0.1元,营业净额为48.8亿元,同比增长11.3%,冰箱销售额同比增长4%,空调销售额同比增长7.3%,在利润日趋微薄的家电行业里,这个业绩已属上乘。主要财务数据和指标如表2-3所示。

表2-3 科龙电器2000—2002年主要财务指标　　　金额单位:元

指标项目	2002年(本年)	2001年(上年)	本年比上年增减	2000年
主营业务收入	4 878 257 017.00	4 381 616 368.00	11.33%	4 410 880 037.00
利润总额	103 919 721.00	-1 489 548 691.00	—	1 007 150 805.00
净利润	101 276 990.00	-1 475 892 124.00	—	662 677 775.00
总资产	7 656 539 329.00	6 509 847 794.00	19.32%	6 893 105 945.00
股东权益	2 575 000 833.00	2 470 316 183.00	8.74%	3 957 879 122.00
每股收益(元/股)	0.10	-1.49	—	-0.84
每股净资产(元/股)	2.39	2.21	18.10%	3.75
净资产收益率(%)	3.93	-59.75	—	-19.00

情况如下:①相信"技术领先"才是企业持续发展的关键。②精美化工程。③对于盈利能力得以大幅改善的原因,科龙电器在2002年的年报中是

这样解释的:第一,注重产品质量,不断提高产品技术含量,令产品的整体附加值高于同行。第二,成本下降。第三,整体销售收入总额较上年同期上升,具体经成本控制。④"全程无忧服务"顾客服务。⑤全面的品牌策略。⑥国际化战略。

尽管科龙电器对年报作出多方面的详细解释,科龙电器2002年的扭亏为盈似乎仍然令人担忧。2003年年初,德勤会计师事务所为科龙电器公开的2002年年报出具了有保留意见的审计报告,报告中保留事项多达4项。2004年4月3日,在科龙电器公布的其调整后年报中,科龙电器将2002年度净利润2.01亿元调低至1.01亿元,降低了1个亿。投资者们对管理费用巨幅变动、坏账准备、存货跌价准备的转回、会计估计的合理性抱有很多质疑。可是尽管市场存在这样那样的评述和疑问,2002年扭亏还是最终得到确认,科龙ST摘帽已成定局。

2003年科龙电器更是业绩飙升,2004年4月19日,科龙电器公布了由德勤会计师事务所出具的标准无保留意见审计报告的2003年年报,年报显示2003年科龙电器实现主营业务收入劲升26.44%,达到61.6亿元,盈利2.02亿元,利润增幅99.63%。

2004年上半年,科龙电器业绩再次飙升,半年收入达到49.3亿元,同比增长48.7%;净利润达到1.59亿元,同比增长10%。到2004年第三季度,科龙电器仍然有2.07亿元的净利润,然而就在2005年4月27日,科龙电器突然停牌并发出财务预警公告,宣布因为其子公司经营不善等原因,2004年度可能出现亏损。之后仅仅两天,科龙电器公布的2004年年报中披露虽然营业额创新高,达人民币84亿元,较2003年增长37%,但却报出2004年科龙电器不仅将累计2亿元的利润吞噬一空,还出现了6 000万元的亏损。主要财务数据和指标如表2-4所示。

科龙电器2004年年报亏损的消息一传出,科龙电器在深圳和香港两个交易所上市的股票复牌即落至跌停板。科龙电器对此的解释是:

(1) 内外销市场竞争激烈,摊薄利润。

(2) 原材料如铜、铝、塑料等的价格于2004年,尤其是2004年后半年急剧攀升。

(3) 家电产品出口增值税退税率由17%降至13%。

(4) 第四季度销售水平下降。

(5) 集团对连续几年出现经营亏损的联营公司华意压缩机股份有限公司(以下简称华意压缩)截至2004年年末尚未摊销完的股权投资差额全额计提了减值拨备约7 100万元。

(6) 集团在2004年年末对存货的可变现净值进行估计,对估计可变现净值低于成本的存货计提存货跌价准备,增加存货跌价准备约4 700万元。

(7) 集团于第四季度内,按会计政策应计提的应收账款坏账准备增加了约人民币3 000万元。

表2-4　科龙电器2002—2004年主要财务指标　　　　　金额单位:元

指标项目	2004年(本年)	2003年(上年)	本年比上年增减	2002年
主营业务收入	8 436 403 435.00	6 168 109 963.00	36.77%	4 878 257 017.00
利润总额	−68 333 660.00	220 003 504.00	−131.00%	103 919 721.00
净利润	−64 160 206.00	193 095 839.00	−142.00%	101 276 990.00
总资产	11 361 393 597.00	9 501 441 214.00	19.58%	7 656 539 329.00
股东权益(元)	2 803 156 761.00	2 808 730 941.00	−0.20%	2 575 000 833.00
每股收益(元/股)	−0.06	0.20	−131.75%	0.10
每股净资产(元/股)	2.78	2.76	0.72%	2.39
净资产收益率(%)	−2.29	7.20	−9.49	3.93

然而这些解释并不让人信服,有人对此已经作了分析,认为行业环境的变化对行业内所有企业都应该有影响,然而格力电器(000651)净利润同比增长22.74%,美的电器(000527)净利润同比增长94.5%,科龙将亏损原因归结为行业因素让人难以信服;对于存货的跌价准备和计提坏账准备本应是每年的例行公事,不应该作为突然亏损的理由;对华意压缩计提减值准备

理由并不充足。科龙电器于1999年8月成为华意压缩第二大社会法人股股东,由于华意压缩连年亏损,科龙电器未有获得投资收益。根据企业会计准则,如果将法人股作为有市价的长期投资,当被投资单位持续两年发生亏损时可以判断是否要计提减值准备。科龙电器在其2003年发生1.2亿元巨亏时不计提,2004年产生了773万元盈利,2005年有望好转时进行计提,有操纵财务数据"洗大澡"的嫌疑。

同样值得关注的是作为科龙电器的审计单位,德勤会计师事务所对科龙电器2004年年报出具了保留意见的审计报告。主要涉及两个事项:①科龙电器2004年全年约为84亿元的销售额中对中国境内两家客户的5.7亿元销售额,其中有4.27亿元发生于2004年12月,审计师未能从两家客户取得直接的回函确认,也未能确定与其一新客户交易的真实性。2004年度对这两家客户的全部产品销售收入中,截至2004年12月31日和审计报告日尚未收款的金额分别为5.76亿元和5.56亿元。因此,未能取得足够证据以证实这些收入的真实性,或2004年12月31日公司合并资产负债表中与这些收入相关的应收账款的真实性,也不能确认截至2004年12月31日公司及合并的主营业务收入和应收账款是否不存在重大差错;②因2004年退货2亿元,由于未能取得足够的资料及解释以确定2004年12月31日是否不需对销售退回计提准备,要求计提退货准备。同时德勤会计师事务所表示,其对审计范围限制及有关交易的会计记录表示不满意,以后不再担任科龙的审计师。

对于会计师事务所提出的两点质疑,科龙电器的董事会报告专项说明称,审计师于2005年3月23日亲临其中一个客户现场察看,至于审计师所发确认函件未收到回函,是由于邮递问题,另一客户未能赶在审计完结前送回审计师。同时,董事会认为2004年公司全年退货总金额约为2亿元,其中某一客户退货额为1.2亿元,该客户之退货是公司为稳定区域市场价格,而委托该客户对冲击市场的公司产品进行回购之货;除上述客户外,其余退货的退货率为0.9%。从2005年1月1日至2005年4月20日,公司退货总额仅为1 200万元,而且在新的销售年度,公司已加强市场价格的监控,董事会因此认为没有必要提取退货准备。

科龙电器业绩的大变脸在市场上引起轩然大波,短短3个月,科龙电器由2004年第三季度2.07亿元的净利润变为6 000万元的亏损,而与2004年年报同时发布的2005年第一季度的季报里却赫然显示公司净利润6 049万元,比同期增长28%,短短3个月时间,科龙又把利润赚了回来,如此离奇的财务数据不得不让人更加加深了对科龙电器的怀疑。

2005年5月11日,科龙电器发布正式公告称,公司因涉嫌违反证券法而被中国证监会正式调查。随后,科龙电器因"股价敏感资料信息"从6月17日开始连发9个停牌公告。6月29日科龙电器开盘后,即被牢牢地封在跌停2.43元直至收盘,跌幅达10%。科龙电器再次陷入危机,格林柯尔的"民企神话"也从此结束。

(三) 中国证监会的处罚

证监会的入驻调查使得从来没有远离过舆论中心的科龙电器再次引来了世人的关注。从名义上看,本次科龙电器危机的导火索是证监会对顾雏军涉嫌挪用科龙电器资金的立案调查和对顾雏军的限制出境。实际上,危机自2004年的"郎顾之争"就已开始。当时郎咸平发表题为《格林柯尔:在国退民进的盛宴中狂欢》的演讲,指出顾雏军操纵科龙电器报表,并认为其是个"借鸡生蛋"的骗子,利用产业整合之际巧取豪夺国有资产。自此顾雏军无法躲避公众视线,受到内地监管部门和香港联交所共同关注。香港联交所和深交所联合对科龙电器进行稽查,并溯及以往,将多年的旧账翻出。2005年3月29日,香港联交所发布了对广东科龙电器前7位董事公开谴责的通告,对格林柯尔系公司的财务问题予以公开曝光和谴责。此外,广东、江苏、湖北、安徽等地证券监管部门则联合对格林柯尔涉嫌违规挪用其控股的上市公司科龙电器资金,收购美菱电器、襄阳轴承以及亚星客车三家上市公司的时间展开调查,在获得相关证据之后,中国证监会开始正式立案,并入驻进行深入调查。

2005年8月1日,新华社播发新闻,证实科龙电器股份有限公司董事长顾雏军等6人已经被公安部门立案侦查并采取刑事强制措施。证监会已将科龙电器董事长顾雏军等人涉嫌经济犯罪的有关资料移交公安机关,经公安机关审查立案。2005年8月2日,证监会出具了对顾雏军及科龙电器的调查报告。对顾雏军及格林柯尔系有关涉嫌违法犯罪的事实作了详尽的记录。报告称顾雏军等人及格林柯尔系有关公司涉嫌侵占、挪用科龙电器财产累计发生额为34.85亿元,具体地说,顾雏军涉嫌的罪状有:侵占挪用科龙电器财产;采用关联交易诈骗科龙电器财产累计2.278亿元;诈骗国有土地及或侵占科龙电器相关利益;虚假出资或抽逃注册资金;为掩盖挪用、侵占江西科龙资金的目的,编制虚假银行票证,提供虚假财务报告;利用虚假证明文件,骗取公司登记注册,并伪造公司印章,从事虚构收入等活动;在深圳开设账外秘密账户,涉嫌转移科龙电器资金;以广告费名义挪用科龙电器8 033万元用于非法目的。

2006年7月5日,科龙电器公布证监会证监罚字[2006]16号《行政处罚决定书》。经证监会的调查表明,科龙电器从2002年至2004年通过虚构主营业务收入、少计坏账准备、少计诉讼赔偿金等手段来编造虚假财务报告。调查显示,科龙电器2002年虚增利润1.199 6亿元,2003年虚增利润1.184 7亿元,2004年虚增利润1.487 5亿元。调查发现,科龙电器的2003年年报现金流量表披露存在重大虚假记载——少计借款收到现金30.255亿元,少计偿还债务所支付的现金21.36亿元,多计经营活动产生的现金流量净额8.897亿元。调查还发现,科龙电器2002年至2004年未披露会计政策变更等重大事项,也未披露与格林柯尔公司的共同投资、关联采购等交易事项。科龙电器的上述行为严重违反了原证券法等相关规定。

根据中国证监会公布并施行的《证券市场禁入暂行规定》,对于发行人、上市公司、证券公司以及证券服务机构的控股股东、实际控制人、实际控制人的董事、监事、高级管理人员等存在的违规行为,证监会可以根据情节严重程度,对违规者采取证券市场禁入措施,暂时或永久地"拒之于中国股市门外"。根据《证券法》、《证券市场禁入暂行规定》的有关规定,中国证监会对顾雏军个人处以罚款 30 万元,并且永久性禁止入市。

(四) 会计舞弊行为分析

如今的科龙电器已经被收购,由一家原本资质优良的乡镇企业发展而来的曾经如此辉煌的上市公司最终沦为了资本运作的工具。

证监会的调查表明,2002 年至 2004 年,科龙电器及其分公司通过对未真实出库的存货开具发票或销售出库单并确认为收入的方式虚增年度报告的主营业务收入和利润,具体情况如表 2-5 所示。

表 2-5　科龙电器 2002—2004 年虚增收入和利润情况

年份	虚增收入(万元)	虚增利润(万元)
2002	40 330.45	11 996.31
2003	30 483.86	8 935.06
2004	51 270.29	12 042.05

事实上,上述的收入并无真实交易,也没有商业目的,相关的存货实物封存于科龙电器的仓库而未发送给客户。非常遗憾的是,德勤会计师事务所并没有盘点科龙电器年末库存数量为零的仓库,导致实际并没有发出的存货并没有被注册会计师发现。

调查发现,为了达到虚增利润的目的,科龙电器构造了复杂的交易和组织架构。2002 年至 2004 年每年临近年底,科龙各地的主要销售分公司就发生大量的出库记录,其报表反映的销售收入也异常地增加,并且这些分公司的年末产成品的库存为零,同时货物是分散发给多达 60 家以上不同的非经销商客户,而不是集中销售给某几个客户。科龙电器在该期间发生的出库数量远远大于日常的平均销售数量,达到难以想象的货运水平。在次年,这些不是发给经销商的货物会大量退回,但科龙并没有调整上年的财务报表。与此同时,为了掩饰退货的情形,发给这些非经销商的货物并不是以原来的渠道退回,主要体现在退回的数量与发出的数量不一致以及采用委托退货的方式,如卖给 D 公司的产品,由 C 公司退回。这些行为不仅导致应收账款核对不上,回函率很低,而且导致 2002 年至 2004 年科龙电器各年的内部交易无法抵销,内部往来无法核对。

(五) 德勤会计师事务所的失职及对德勤会计师事务所的处罚

科龙事件暴露后,证监会对德勤会计师事务所进行专项稽查。稽查报告认为,德勤会计师事务所及签字注册会计师存在未按照《中国注册会计师审计准则》规定的程序、行业规定的业务标准和道德规范对其出具的审计报告的真实性、准确性、完整性进行核查和验证的执业行为,导致没有发现管理人员舞弊造成财务报表的重大错报,致使为科龙电器出具的 2002 年、2003 年、2004 年审计报告中存在虚假陈述,其造成原因是:

(1) 对存货及主营业务成本执行的审计程序不充分、不适当。德勤会计师事务所对科龙电器各期存货及主营业务成本进行审计时,在未对产成品进行有效测试和充分抽盘的情况下,直接按照科龙电器期末存货盘点数量和各期平均单位成本确定存货期末余额,并倒轧得出科龙电器各期主营业务成本,不执行其他有效的审计程序测试科龙电器产成品发出计价及主营业务成本结转是否正确,审计方法不当,审计程序不充分。

(2) 在存货抽盘过程中未保持应有的执业谨慎,确定的抽盘范围不适当,执行的审计程序不充分。德勤会计师事务所在 2002—2004 年的年报审计过程中实施抽盘程序时,未能确定充分有效的抽盘范围,导致其未能发现科龙电器通过压库存方式确认虚假销售收入的问题。德勤会计师事务所未能对其大量入库和出库的记录、且年底结存数量为零的仓库进行抽查,而只是根据科龙电器提供的盘点差异表中出库未开票的清单,实施了函证、抽查出库单、送货单等审计程序后,编制调增科龙电器收入的调整分录,其审计程序不充分。

(3) 在对应收账款及主营业务收入审计过程中执行的程序不充分、不适当。对出库未开票存货确认为当期主营业务收入执行的审计程序不充分、不适当。德勤会计师事务所对应收账款的函证,存在部分询证函中截止日期不适当等情况,德勤会计师事务所执行的函证程序及部分分公司对外函证均未回的情况下执行的替代程序,无法有效证实年底应收账款余额的公允性,审计调整确认出库未开票存货为当期主营业务收入依据不足。另外,2003年度和2004年度,在科龙电器存在异常销售退回的情况下,德勤会计师事务所未执行有效的审计程序以关注各期确认为主营业务收入的出库未开票存货的真实销售情况及其是否存在期后虚假销售退回的情况。

(4)德勤会计师事务所未就科龙电器2003年度确认对合肥维希的销售收入30 484万元事项,对其出具的2003年度审计报告进行更正或相关处理。

(5)德勤会计师事务所2004年度审计报中保留意见金额错误。

(6)德勤会计师事务所对科龙电器内部票据贴现未能适当关注,未发现科龙电器2003年现金流量表重大差错问题。德勤会计师事务所未适当关注科龙电器将产品在其销售子公司之间互相买卖,并以此贸易背景开具银行承兑票据和商业承兑票据到有关银行贴现,获取大量现金,其实质属于对银行的借款性负债。对科龙电器2003年存在重大差错的现金流量汇总表,德勤会计师事务所出具了无保留审计意见。

证监会经审理认为,德勤会计师事务所的上述行为违反了原《中华人民共和国证券法》第161条"为证券的发行、上市或者证券交易活动出具审计报告、资产评估报告或法律意见书等文件的专业机构和人员,必须按照执业规则规定的工作程序出具报告,对其所出具报告内容的真实性、准确性和完整性进行核查和验证,并就其负有责任的部分承担连带责任"以及《股票发行和交易管理暂行条例》第35条"为上市公司出具文件的注册会计师及其所在事务所、专业评估人员及其所在机构、律师及其所在事务所,在履行职责时,应当按照本行业公认的业务标准和道德规范,对其出具文件内容的真实性、准确性、完整性进行核查和验证",进而构成第73条"违反本条例规定,出具的文件有虚假、严重误导性内容或者有重大遗漏的行为"。

根据《股票发行和交易管理暂行条例》和《证券市场禁入暂行规定》,证监会作出如下处理决定:①对德勤会计师事务所警告、没收非法所得1 320万元港币,罚款1 320万元港币;②对负有直接责任的注册会计师,为2002年、2003年、2004年审计报告签字的注册会计师陈慧珠处以30万元罚款,认定为市场禁入者,10年内不得担任任何上市公司和从事证券业务机构的高级管理人员职务;③对负有直接责任的为2002年和2003年审计报告签字注册会计师胡凡处以20万元罚款,认定为市场禁入者,5年内不得担任任何上市公司和从事证券业务机构的高级管理人员职务;④对负有直接责任的为2004年审计报告签字的注册会计师陈小刚处以10万元罚款,认定为市场禁入者,3年内不得担任任何上市公司和从事证券业务机构的高级管理人员职务。

三、案例分析——对我国注册会计师审计执业的教训和启示

(一)德勤会计师事务所的注册会计师未保持应有的职业怀疑态度和专业能力

德勤会计师事务所的注册会计师未能保持应有的职业怀疑态度和专业能力,这与现代风险导向的审计要求相悖,注册会计师在执业过程中要充分考虑可能影响重大错报的情形,并能真正以较高的风险分析水平和职业判断能力对被审计单位进行审计。

在科龙电器案件中,德勤会计师事务所存在着不规范的做法。主要表现如下:第一,德勤会计师事务所在存货抽样盘点过程中,执行的审计程序不充分。德勤会计师事务所未能确定充分有效的抽样盘点范围,没有认真进行账实相符的核查,导致没有发现通过压库方式来虚增利润。第二,德勤会计师事务所在对应收账款及主营业务收入审计过程中,函证方法不当。比如,对于向存货出库未开票项目的客户发出询证函时,有的客户直接把回函交给科龙电器的工作人员,之后再转交给德勤会计师事务所。那么,在科龙电器的工作人员收到回函到转交给德勤会计师事务所之前,完全可以进行舞弊。暂且不论对于出库未开票项目进行销售收入确认是不符合会计准

则的,就回函未直接交给德勤会计师事务所,而是借助科龙电器的工作人员间接收取回函,已经表明德勤会计师事务所的会计师缺少职业怀疑的精神,未尽其职。第三,德勤会计师事务所对不正常重大现金流动未进行披露。证监会委托毕马威会计师事务所所作的调查显示:2001年10月1日至2005年7月31日,科龙电器及其29家主要附属公司有不正常重大现金流动,共计75.5亿元,而德勤会计师事务所在2002—2004年科龙电器的审计报告中均未显示此情况。

(二) 德勤会计师事务所没有充分了解科龙电器的内部控制体系

德勤会计师事务所没有充分了解被审计单位的内部控制体系,以达到控制审计风险的目的。风险导向审计方法下的内部控制,是指被审计单位为了合理保证财务报告的可靠性、经营的效率和效果以及对法律法规的遵循,由管理当局相关人员设计和执行的政策和程序。现代风险导向审计要求注册会计师首先分析被审计单位的战略,从而评估其面临的经营风险,对整体的内部控制有所了解,并且对交易类别和账户余额层次的内部控制进行评价。

科龙电器的会计核算系统十分复杂。各个销售分公司有6个账套,记录各个品种的销售与回款情况,为获取各个分公司或总部的财务资料,必须汇总各个账套的信息。这种核算方法增加了审计人员验证信息可靠性的难度。此外,公司存货管理的物流系统SAP、存货记录的K3系统、委托外部物流公司的管理系统之间关于存货的数量核对不上,存货盘点时以K3系统的数据为准。科龙电器没有内部审计部门,财务人员对相关数据的解释不清,营销人员提供的数据无法核对财务数据。对于一个在全国各主要城市设立了销售公司或生产厂家的大型制造企业,科龙电器并没有建立ERP管理系统。

此外,科龙电器的董事会被其董事长顾雏军单独操纵,已经失去了应有的监督管理作用,公司的治理结构名存实亡,内部控制已经十分微弱甚至失效。但是,德勤会计师事务所在出具2002—2004年的审计报告时却没有发现此情况,以致出现审计漏洞。

(三) 科龙电器案例对我国注册会计师审计执业的具体启示

通过德勤会计师事务所对科龙电器案例审计的失败,对我国注册会计师审计执业至少有如下几个方面的启示。

1. 培养综合素质高的注册会计师

现代风险导向审计需要一批具有高素质的注册会计师提供专业服务。面对日益错综复杂的企业内外部环境,注册会计师不但要有很高的专业能力和专业知识,更要具备高尚的职业道德,能时刻保持应有的职业怀疑精神,具备各行各业的知识,在实践中不断学习,完善自身的知识结构,提高自身的职业素质。现代风险导向审计相对于传统风险导向审计,审计范围扩大了,因而特别要提高风险评估分析能力。现代风险导向审计要求注册会计师针对风险不同的客户、客户不同的风险领域,采用个性化的审计程序,灵活执行审计程序,而不是重复机械性地运用相同的审计程序,这将是一个很大的挑战。因此,相关部门应该进一步培养高素质的注册会计师来适应现代风险导向审计的要求。

2. 建设信息数据库和开发辅助审计软件

我国对于企业信息的数据很缺乏,又存在很多会计信息失真现象,这使注册会计师很难了解企业的经营风险。现代风险导向审计要求注册会计师能从宏观中了解被审计单位及其行业环境等各方面情况,这就要求会计师事务所建立广泛的信息数据库,以便于注册会计师了解被审计单位的战略,分析其经营风险,对其进行风险评估。同时,要开发审计软件,在完成风险评估后利用审计软件进行审计测算,可以提高审计效率和效果。

3. 加大监管力度

对于管理层的舞弊导致内部控制的失效,不仅仅要依靠会计师事务所的审计来发现,相关部门应该进一步加强对被审计单位的监管力度特别是惩罚力度。证监会等相关机构应该进一步完善对舞弊单位的惩罚制度,加大舞弊成本,使舞弊产生的收益远远小于舞弊带来的损失。我们要借鉴国外的经验,进一步完善监督机构建设,提高监管部门执行能力,同时要加强相关法规的执行力度。

四、参考文献

［1］王凤华.审计风险的防范[J].中国管理信息化(会计版),2007,(3).
［2］马玉群.审计存在的问题与对策[J].湖南科技学院学报,2007,(8).

第三章 审计证据

第一节 审计证据的含义及其主要类型

 **案例 7 施乐公司案例**

一、案例介绍

(一) 案件的起因

2003年1月29日,美国证券交易委员会(SEC)对毕马威会计师事务所(以下简称毕马威)及其与施乐公司财务舞弊案相关的4名合伙人提起民事诉讼,指控毕马威及其4名合伙人在1997年至2001年期间纵容施乐公司夸大65亿美元收入、高估15亿美元利润的造假行为。该诉状称,毕马威及其4名合伙人涉嫌会计欺诈,请求法院执行强制令,要求毕马威退回所收取的审计费并支付罚金。在其诉状中,SEC指责毕马威及其相关合伙人没有履行其对施乐股东和社会公众的"守门员"职责,默许施乐公司采用违规会计操作手法。多年来,毕马威及其相关合伙人一致对外宣称它们对施乐公司的审计遵循了公认会计准则,施乐公司的财务报告符合公认会计准则,在所有重大方面公允地反映了该公司的财务状况、经营业绩和现金流量。毕马威出具无保留意见审计报告协助施乐公司掩饰其经营状况日趋恶化的事实,严重误导了投资者和社会公众。

(二)被审计单位的基本情况及主要会计问题

施乐公司创建于1961年,总部位于美国康涅狄格州斯坦福市,是一家历史悠久的以经营办公设备为主的跨国企业,也是世界上最大的现代化办公设备制造商及复印机的发明者。目前其在复印机市场占有率,特别是彩色复印机的市场占有率,占据全球第一的位置;其在彩色复印机的技术方面是全球领袖。值得一提的是,中国的居民二代身份证也是由施乐的设备生产的。

美国国会审计总署(General Accounting Office,GAO)2002年10月公布了一份题为《财务报表重述:趋势、市场影响、制度对策和存在的挑战》的报告。报告称美国上市公司中由于会计违规而引起财务报告重新编制的次数从1997年的92次上升到2001年的225次。根据这一趋势,GAO预计2002年财务报告重述的公司将比1997年增加170%以上。报告显示,大规模公司由于利润操纵而引起财务报告重述次数增长尤为迅速,其中包括著名的施乐公司、安然公司及世通公司,等等。在众多会计违规处理中,由操纵收入和成本费用的确认金额和时间而引起的财务报告重述次数仍然占总数的50%以上。下面以施乐公司为例,分析其会计利润的操纵手段和动机,并讨论我国上市公司的财务报告现状。

施乐公司于2001年和2002年两次重新编报以前年度的财务报告,大幅下调收入和利润。

1. 第一次财务报告重述

2000年6月16日,施乐公司墨西哥地区分部设立的异常准备金(unexpected provisions)被公开披露。由此,美国证券交易委员会(SEC)开始对施乐公司墨西哥地区业务的会计处理问题进行调查。

2001年4月3日,施乐公司向公众透露将延迟向SEC提交2000年度财务报告(10-K表)。原因是施乐公司的审计委员会和其外部独立审计师毕马威将分别对财务报告进行复核。

2001年5月31日,施乐向SEC提交了复核后的2000年度财务报告,其中1998年和1999年的比较合并财务报表被调整。1998年度净利润下调12 200万美元,比原来减少30.9%;1999年度净利润下调8 500万美元,比原来减少6%。在两年的时间内,施乐公司累计虚增利润达20 700万美元。显然,利润的下调和会计处理的更正是公司审计委员会和毕马威分别进行的两项调查所导致的。

对施乐公司的调查,主要集中于墨西哥地区的业务及公司的会计政策和会计处理。调查结果表明,在某些业务的会计处理方面,施乐公司有违背美国公认会计准则(GAAP)的违规行为。调查结果还揭露了在此之前的几年时间里,墨西哥地区的某些高级经理合谋违反公司的会计政策和管理程序。会计处理方面的违规主要有:无法收回的应收账款的坏账准备、低估租用特许权的负债、设立非法准备金等。

2. 第二次财务报告重述

2002年4月1日,施乐公司再一次提出重新编报1997年至2000年的财务报告,并将对刚刚公布的2002年财务报告作相应调整。这次更正使公司调低1997年至2000年的净利润,4年累计调低14.2亿美元,是其在经过第一次调整后的4年净利润总和的52.3%。相关会计数字见表3-1。

表3-1　施乐公司1997—2000年会计数据　　　　单位:万美元

	1997年	1998年	1999年	2000年
原报表列报收入	1 822 500	1 959 300	1 956 700	1 870 100
更正后的收入	1 745 700	1 877 700	1 899 500	1 875 100
原报表列报净损益	135 900	27 300	133 900	(25 700)
更正后的净损益	89 300	(16 700)	84 400	(27 300)

这次财务报告重新编报的主要原因是施乐公司在费用和收入确认方面违反了GAAP的会计处理规定。

根据SEC的调查结果,1997年至2000年间,施乐公司利用违规会计处理隐瞒和歪曲了真实的经营状况,使其会计利润达到并超过华尔街的盈利预测。这一系列的会计操纵是公司高层管理人员一手导演的。

调查结果表明,施乐公司的主要会计违规方式有:

(1) 提前确认租赁收入。施乐公司不断改变其租赁收入的会计处理方法,却不披露相关会计收益的增加仅仅是来自会计处理的变更。除了不进行相关披露外,施乐公司多数会计处理是明显违反公认会计准则的。例如,在提高收取出租设备的租赁费时,施乐公司在当期确认了由于提高收费带来的收入的增加。而根据公认会计准则的规定,这些收入在提高收费当期是没有实现的,要递延到剩余出租期才能进行确认。

(2) 任意提高出租设备余值。施乐公司在租赁期开始后,任意调整出租设备的余值(即在出租期结束后的设备价值),公司通过调高设备余值来减少相应的成本项目,从而使季度报告的盈利水平达到公司内部和资本市场的盈利预期。

(3) 提前确认出租资产组合收益合约的收入。施乐公司将各项出租资产进行组合,将来自于这些资产组合的未来租赁收入卖给投资者,这在实质上是一种远期合约。公认会计准则规定,这类收入必须在租赁收入真正取得时才能确认相应的合约收入,而施乐公司在签订合约的当期就确认了所有收入并且没有披露相关内容。

(4) 操纵各项准备金。施乐公司通过减少原先为了其他目的设立的准备金余额来增加当期利润,这明显违反了公认会计准则的规定。另外,在1995年和1996年2年内,施乐公司由于在与美国国税局(Internal Revenue Service,IRS)的法律纠纷中胜诉而获得一笔利得。根据公认会计准则的规定,公司应该在1995年和1996年确认相关法律费用时就全部确认这笔利得。而施乐公司将这项利得递延到1997年至2000年之间进行确认,这种违背公认会计准则规定会计处理的目的是为了随意操纵各年利润,以达到盈利预测。

(5) 未披露应收账款贴现业务。证券分析师预测施乐公司1999年的流动性会提高,并且年末现金账户有大量余额。为了达到这一预测,公司管理层让其最大的业务部门与当地银行进行了大量的应收账款贴现。这些交易对施乐公司1999年的经营现金流有重大影响,但公司却没有在财务报告中作出相关披露。有些贴现业务是有回购协议的,即施乐公司要在1999年年末以后的一段时间内再买回该应收账款。公司不仅将其作为应收账款出售进行会计处理,而且第二年也不做应收账款回购时的会计处理。

（三）审计主体基本情况及主要审计问题

毕马威是一家网络遍布全球的专业服务机构,专门提供审计、税务和咨询等服务。毕马威在全球150个国家拥有138 000名员工。毕马威国际合作组织（"毕马威国际"）瑞士实体由各地独立成员组成,但各成员在法律上均属分立和不同的个体。毕马威中国在北京、上海、沈阳、南京、杭州、福州、厦门、青岛、广州、深圳、成都、香港特别行政区和澳门特别行政区共设有机构〔包括毕马威企业咨询（中国）有限公司〕,专业人员约9 000名。

1. 事后诸葛亮:毕马威备受关注

毕马威与施乐的高级管理人员及董事在会上发生了争执,并拒绝审计通过施乐的年度报告。毕马威的外部律师迈克尔说,施乐当时的董事长阿莱尔威胁说,毕马威拒绝审计通过施乐年度报告可能导致施乐发生债务违约,并将本来就有经营困难的施乐推向破产法庭,但毕马威仍坚持自己的意见。SEC则表示了不同的看法。SEC的工作人员认为,毕马威所做的太少,且做得太迟。SEC在一份诉状中指控施乐公司采用了大量做假账的方法,在1997年至2000年期间不适当记录的税前利润达15亿美元,而在此期间的每一年,毕马威都在施乐的财务报告上加盖了审计通过的印章。

毕马威与施乐的密切关系至少可以追溯至30年以前,施乐曾是毕马威最大、最有声望的客户之一。根据毕马威提交给监管机构的文件,在1997年至2000年期间,施乐向毕马威支付的费用共计6 200万美元,但50%以上是税务和咨询费用,而不是审计费用。毕马威参与施乐的从审计到税务计划的所有项目。20世纪90年代末期,毕马威帮助施乐设计了旨在降低实际税率的计划。

毕马威坚持认为,自己在这些案件中没有过错。被施乐解聘后毕马威还表示,他们对施乐的审计工作很尽职。事实上,毕马威说,它们反对施乐的一些有问题的会计调整做法和一个将营运亏损转入资产负债表外工具的会计调整计划。

2. 存在的审计问题

毕马威存在的审计问题主要有:

(1) 融资权益回报率的审计问题。

(2) 毛利规范化的审计问题。

(3) 租赁设备提价和展期的审计问题。

(4) 不恰当调增残值的审计问题。

(5) 不恰当计提和转回准备金的审计问题。

(6) 资产组合策略交易的审计问题。

SEC 在其诉状中列举了施乐公司的一些不适当或误导性的会计方法,而毕马威的审计人员涉嫌对这些做假行为知情。另外,在近几年的一些引人瞩目的会计丑闻中,SEC 作为监督机构却对问题一言不发。毕马威还是另外两起股东诉讼案的被告,其一是连锁药店 Rite Aid,该公司承认,在 2 年内多报了超过 10 亿美元的收入,其二是曾经红极一时的比利时软件公司 Lernout & Hauspie Speech Products NV,该公司在承认大量做假账后破产,其做假行为包括它最大的子公司捏造了 70% 的销售收入。

(四) 案件结果

施乐公司将为一场长达 8 年的诉讼,支付 6.7 亿美元的和解费。其前外部审计师毕马威,也将为此案支付 8 000 万美元。令人遗憾的是施乐公司和毕马威并未承认自己犯了错。

二、问题梳理

(一) 会计师事务所的独立性

美国注册会计师协会指出审计人员独立性表现在三个方面:一是审计

人员的自主性,即不受委托人的任何影响;二是精神上的独立性,即审计人员必须公正无私,不带任何偏见;三是审计人员地位的独立性,这种独立性应受到公认,为社会所接受。这些要求归根结底是强调审计人员在人事上的独立性和在经济上的独立性。显然毕马威在三个方面都有所欠缺。

注册会计师作为一种职业,还有其承担的社会责任,即在执行受托业务的过程中应尽的义务和职责以及因为没有履行好职责而应承担的责任,包括遵守法律的责任、按照委托人的要求提供高质量服务的责任、遵守职业道德规范的责任、遵守审计准则的责任等。

在我国已经明确注册会计师有责任揭露和报告对财务报表内容有直接影响的重大会计舞弊。《注册会计师法》将注册会计师职业责任定位于:维护社会公共利益和投资者的合法权益,促进社会主义市场经济的健康发展。

(二) 造假动因分析

1. 市场预期

从上述施乐公司会计操纵手段来看,有通过改变会计处理方法来调节账面利润的,有违规提前或延后确认利润的,有为了提高流动性而进行交易安排的。这些手段的一个直接目的就是要达到或超过证券分析师的盈利预测以及公司内部制定的盈利目标。这些会计操纵手段虚增和平滑了公司的盈余数字,达到并超过了市场的预期,使公司股价一直保持较好走势。

2. 经理人报酬

美国众多上市公司,包括施乐公司在内,为何要利用会计操纵手段来使公司业绩达到公司内部和市场的预期呢？因为这关系到公司管理层的切身利益,包括报酬和职位。SEC指称,1997年至2000年间,施乐高级管理人士领取了500多万美元的业绩补贴,并通过出售所持股票获取了3 000多万美元的利润。可见,正是依赖于公司经营业绩的酬金以及与股价直接相关的股票收入,促使公司管理层不惜使用违法的会计处理来谋取高额的回报。除了报酬之外,职位的保全也是动机之一。因为市场竞争使没有创造出色业绩的管理层面临被辞退的风险,而会计利润又是评价管理层业绩的重要指标，管理层有动机为了保全职位去操纵会计利润。

（三）毕马威在获取审计证据方面的失败

根据 SEC 的诉状，在 1999 年以前，施乐主要依靠不适当或大胆的会计手法来达到收益目标。SEC 说，2001 年第四季度，施乐公司 34% 的收益来自"一次性的会计操作"，许多操作不符合会计规则或未向投资者披露。SEC 怀疑正是毕马威默认了他们的行为并将他们的报表通过了审核，导致众多的投资者受到损害。

毕马威也严重地违背了《审计准则》中很多方面，下面我们也将其中的一点进行说明，那就是审计证据。

审计证据是注册会计师在执行审计业务中为证明审计事项，形成审计意见而获取的凭据。而在施乐公司财务混乱，严重违背会计准则，其在审计证据风险重大的情况下通过财务报表审核。其审计证据的质量是值得令人研究的。

（1）上市公司中，常规业务的收入和费用的会计准则是比较完善和成熟的，明显违反公认会计准则的收入和费用的会计处理仍然是虚构会计利润的主要手段。所以审计证据取得相对而言也是较容易的，无怪乎 SEC 指出毕马威和施乐公司串通起来欺诈投资者。

（2）施乐公司向客户租赁出复印机后，公司在每月收取租金时会把其他费用捆绑在内，包括设备附件使用费、融资费和服务费等。施乐公司的内部人员透露，施乐通过预测上述每一种项目不同的租金，可以不用等到收取真正的利润，就能一次性估算出更高的盈利数字。毕马威在审计的时候没有向施乐公司客户进行函证或是索取必要的凭证来查得上述情况的真伪。

（3）审计证据的可靠性也依赖企业的内控情况，对于内控较差的企业来讲，其审计证据的范围越大，面临的风险也越小，在这样的情况下，在如此多的会计差错面前，审计证据显然不能依赖企业内控。

（4）审计程序混乱，没进行风险评估、控制测试和实质性程序。

毕马威在获取有效的审计证据方面显得如此的不专业，这是资本市场功利化的一个缩影。一个人在金钱面前是先有理想再谈赚钱呢,还是在赚钱的时候再谈理想,现在统计学告诉我们是前者,而后者注定是会被淘汰,即使是"现实",但从人类的文明进程来看,后者将注定会被淘汰。

三、案例分析

(一) 注册会计师应怎样判断审计证据是否充分

注册会计师在判断审计证据充分性时应考虑如下方面:
(1) 审计风险是由重大错报风险和检查风险两部分组成的。
(2) 具体审计项目的重要性。
(3) 注册会计师及其业务助理人员的审计经验。
(4) 审计过程中是否发现错误或舞弊。
(5) 审计证据的类型与获取途径。

(二) 哪一类的审计证据最具证明力

一般而言,外部的审计证据具有最强的证明力,但如果内部证据在外部流转,并获得其他单位或个人的承认(如销货发票、付款支票等),则具有较强的可靠性。

(三) 审计证据是不是越多越好(充分性)

通常,审计证据越多越好。但考虑到成本等因素,审计证据的范围应控制在一定的可接受范围之内。

(四) 审计证据充分性和适当性之间的关系

充分性和适当性是审计证据的两个重要特性,两者缺一不可,只有充分且适当的审计证据才是有证明力的。审计证据的充分性和适当性密切相关、审计证据的适当性会影响其充分性。一般而言,审计证据的相关与可靠程度越高,则所需审计证据的数量就可相应减少;反之,审计证据的数量就要相应增加。

(五) 应该如何防止上市公司利润操纵行为

为了使我国的资本市场更加健康地发展,必须加大对上市公司披露虚假会计信息的治理力度。那么如何治理利润操纵行为呢？我们认为，治理上市公司的利润操纵行为是一项系统工程，应该对上市公司及其他市场主体进行综合治理；治理的手段要行政管制、道德教化、法律管制并举，以法律管制为主；治理的方式应从事后查处为主转向事前预防和事后查处相结合，并逐步过渡到以事前预防为主。

1. 对上市公司的治理

虚假会计信息从生成到向社会公告要涉及多个市场主体，仿佛是一个链条，环环相接，而上市公司是产生虚假信息的源头，应该是治理的重点。在对上市公司的治理中，要从公司负责人和财务负责人这两个源头抓起。首先，要对他们经常进行法制教育和职业道德教育，加强《会计法》《公司法》《企业会计制度》《证券法》等法律、法规的宣传和普及，使他们牢固树立对单位会计责任负责的风险意识，建立依法理财的思想观念。这是一种以道德教化为手段，突出事前预防的治理方法，如果能够长期坚持并富有成效地工作，使他们建立起诚信为本、依法经营的理念，便能从根本上治理披露虚假会计信息的行为。其次，要从制度安排上减少虚假信息的产生途径。一是要完善公司治理结构。目前，我国上市公司治理结构中存在制约机制不够健全的问题，主要表现为"一股独大"，控股股东与上市公司在人员、资产、财务方面分离不彻底、上市公司决策权过多集中于控股股东，容易发生内幕交易、操纵股市、转移资产等问题，以及为了自身利益，制造虚假信息，损害中小投资者的利益的行为。因此，要通过持股结构的调整，分散大股东的股权，解决"一股独大"的问题，增强不同持股者之间的相互制衡。同时，建立健全独立董事制度，增强董事会内部的制约机制。二是要完善公司内部会计控制体系，对公司的各项经济活动实施严格的控制，规范公司的财务行为，以此保证会计信息的真实与完整。

2. 加强对中介机构的外部监管

目前我国的会计师事务所及相关的中介机构普遍存在着责任心不强、风险意识淡薄、执业工作粗糙等问题，因此，要想保证中介机构对上市公司的监督质量,首先,中介机构自身要本着对广大投资者负责的态度,不断提高自己的职业道德素质和执业水平;其次,作为中介机构的主管部门(如财政部门、证券管理部门、行业协会等)要真正担负起约束中介机构行为的责任;最后,一旦中介机构出现有违职业道德或失职的行为,作为管理部门,绝不能姑息迁就,应加大处罚力度。

对于公司的上市,在上市申请的过程中,包括上市前的辅导、上市相关材料的准备以及最后上市发行,证券公司起着总策划、总负责、总把关的作用。证券公司的职业道德素质和执业水平在很大程度上决定着公司上市过程中的信息质量。因此,对证券公司的承销项目要实行跟踪检查制度,凡是骗取上市资格,或上市后与原来的公告信息出现重大差异的,证券公司必须承担相应责任。

3. 加强信息披露监管

持续的信息公开制度有利于消除证券市场信息的不完全和不对称,抑制内幕交易和欺诈行为,实现证券市场的透明和规范。但是,目前在上市公司和即将上市的公司缺乏自律的情况下,信息披露的真实性只有在监管部门的严格监管下才能保证实现。对公司业绩信息和关联交易信息一定要进行严格审查,发现有欺诈行为者,要依法进行严惩。尽早引入民事赔偿制度,对发布虚假信息给投资者造成的损失应由上市公司予以经济补偿。为了提高上市公司信息披露的及时性,要从制度上规定它们加大信息披露的频率。例如,采取季报披露制度等。

4. 进一步明确利润操纵行为的相关法律责任

为了提高会计信息质量,我国政府有关管理部门先后制定并发布了数十项相关的法规和制度,如《会计法》《企业财务会计报告条例》《企业会计准则》《股份有限公司会计制度》《会计基础工作规范》《上市公司财务报表披露细则》等,因此法规和制度尽管还有待进一步完善,但是只要认真执行,基本能够保证会计信息的质量,更不会出现蓄意造假的现象。然而,目前最大的问题并不是现有的法规和制度某些方面不完善,而是贯彻执行的情况很差,很多单位是知法犯法,阳奉阴违。因此,加大相关法规、制度执行情况的检查力度是我们首先需要解决的问题。否则,法规和制度再完善也是枉然。目前我们对蓄意造假者的惩罚力度太弱,只伤其皮毛,不动其筋骨,致使某些单位和个人仍然敢于铤而走险。因此,对于藐视法律,恶意造假并产生严重后果者,一定要加大处罚力度,警示后来者不要再重蹈覆辙。

在发达国家,因出具虚假的财务报告而给广大投资者或债权人造成损失的,要负民事赔偿责任。因此,我们再次呼吁:我国应尽快与国际惯例接轨,引入民事赔偿机制和相应的民事诉讼机制。这样,既可以使蒙受损失的投资者得到补偿,又能给造假者形成实实在在的经济压力,从而抑制其违法造假的冲动。

目前,证监会针对我国股市存在的现状,酝酿并提出了新的举措,如将允许更多民营和外资企业上市,减少国有股的比例,实施退出机制,以改善公司治理;提升会计和信息披露标准及公司及会计师事务所的操守,以提高上市公司财务信息的质量,等等。

我们期望上市公司及从事证券中介业务的广大从业人员"诚信为本,操守为重,坚持准则,不做假账",遵守本行业公认的业务标准和道德规范,为证券市场提供更加优质的服务。各级监管部门继续贯彻"法制、监管、自律、规范"的八字方针,努力提高监管水平,把防范证券市场利润操纵及市场风险的各项措施贯穿到监管工作和市场运行的每个环节,保障证券市场的健康、规范发展。

四、参考文献

[1] 美国国会审计总署.财务报表重述趋势、市场影响、制度对策和存在的挑战[R].2002.
[2] 陶萍,吕晓平,周晓静.审计证据质量控制及审计取证风险的防范[A].中国会计学会高等工科院校分会 2006 年学术年会暨第十三届年会论文集,2006.
[3] 王志毅.我国企业内部欺诈行为分析与治理对策[D].天津大学,2011.

第二节 环境证据审计

案例8 海外并购内部控制评估及其应用——基于庞大集团收购萨博汽车的案例分析

一、案例介绍

2011年12月21日,庞大集团汽贸集团股份有限公司(以下简称庞大集团)在上海证券交易所发布公告,公告称:萨博汽车于2011年12月19日(欧洲中部时间,以下同)向瑞典Vnersborg地区法院(以下简称地区法院)申请破产,地区法院于当日同意萨博汽车的申请,宣布萨博汽车破产,并委任了两名破产管理人。鉴于萨博汽车被宣布破产,本公司决定停止收购萨博汽车股份的交易。关于《认购协议》,虽然本公司既未发出亦未收到任何协议方根据《认购协议》条款终止该协议的通知,但萨博汽车被宣布破产已导致《认购协议》项下的交割条件无法满足,致使《认购协议》项下的交易不再继续进行。

此公告证实了庞大集团与萨博汽车的联姻的猜测,也使得庞大集团成为2011年跌幅最大的新股。

庞大集团作为中国汽车行业的新兴企业,于2011年年初上市。庞大集团以高达45元/股的发行价成功实现IPO,募集资金60.4亿元。截至2010年年底,公司在中国23个省、自治区、直辖市及蒙古国建有926家营销网点,分、子公司及子公司的分支机构达1 197家,其中包括汽车专卖店699家(4S店397家:包括乘用车340家、商用车57家、非4S专卖店302家)、各类汽车市场216家,专业市场11家。公司可销售的汽车、工程机械品牌达83种,涵盖了目前绝大多数品牌,形成了布局合理、品牌齐全、服务优质的汽车营销网络。公司销售一直保持高速增长的态势,其中 2009 年销售各类汽车 36 万辆,实现销售收入 355 亿元。2010 年销售各类汽车 47 万辆,实现销售收入 537.74 亿元,所经销的 20 个品牌销售量名列全国同行业第一名。良好的国内市场业绩,使其目光投向了更远的海外市场。

2011 年 5 月,庞大集团决定对萨博汽车进行收购。它联合浙江青年莲花汽车有限公司(下称青年汽车)与萨博汽车签署合作备忘录,并签下未来将向萨博汽车投资 200 亿元的计划,随后庞大集团和青年汽车共向萨博汽车注入 5 800 万欧元的资金(其中庞大集团注资 4 500 万欧元),以求萨博汽车起死回生。

但是庞大集团将 4 500 万欧元投入萨博汽车后,后续事情发展并不像预期的那么美好。萨博汽车的关联方美国通用汽车公司,并不同意庞大集团与萨博汽车的这次联姻。通用汽车公司表示:考虑到通用汽车公司与中国现有企业的合作关系以及通用汽车公司在全球其他市场的竞争优势,通用汽车公司不会支持将萨博汽车卖给中国企业的计划。如果得不到通用汽车公司的支持,那么庞大集团对萨博汽车的收购难见成效,庞大集团花近 4 亿元人民币购买的将只是萨博汽车的"空壳"。

10 月 23 日,萨博汽车单方面终止与庞大集团和青年汽车成立合资公司的合作。作为此一决定的前兆,萨博汽车对外宣称它拒绝了庞大集团和青年汽车 100% 收购其股份的提议。萨博汽车给出的理由是三方之间的谈判并未终止。鉴于萨博汽车被宣布破产,庞大集团也决定停止收购萨博汽车股份的交易。另外,庞大集团此前向萨博汽车支付的 4 500 万欧元购车预付款将提取坏账准备。庞大集团收购萨博汽车的重要时间点如表 3-2 所示。

表 3-2 庞大集团收购萨博汽车时间表

庞大集团收购萨博汽车的时间表	
2011 年 4 月	庞大集团以高达 45 元/股的发行价成功实现 IPO,募集资金 60.4 亿元
2011 年 5 月 17 日	庞大集团报出新闻将与萨博进行合作并收购

(续表)

2011年6月14日	庞大集团和青年汽车与萨博签署合作备忘录,随后庞大集团和青年汽车共向萨博注入5 800万欧元的资金(其中庞大集团注资4 500万欧元),以求萨博起死回生
2011年7月2日	庞大集团与瑞典汽车、青年汽车、浙江青年乘用车集团有限公司、青年汽车集团有限公司共同签署了《认购协议》
2011年8月1日	庞大集团被曝出因现金链断裂面临停产
2011年9月6日	庞大集团与青年汽车共同向杭州市萧山区发展和改革局提交了《浙江青年莲花汽车有限公司等联合认购瑞典汽车股份有限公司定向增发股份项目申请报告》,由其审核并逐级上报国家发展和改革委员会
2011年10月23日	通用施压,萨博汽车单方面终止与庞大集团和青年汽车成立合资公司的合作
2011年11月30日	庞大集团因萨博谈判正在进行中,该事项尚存在不确定性。为避免公司股价异常波动,切实维护投资者利益,保证公平信息披露,经公司向上海证券交易所申请停牌
2011年12月19日	萨博汽车向瑞典Vnersborg地区法院申请破产,地区法院于当日同意萨博汽车的申请,宣布萨博汽车破产,并委任了两名破产管理人
2011年12月21日	鉴于萨博汽车被宣布破产,庞大集团决定停止收购萨博汽车股份的交易。虽然庞大集团既未发出亦未收到任何协议方根据《认购协议》条款终止该协议,但萨博汽车被宣布破产已导致《认购协议》项下的交割条件无法满足,致使《认购协议》项下的交易不再继续进行

二、问题梳理

1992年9月,COSO发布了著名的《内部控制——整合框架》(Internal Control—Integrated Framework),对于内部控制下了迄今为止最为权威的定义:"内部控制是由主体的董事会、管理层和其他员工实施的,旨在为经营效率和有效性、财务报告的可靠性、遵循适用的法律法规等目标实现提供合理保证的过程。内部控制由5个部分组成:控制环境、风险评估、控制活动、监控和信息与沟通。"[①]

---

① 摘自1992年COSO发布的著名的《内部控制——整合框架》(Internal Control—Integrated Framework)中对于内部控制下了迄今为止最为权威的定义。

控制环境是指主体内部的文化、价值观、组织结构、管理理念和经营风格等。其中发展战略是企业在对现实状况的未来趋势进行综合分析和科学预测的基础上,制定并实施的中长期发展目标与战略规划①。

因为庞大集团决定收购萨博汽车的时间为 2011 年 5 月,所以我们用 2010 年年报对该公司状况进行分析。这是有关庞大集团决定收购时最详细、最及时的信息公布。我们将用 2010 年年报公布的信息来分析收购萨博汽车的决定是否符合当时的状况,庞大集团的内部控制是否发挥了其应有的作用。

(一) 从市场环境分析

1. 市场地理分布分析

我们首先分析庞大集团和萨博集团所处的市场地理位置,从表 3-3 庞大集团市场分布和表 3-4 萨博汽车市场分布可以看出,庞大集团的主要经营地区在中国大陆,并且有逐步向周边各国拓展的趋势。而萨博汽车最大

表 3-3 庞大集团市场分布

国家	经营省市	经营网点
中国	26	1 257
蒙古	1	3

数据来源:庞大集团公司网站。

表 3-4 萨博汽车市场分布

主要市场分布	国家数目	代表国家
美洲	5	美国、加拿大、墨西哥
亚洲	3	中国(仅台湾、香港)、新加坡、日本
欧洲	36	奥地利、瑞士、瑞典、冰岛、法国等
非洲	10	突尼斯、摩洛哥等
大洋洲	2	澳大利亚、新西兰

数据来源:萨博汽车公司网站。

---

① 摘自 2011 年 5 月东北财经大学出版社《内部控制》第 6 页,第 2 段。

的销售市场在美国、英国和其发源地瑞典。萨博汽车是一个着力于全球发展的公司,其发源地为欧洲,主要的市场也在欧洲。而亚洲市场仅有中国、新加坡、日本三国。而在中国的市场情况只仅限于台湾和香港。

交叉对比分析之后我们可以很明显地发现,这两个公司在销售市场上基本没有交集。庞大集团到2012年3月为止还没有进军香港市场,而萨博汽车在庞大集团收购之前没有进行过对中国大陆市场的开发和研究,因此萨博汽车进入中国市场远未准备充分。因此我们可以得出结论:如果庞大集团收购萨博汽车,意图使萨博汽车拓展中国内地的市场且同时要兼顾管理其遍布世界各地的分公司,以庞大集团2011年的情形看并不具备这样的条件。虽然从表面上来看,我们可能会以为收购萨博汽车可以帮助庞大集团拓展海外市场,特别是萨博汽车早就成熟的欧洲市场。其实并不尽然,就算是青年汽车与庞大集团成功收购萨博汽车,并获得了萨博汽车所拥有的技术,也很难将国产汽车带进欧洲市场。因为2010年萨博汽车母公司的报表披露欧洲对汽车的二氧化碳排放要求甚严,以庞大集团目前的技术很难实现。因此庞大集团与青年汽车收购萨博汽车试图拓宽市场的想法很难实现。

2. 主营市场分布分析

庞大集团主营业务分析:庞大集团的主营市场区域主要集中于我国大陆地区,因此分析中国市场环境是十分必要的。目前中国的市场环境情况基本如下:①汽车经销商的利润主要来源于汽车销售、零配件业务及维修养护服务等。汽车销售的利润率通常较低,并且由于汽车经销商的不断增加,汽车销售利润逐步降低。但随着消费者对于产品质量和服务要求的不断提高,获得品牌授权的汽车经销商能够提供越来越多的服务,从而获取更多的市场份额。因此,汽车经销商的收入构成会逐渐向拥有更高利润率的环节,即汽车产业链的下游转移,以对汽车销售面临的潜在利润率降低进行补偿。盈利结构的差距,决定了我国汽车经销商潜在利润增长点在于汽车维修养护服务。②由于汽车经销及维修养护行业还处于高速发展阶段,巨大的利润空间和较低的进入成本吸引大量企业加入,使得技术服务和管理水平参差不齐,市场"小、散、乱、差"的特点突出。在整车经销方面,尽管集整车销售、零配件供应、维修服务和信息反馈于一体的4S店发展很快,但仍然存在众多汽车经销商从业人员水平较低、服务意识不强,不能很好地满足消费者的需求。而在汽车维修养护服务方面,个体修理厂的技术力量相对薄弱、零配件质量难以保证,服务水平参差不齐。这些可以从庞大集团的主营业务收入中看出端倪,如图3-1所示。从图3-1可见,庞大集团的主营业务中最主要的业务类型为汽车销售,其次为售后服务。而在其汽车销售中,主要的销售车型依次分别为:轿车销售、微型面包车销售、卡车销售、其他种类汽车销售(见表3-5、表3-6)。可以发现庞大集团的轿车销售营业收入、营业利润都比较高。并且庞大集团的代理销售前景很好,它销售欧洲、美洲、日本、韩国及国产共83个品牌的汽车,经销网络由699家汽车专卖店、216家汽车市场及11家专业车市场组成,发展成熟且规模庞大,共覆盖中国26个省、自治区、直辖市及蒙古国。

图3-1 庞大集团主营业务收入所占比例

表3-5 庞大集团各主营业务数据

	营业收入(万元)	营业利润(万元)	毛利率	占主营业务收入的比例
汽车销售	2 463 156.55	183 389.44	7.45%	91.99%
售后服务	174 199.35	55 018.44	31.58%	6.51%
其他业务	40 151.62	39 904.89	99.39%	1.50%
合计	2 677 507.52	278 312.77	10.39%	100.00%

表 3-6　庞大集团汽车销售业务分解表

	营业收入（万元）	营业利润（万元）	毛利率	占主营业务收入的比例
轿车销售	1 408 202.74	126 082.35	8.95%	50.70%
卡车销售	365 259.87	39 724.77	4.70%	13.15%
微型面包车销售	845 954.29	15 056.59	9.52%	30.45%
其他种类汽车销售	158 206.84	2 525.73	4.97%	5.70%
合计	2 463 156.55	183 389.44	10.39%	100.00%

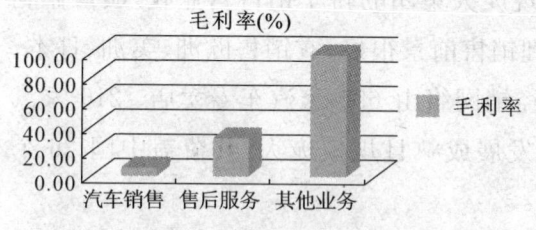

图 3-2　庞大集团各项主营业务毛利率

数据来源：庞大集团公司年报。

从图 3-2 中可以看出庞大集团的主营业务主要是汽车销售，但是其毛利率很低。但是在售后服务和其他业务虽然比重小但是利润丰厚。

庞大集团经营多年的理念是"多区域、多品牌、多品种"的全覆盖经营战略。2011 年 4 月上市成功融资，并在当年收购了 11 家销售公司和多家 4S 店。因此根据中国汽车市场的行情和这几年庞大集团的发展可以看出，庞大集团逐渐走出以代理销售为主，维护保养为辅的格局。庞大集团在中国内地的发展顺应中国汽车整体情形，也是有利于庞大集团今后的发展。如果庞大集团维持这种格局稳步发展下去，可以预见其前景将十分广阔。

萨博汽车主营业务分析：萨博汽车是一家以汽车生产而世界闻名的企业。其 2010 年的主要产品为：Saab9-5，Saab9-3，Saab9-3X 和部分 Saab9-4X（Saab9-4X 的生产线属于 2009 年时萨博汽车的母公司通用集团）。在萨博汽车母公司世爵汽车 2010 年的年报中可以发现，虽然在 2010 年萨博汽车的销量有了一定的好转迹象，但是在 2011 年第一季度，其销量仍未恢复到 2009 年同期水平（1.33 万辆），距 2008 年及之前的水平仍有很大差距，如

图 3-3 所示。

图 3-3　萨博汽车 2010—2011 年销售数据

数据来源：萨博汽车公司年报。

综上所述，萨博汽车是一家以汽车生产而世界闻名的企业，而庞大集团是没有生产汽车的资质以汽车销售为主的零售企业，在主营业务上两者相差甚远。就庞大集团的市场前景来看，很难相信庞大集团收购萨博汽车后能够成功转型走汽车制造道路。由此分析，如果庞大集团并购萨博汽车只有代理销售权，那么 4.5 亿元人民币的购买成本让这个代理销售权看上去太过昂贵。在 2010 年之前萨博仅在中国香港和中国台湾销售过该品牌汽车，并且萨博汽车专注于生产，如若进军中国大陆汽车市场应该会通过代理方式销售。而庞大集团作为中国较大的以代理销售为主要业务的上市企业，本就很可能得到萨博汽车的代理权。

因此从庞大集团的主营业务、发展前景、管理理念和状态几个方面对这次收购进行分析，发现并不能找到一个合理的解释来说明萨博汽车的收购对庞大集团是至关重要的。所以可以认为庞大集团收购萨博汽车是一个不太合理的决策，是不符合庞大集团内部环境的决策。

（二）内部控制的重要环节——风险评估

下面将就庞大集团收购萨博的风险评估环节进行分析。风险评估是指识别和分析与实现目标相关的风险，并采取相应的措施加以控制。风险识别是对企业面临的各种潜在事项进行确认。风险识别的内容划分为内部风险和外部风险。其中内部风险包括：①企业的组织结构、经营方式、资产管理和业务流程等；②研究开发、技术投入、信息技术运用等自主创新因素；③财务状况、经营成果、现金流量等财务因素；④安全、员工健康、环境保护等安全环保因素；⑤其他可识别的因素。外部风险包括：①经济形势、产业政策、融资环境、市场竞争、资源供给等；②法律法规、监管要求；③安全稳定、文化传统、社会信用、教育水平等社会因素；④自然灾害、环境状况等自然环境因素；⑤其他有关的外部风险的因素。

1. 萨博汽车收购事件的风险识别

萨博(Saab AB)是位于瑞典的一家航空及武器制造商，成立于 1937 年。在 1939 年，萨博同总部位于林雪平的飞机制造商 ASJA 公司合并，并将总部搬迁到林雪平，在 20 世纪 90 年代，经过公司所有权的更变，名称变为 SAAB AB。从 20 世纪 40 年代末起，萨博公司为了在商业上更加多样化，产品从原有的飞机扩展至汽车，第一辆车是 1947 年 6 月 10 日推出的 Saab 92001，随着不断的改良与精进，公司很快发展了在安全性和可靠性上的声誉。随后随着市场的波动起伏，萨博汽车与萨博(Saab AB)划分出两个独立的公司。但是按照萨博已有的品牌协议，萨博原始的商标权不在萨博汽车而是在萨博(Saab AB)，若是萨博进入了破产保护及清算阶段，那么萨博汽车品牌将收归萨博卡车和萨博飞机，萨博汽车品牌将随之消失，萨博汽车留下的只有厂房、设备等剩余资产、萨博汽车的商业价值将大打折扣。2000 年，通用汽车公司完全收购 Saab 汽车公司。由于经营问题和市场环境，2009 年 2 月 20 日瑞典萨博汽车申请破产保护。原本宣布 9 月将 Saab 售给来自瑞典的超级跑车制造厂柯尼赛格，但是交易失败。12 月中旬通用集团将 Saab 品牌旗下部分资产售予中国北京汽车控股(BAIC)。Saab 汽车交易案确立。2010 年 2 月 23 日，通用集团与世爵汽车达成协议以 7.4 亿美元和 32.6 亿可兑现优先股将萨博汽车转手世爵汽车。通用集团拥有对萨博汽车 17 项关键技术中的 9 项电气系统结构的知识产权。通用集团还是萨博汽车最大的供应商，早在 2009 年，通用集团还与萨博汽车签署了 5 年共享整车、发动机、增压、安全等关键技术平台(包括凤凰平台)的协议,通用集团的态度在萨博汽车的收购中举足轻重。庞大集团看中的是萨博汽车当前在产的车型新 9-5 轿车和 SUV 9-4X,而这两个车型的平台是通用集团几款当红车型的平台,萨博汽车不拥有知识产权也没有任何处置权,它需要额外向通用集团支付专利费来生产这两个车型。萨博汽车现在只有凤凰平台将用于它的新 9-3 轿车在 2012 年后的换代生产。而掌控着萨博汽车命运的凤凰平台却并不掌握在萨博汽车手中。

2011 年正当庞大集团收购萨博汽车进行得如火如荼的时候,通用集团发出声明,如果萨博汽车与中国企业签订收购合约,那么通用集团将与萨博汽车断绝一切关系,取消向它供应零部件和 9-4X 车型的承诺。如果萨博汽车与通用集团断绝联系,那么庞大集团花下 4.5 亿元人民币所购买的就只是一些剩余厂房。

通过分析萨博汽车 2010 年度的母公司世爵汽车的年度报表,找到了萨博汽车作为其子公司的 2010 年的报表信息如表 3-7 所示。

表 3-7　萨博汽车财务数据①

	单位:欧元	单位:人民币元
资产	874 480 000	7 701 108 120
负债	1 110 727 000	9 781 617 326
净资产	−236 247 000	−2 080 509 206
销售收入	637 229 000	5 611 757 189
净利润	−257 331 000	−2 266 185 452

数据来源:萨博汽车公司年报。

由表 3-8 我们可以发现萨博汽车从属于世爵汽车时净资产就已经为负了,而且自 2007 年起萨博汽车已经存在净资产为负的问题。

---

① 汇率选取的是 2010 年 12 月 31 日《中国外汇交易中心受权公布人民币汇率中间价公告》中欧元与人民币的汇率。

表 3-8 2007—2010 年萨博汽车净资产

年份	净资产金额	汇率	折换成人民币
2007	−29(亿克朗)	1.141 7	−33.109 3(亿人民币)
2008	−22(亿克朗)	0.876 7	−19.287 4(亿人民币)
2009	−30(亿克朗)	0.946 6	−28.398(亿人民币)
2010	−2.36(亿欧元)	8.806 5	−20.783 34(亿人民币)

数据来源:萨博汽车公司年报。

从 2010 年世爵汽车的年度报告中我们可以发现,萨博汽车严重拖累了世爵汽车公司的财务数据。

(1) 资金短缺。2010 年 4 月份,萨博汽车供应商停止供货,并爆出萨博汽车拖欠供应商大量货款的新闻,旗下生产线因此而陷入长期停产。资金短缺是萨博汽车面临的最大问题,它们不仅需要大量的资金重启已经于 4 月 4 日停产的工厂,偿还拖欠供应商的大量资金,而且必须偿还通用集团的"高利贷"以及向各大金融机构借贷的资金,包括 5 月 2 日向 Gemini 投资基金有限公司借贷的年利率为 7%的半年短期贷款 3 000 万欧元。

(2) 通用公司有限股权。在 2009 年世爵汽车收购萨博汽车品牌以及有关资产时,两家公司签订协议规定,世爵汽车需要支付给通用集团的资金 4 亿美元,其中包括现金 7 400 万美元,其余则为通用集团获得的需要萨博汽车在 2016 年 12 月 31 日之前支付的 3.26 亿美元优先股。萨博汽车向通用集团支付的优先股在 2012 年 1 月开始将附带 6%的红利,从 2014 年 7 月 1 日开始将附带 12%的红利。这对于世爵汽车来说无疑是一个沉重的经济负担。

(3) 高额的成本。作为一个世界有名的汽车制造企业,萨博汽车对于技术的研发是有很高要求的,而萨博新车型研发成本过高。仅仅开发萨博 9-2 两厢车就需要 17 亿瑞典克朗(约合 2 亿欧元)的资金。严重的财务问题和高额的开发费用使 2011 年年初世爵汽车决定放弃萨博汽车并在中国市场上寻找新的投资者。

综上所述,萨博汽车是一个历史很悠久的公司,在成立后的分分合合中,与不同公司签订的大大小小的时间不等的合约,如与通用集团签订的5年协议等,都可以看出收购它是一个风险很大的决策。若是想成功收购萨博汽车,那么庞大集团需要的是对企业风险的正确认知,以及对收购计划从整体到细节的规划。

从表3-2的时间节点中我们可以看出,庞大集团4月份集资60.4亿元上市,5月份便与萨博汽车协商收购的事情。我们并不认为庞大集团有能力在4月忙完集资上市的事情,仅用一个月不到的时间就可以了解萨博汽车的整体情况。而且在庞大集团与萨博汽车进行商讨收购事宜的同时,庞大集团还在进行着其他的收购计划,如表3-9所示。

表3-9 2011年庞大集团收购计划

时间	标的公司	花费
2011年6月7日	长沙和信丰田汽车销售服务有限公司、衡阳市和信丰田汽车销售服务有限公司、株洲和信丰田汽车销售服务有限公司和娄底和信丰田汽车销售服务有限公司的各100%股权	前期款3亿元
2011年6月24日	永州和信汽车销售服务有限公司、衡阳市和信汽车贸易有限公司和转让方实际拥有全部权益的衡阳市畅安汽车贸易有限公司各100%股权	签署合同1.3亿元

数据来源:庞大集团公司年报。

与此同时,我们还翻查了庞大集团的《公司章程》,发现在该《公司章程》中没有任何有关内部控制的内容。而与内部控制息息相关的内部审计的要求也只是最基本的。

所以我们有理由认为:①庞大集团缺少规范的内部控制体系,确保在类似收购萨博汽车的案例中对于风险进行识别、分析、评估和规划。这也是萨博收购失败的重要原因之一;②庞大集团在收购前并没有对萨博汽车进行彻底的了解,没有进行慎重的风险识别和分析,以及规划如何在风险发生后采用什么方式应对。在萨博汽车申请破产后,无奈只能宣布收购失败,将近4.5亿元人民币打了水漂。

(三) 控制活动——企业的重要保证

1. 庞大集团对于筹集资金的预算控制

《企业内部控制基本规范》第33条规定,预算控制要求企业实施全面预算管理制度,明确各责任单位在预算管理中的职责权限,规范预算的编制、审定、下达和执行程序,强化预算约束[①]。根据庞大集团2011年4月发布的《招股意向书》,庞大集团最大的劣势是存在资金瓶颈:"公司在业务规模增长的同时,网络迅速扩张和融资渠道单一之间的矛盾日益突出。本公司仅仅通过自身积累及银行债务融资获得发展所需资金。此外,汽车经销行业属于对流动资金要求很高的行业,要求汽车经销商必须有足够的流动资金支撑其业务的运营和发展。"在分析庞大集团的2010年年报时发现,该集团的资产负债率为86.50%(按照合并报表计算)。正如《招股意向书》所说的,公司业务规模的进一步扩大,资金短缺成为阻碍公司发展最主要的制约因素。庞大集团A股上市,使庞大集团迅速得到融资募集资金60.4亿元,其中超募资金高达41.89亿元。

庞大集团募集到足够的资金后,并没有将钱使用到自己的原先经营的业务上而迫不及待与萨博汽车联姻。中国资本市场重融资、轻回报,股市好圈钱,用完还可再融资这一恶习在庞大集团身上也体现了出来。融资来的钱因一纸风险不定的协议绑定在萨博汽车这家净资产已经负20亿元的公司身上,这样的投资决策真的很令人费解。庞大集团花费4.5亿元人民币想买的是一个伟大的故事,也就不顾这个伟大的故事失败的概率非常的高。因此我们可以发现庞大集团缺乏一定的预算控制,并没有将筹资的钱合理地支出。

2. 投资活动的资金控制

投资活动作为企业一种重要的营利活动,其开展情况对于筹资成本的补偿、企业利润创造和实现企业发展战略等具有重要的意义。

---

① 摘自《企业内部控制基本规范》第33条。

拟订投资方案时的主要控制措施包括：①企业应当根据发展战略、投资目标和规划，合理安排资金投放结构，科学确定投资项目，拟订投资方案，合理确定投资规模，权衡投资项目的收益和风险；②企业选择投资项目应当突出主业。庞大集团作为一家汽车代销企业是没有生产汽车的资质的，却突然与另一家汽车制造企业——青年汽车一起收购世界闻名的萨博汽车。从2011年6月14日公布的《庞大汽贸集团股份有限公司——关于拟与SAAB Automobile AB、SPYKER CARS N.V.和浙江青年莲花汽车有限公司合作的公告》中可以看出这次斥资收购萨博的原因是想利用萨博汽车的世界先进的生产技术、青年汽车的制造能力和庞大集团的销售能力建立一个合资制造销售公司。但是在制定这一投资方案时，庞大集团并没有详尽地了解萨博汽车的背景资料。通用集团拥有庞、青两大公司最想拥有的"凤凰平台"，而作为萨博汽车老东家并占有大量优先股权的通用集团并不赞成由中国收购萨博，因而百般阻挠。由于2010年世爵汽车收购萨博汽车时与通用集团签订的协议，通用集团对于萨博汽车的管理有着绝对的话语权。因而最终导致了这次收购的失败。

庞大集团这次收购的失败是因为没有全面科学地论证投资方案的可行性，并且并未对投资目标、规模、方式、风险收益等作出客观的评价。并且没有对信息进行完整和理性的分析，只是在冲动的意识下进行了这次的收购。没有完善的投资方案关键风险点的控制措施是这次失败的主要原因。

综上所述，我们认为萨博汽车并不是一个非常好的收购对象。庞大集团缺乏科学的内部控制体系以及粗糙的投资决策导致了这次对萨博汽车收购的失败。

三、案例分析

此次庞大集团收购萨博汽车，不可否认是一个对于自身的大胆尝试。作为在中国销售行业里逐渐成为龙头老大的庞大集团，吸收一家国外知名的汽车生产公司是需要很大的勇气和魄力的。但是想要成功地完成上亿元的收购光靠勇气是不够的,更需要的是理性的分析和科学的规划。

(一)庞大集团收购失败的原因

(1)收购双方的差距。作为一家中国刚刚上市,市场地位并没有站稳的企业,庞大集团的这次收购实在是太过跳跃了。庞大集团的实力和知名度还没有到能够消化萨博汽车的程度。在上市之前庞大集团现金流几度中断,在上市进行融资后企业获得了大量资金。作为一个汽车销售行业,现金流是至关重要的。由于企业花费4.5亿元人民币进行收购,导致在8月份庞大集团大量出售房产来保证现金流。庞大集团不仅没有认清楚自己的实力,也没有在投资前对萨博汽车进行很好的研究。比如,萨博汽车的凤凰平台和一些先进技术是属于之前的母公司通用集团的、通用集团作为萨博汽车的关联方手握的不仅仅是技术还有材料的供给,以及通用集团对于中方收购的态度等。如果庞大集团在进行收购之前将这些背景资料都熟悉清楚的话,或许就不会有收购的计划了。

(2)庞大集团没有切实可行的内部控制系统。至2012年3月份,庞大集团才公布了企业内部控制的方法,在此之前从公司的文件中可以看出庞大集团并不是十分看重内部控制。内部控制对于一个企业持续经营是至关重要的。

(3)企业没有对收购计划进行风险评估。首先,庞大集团进行这次收购的准备时间不足,在短短的1个月以内就想成功收购是很难的。其次,没有进行定性定量的风险评估。如我们分析的,这次无论内部还是外部都有很大的风险。作为一个刚刚上市的根基不牢的企业应该更加仔细地计算发生风险的可能性和风险承受能力。

(4)企业没有对收购计划的合理性进行分析。该收购计划是与庞大集团现有的资源和战略部署严重脱节的。庞大集团在上市以后立刻就转型,从原先的代理销售汽车转为生产销售汽车,这样的企业发展战略跨度太大了。虽然曾经有庞大集团的高层出面解释这是一种开拓创新的方法。

（二）庞大集团的改进措施

（1）建立切实可行的合理的发展目标，并根据目标制定企业决策。发展目标应当突出主业。庞大集团的主业是汽车的销售而且在汽车销售行业庞大集团的发展前景很不错，庞大集团应该集中其主要精力做强主营业务才能增强企业核心竞争力，只有这样才能在行业发展还有个体发展中起到积极作用和领头作用。发展的目标不能过于激进，不能盲目追逐市场热点，不能脱离企业实际。庞大集团收购萨博汽车的整个计划就是太过于积极，没有与自身以及萨博汽车实际的情况相结合。这几年中国的市场一直提倡的是走出去，以及大量的中国上市企业通过投资、收购的方式做大做强，在这些企业中1/3成功，1/3失败，还有1/3前途不明。庞大集团进行这次与公司本身业务并无紧密联系的收购在很大程度上是因为追随市场热点，完成一个英雄的故事。

（2）建立风险评估系统，设定目标。这种目标是在企业制定好发展目标之后，根据经营目标、财务报告目标和合规性目标对企业所指定的切实可行的目标。识别与上述目标相关的风险。这种风险既包括企业层面的风险又包括业务活动中的风险。企业层面的风险包括内部和外部两个方面。在庞大集团收购的案例中，庞大集团既应该分析萨博汽车的内部关联方之间的风险和财务风险，也应该考虑宏观市场环境给这次收购带来的风险。

（3）评估识别出的风险的后果和可能性。定性定量的分析风险的可能性有许多模型，如情景分析法、敏感性分析和绘制风险评估图等方法，可以模拟出企业决策给企业带来的后果，以及带来这种后果的可能性。庞大集团在准备收购前应该利用这类方法对这次的收购进行分析，从而对将要面临的风险有更完备的了解。

（4）针对风险评估的结果，考虑适当的控制活动。如果在决策之前能根据分析出的不同后果来制定出不同的企业面对风险的方法，那么将会给企业赢得更多的时间和空间。不会出现像本案例中庞大集团那样，当萨博汽车宣布破产后立即宣布收购计划失败的情形。

四、参考文献

[1] 杨柳. 中海油并购美国优尼科案研究[D]. 西南政法大学,2008.

[2] 徐芳. 海外并购的额外法律风险及其对策——由"中海油并购优尼科案"引发的思考[J]. 法商研究,2006,(5).

[3] 张广荣. 非市场风险:海外投资的重要威胁[J]. 国际经济合作,2011,(8).

[4] 宋宝. 企业跨国并购融资支付方式分析——以联想、TCL跨国并购案为例[J]. 财会通讯,2009,(20).

[5] 滕海. TCL并购汤姆森公司的风险分析[J]. 信阳农业高等专科学校学报,2008,(4).

[6] 单宝. TCL跨国并购之痛——中国企业跨国并购警示录[J]. 上海企业,2006,(1).

[7] 夏鋆添. 庞大集团收购萨博汽车的案例分析[D]. 上海立信会计学院本科论文.

第四章 风险评估及应对

风险应对概念及案例分析

 **案例9 中原大地传媒案例**

一、案例介绍

(一) 案例背景

中原大地传媒股份有限公司(以下简称大地传媒)前身是焦作鑫安科技股份有限公司(简称焦作鑫安),2011年7月11日变更工商登记为现有名称,是由原焦作市化工三厂于1989年整体改组并向社会公开募集股份而设立的股份有限公司。1997年3月19日,经中国证券监督管理委员会(以下简称证监会)批准,公司向社会公众发行1 477.5万股公众股于1997年3月31日在深圳证券交易所上市。经2011年5月27日中国证监会《关于核准焦作鑫安科技股份有限公司重大资产重组及向中原出版传媒投资控股集团有限公司发行股票购买资产的批复》(证监许可[2011]801号)文件核准,大地传媒向中原出版传媒投资控股集团有限公司(简称中原传媒)发行285 262 343股股份购买相关资产。根据焦作鑫安与中原传媒签署的《关于焦作鑫安科技股份有限公司重大资产重组交割事项之协议书》之约定,双方确定,以2011年5月31日为焦作鑫安重大资产重组资产交割基准日,焦作鑫安与中原传媒进行了相关资产交付。2011年6月28日,中勤万信会计师事务所出具了(2011)中勤验字第06038号验资报告,对定向发行的285 262 343股股份予以验证。根据大地传媒2011年11月24日收到的深圳证券交易所《关于焦作鑫安科技股份有限公司股票恢复上市的决定》(深证上[2011]359号文),大地传媒A股股票获准于2011年12月2日起在深圳证券交易所恢复上市交易。大地传媒证券简称变更为"大地传媒",大地传媒所属行业变更为"出版业",公司证券代码仍为"000719"。大地传媒法人营业执照注册号为410000000020374;住所:河南省焦作市民主北路15号;法人代表:刘少宇。截至报告日变更后的注册资本为人民币439 717 878.00元,股本为439 717 878.00元。

经营范围:以图书、期刊、报纸、音像、电子出版物的出版、印制、发行、版权贸易为主业,包括编印发一条龙、产供销一体化、多种传媒出版经营格局。

(二)案件起因

证监会河南监管局于2012年8月1日至8月14日对大地传媒2011年年报审计及披露情况及公司治理进行了专项检查,并于2012年9月17日作出《关于对中原大地传媒股份有限公司采取责令改正措施的决定》,指出大地传媒在公司治理、信息披露、内部控制、财务管理及会计核算等方面存在多项问题。

此前,大地传媒于2012年4月6日披露2011年度报告全文及摘要;又于2012年4月20日披露2011年度报告信息更正公告,称因计算方式错误及工作人员疏忽,公司2011年度报告及财务报告中存在个别错误,对2011年年报进行了多处修改。2011年信息更正公告如表4-1所示。

表 4-1 2011 年信息更正公告

主要财务指标	更正前	更正后
加权平均净资产收益率	9.53%	9.84%
扣除非经常性损益后的加权平均净资产收益率	7.69%	7.87%
主营业务按地区分布	单位：万元	
地区	更正前	更正后
河南省内	10 617.04	106 170.42
河南省外	6 828.69	68 286.88
合计	17 445.73	174 457.30
资产负债表	更正前	更正后
其他应付款	484 181 842.05	484 981 327.94
未分配利润	−344 719 182.92	−345 518 668.81

中勤万信会计师事务所审计意见：我们认为，中原大地传媒股份有限公司财务报表在所有重大方面按照企业会计准则的规定编制，公允反映了中原大地传媒股份有限公司 2011 年 12 月 31 日的财务状况以及 2011 年度的经营成果和现金流量。

（三）存在问题

首先，大地传媒在信息披露方面存在多项违规：2011 年 10 月 25 日，对控股子公司北京汇林印务有限公司增资 2 647.2 万元，未及时履行董事会决策程序及信息披露义务。2011 年 12 月至 2012 年 4 月，河南电子音像出版社有限公司先后开展 5 次委托理财业务，累计交易金额为 4 100 万元，未及时履行董事会决策程序及信息披露义务。2012 年 3 月 23 日，河南科学技术出版社有限公司经中原出版集团批准为集团下属单位先达光碟有限公司垫付土地出让金及滞纳金 354 万元，形成关联方非经营性资金占用。河南科学技术出版社有限公司变更注册资本及营业范围，未及时履行决策程序和信息披露义务。

其次,大地传媒的现行制度还存在多条与《公司法》及《公司章程》等不相符的情形;2012年6月,现任董事长任河南省人大常委会教育科学文化卫生工作委员会副主任,不再适合担任上市公司董事长。此外,控股股东中原出版集团存在越过上市公司董事会直接讨论决定上市公司干部人选事项,且中原出版集团通过控制选题解决河南人民出版社与大地传媒存在的同业竞争问题,但未进一步明确内部监督的部门、人员和方式,建立切实有效的防范机制,存在同业竞争问题。

再次,对子公司控制较弱,特别是财务方面。大地传媒在财务管理方面问题相当之多:上市公司及其下属子公司会计核算方法与财务管理制度不统一;未建立统一的财务信息系统;未形成统一的财务监管;公司采购和销售行为大多缺少经济合同,或者套用以前年度合同使用;部分子公司的坏账核销、固定资产处理未履行审批程序;各子公司往来账款及购销业务与关联企业或者非关联企业核对不相符的情况较多;大地传媒本部会计和出纳、河南美术出版社有限公司采购和验收岗位未做到不相容职务相分离;河南新达彩印有限公司500万元的委托理财未经过大地传媒审批。

最后,会计核算方面也存在问题:

(1) 会计处理不及时。目前大多子公司账面股东仍然为中原出版集团,未及时进行会计处理。

(2) 对部分长期挂账的应付账款未及时处理。如中州古籍出版社应付郑百文纸张分公司期末余额273 717.35元,账龄3年以上,目前郑百文纸张分公司已经破产。

(3) 会计科目使用不当。①河南新华印刷集团有限公司账面上一直将投资性房地产在工程物资科目核算。②海燕出版社有限公司的应付绩效工资和少部分社保在其他应付款科目核算,未通过应付职工薪酬科目核算。

(4) 各出版社采用的营业成本结转方法不同,有的采用码洋差异率法、有的采用单书法,财务数据缺乏可比性。

（5）河南新达彩印有限公司委托理财产品500万元，在货币资金中核算，会计处理不当。

（6）各出版社纸张、印装费与供应商结算不及时，导致账面上出现较大的暂估金额。

以上行为不符合《企业会计准则》《企业会计制度》等的相关规定。

二、问题梳理

注册会计师应通过进一步审计程序，来应对审计风险。

（一）进一步审计程序

进一步审计程序是指注册会计师针对评估的各类交易、账户余额、列报认定层次重大错报风险实施的审计程序，包括控制测试和实质性程序。

实施进一步审计程序的目的包括通过实施控制测试以确定内部控制运行的有效性，通过实施实质性程序以发现认定层次的重大错报。

进一步审计程序的类型包括检查、观察、询问、函证、重新计算、重新执行和分析程序。

在确定进一步审计程序的时间时，应当考虑被审计单位的控制环境，如何能够得到相关信息、错报风险的性质、审计证据使用的期间或时点等因素，并根据具体情况来确定实施进一步审计程序的时间。

（二）风险应对的审计程序

在风险应对中，注册会计师针对评估的各类交易、账户余额、列报认定层次重大错报风险实施审计程序，其中包括控制测试和实质性程序。

1. 控制测试

控制测试是对内部控制设计是否合理和运行是否有效而实施的测试。

1）所要解决的问题

（1）被审计单位的内部控制制度和程序是否设计合理、适当，能不能防止或发现和纠正特定财务报表认定的重大错报。

（2）被审计单位的内部控制制度各程序是否实际发挥作用。

2) 企业内部控制存在的问题

(1) 制度建设需进一步完善,公司现行制度存在与《公司法》及《公司章程》等不相符情形。如《总经理工作细则》第 3 章第 11 条第 4 款规定,总经理可以拟订公司增加或减少注册资本和发行公司债券的建议方案。

(2) 未建立统一的财务信息系统,下属各子公司使用的财务软件不统一,河南电子音像社有限公司仍然采用手工记账。

(3) 公司虽然组建了资金结算中心但下属公司北京汇林印务有限公司,深圳市托利贸易有限公司资金仍游离于结算中心之外,未形成统一的财务监管。

(4) 部分子公司的坏账核销、固定资产处理未履行审批程序。

(5) 公司本部会计和出纳、河南美术出版社有限公司采购和验收岗位未做到不相容职务相分离。

会计师事务所未就公司内部控制有效性出具审计报告。

注册会计师应考虑与财务报表编制和公允列报相关的内部控制,以设计恰当的审计程序,但目的并非对内部控制的有效性发表意见。

以上这些内控的情况显然是不合理与不适当的,不仅会影响企业财务报告的准确性;对于内部控制的程序也不能实际发挥作用,控制政策或程序未能一贯地落实与应用,进一步说明控制执行失效,不利于企业防止或发现舞弊或错误,充分说明企业的内控制度是不具有有效性的。

审计人员在执行控制测试时:可以通过检查交易或事项的凭证;询问并实地观察未留下审计轨迹的内部控制的运行情况;重新执行内部控制程序等方法。以此来提高控制测试的效果。

3) 提高控制测试的方法

(1) 应付款项控制测试。对采购与付款循环进行控制测试时,应从采购与付款循环的关键控制点设计控制测试,并形成不同的审计工作底稿来支持所编制的"采购与付款循环控制测试表"。审核相应的采购合同以及上面的相关内容和审批程序。包括货物质量、结算条件、金额的支付方式等相关的内容。

(2) 固定资产项目控制测试。对于固定资产,可以采用固定资产循环测试,来确定固定资产的自建、购置、处置、维护、报关与记录是否根据控制制度进行有效执行。

(3) 未入账债务测试。注册会计师审查未入账债务,还可以通过如下途径:对未归档的购货发票的检查;检查客户管理当局的声明书;与上年账户余额相比较;期后对期内相关付款的审核;检查现有契约、合同、议事录、律师的账单和信件往来;检查与主要供货商的信件往来;抽查截止日期的有关账户,如存货、固定资产等。

(4) 应收款项控制测试。注册会计师应针对应收账款账龄增长及由此带来的坏账增加的风险进行控制测试,发现公司管理层采取了与账龄逾期1年以上的客户签订还款协议的方式,要求客户对归还旧账的实施和金额作出书面承诺。注册会计师应对该项控制进行评估,以确定其设计是否恰当,并得到有效执行。

注册会计师通过控制测试的结果,确定出计划控制风险的估计水平,然后根据固有风险和控制风险的综合水平确定可接受的检查风险。如果可接受的检查风险高,实质性测试应以分析性复核和交易测试为主,测试的样本量较小;如果可接受的检查风险中等,实质性测试应结合分析性复核、交易测试和余额测试进行,测试的样本量适中;如果可接受的检查风险低,实质性测试应以余额测试为主,测试的样本量较大。

2. 实质性程序

实质性程序是指注册会计师针对风险评估中识别出的重大错报风险实施的直接用以发现认定层次重大错报的审计程序。

实质性程序包括:对各类交易、账户余额、列报的细节测试以及实质性分析程序。注册会计师需要从样本量、选样方法的有效性等角度考虑测试范围;对于已记录的金额应当考虑其重要性水平,以此进行重点的抽查。

1) 会计核算存在问题

(1) 对部分长期挂账的应付账款未及时处理。如中州古籍出版社应付郑百文纸张分公司期末余额273 717.35元,账龄3年以上,郑百文纸张分公司已经破产。

(2) 会计科目使用不当。一是河南新华印刷集团有限公司账面上一直将投资性房地产在工程物资科目核算。二是海燕出版社有限公司的应付绩效工资和少部分社保在其他应付款科目核算。

(3) 会计处理不当。河南新达彩印有限公司委托理财产品500万元,在货币资金中核算。从而导致企业货币资金账户虚增资产,同时影响有关财务管理分析中有关货币资金的比率。

(4) 对账制度需进一步完善,各子公司往来账款及购销业务与关联企业或者非关联企业核对不相符的情况较多。

以上这些财务核算中的错误,反映了审计人员在实施实质性程序中存在的不足。对于一家资产重组的企业来说,审计人员更应该扩大抽查范围,从实质性程序的角度出发,对各类交易、账户余额、列报的具体细节测试,目的在于直接识别财务报表认定是否存在错报。而该会计师事务所并未对企业上述存在的会计核算问题予以纠正与公布。

作为审计人员,在获得审计资料后,可以通过多种方式提高其实质性程序的质量:检查、观察、询问、函证、重新计算、重新执行和分析程序。

2) 提高实质性程序的方法

(1) 注册会计师在对报表项目余额进行实质性测试时,通常向被审计单位索取或自行编制明细表,以确定被审计单位报表项目中的数额与其明细表是否相符。

(2) 对明细余额进行分析并作必要的重新分类。审计人员应结合以前年度审计情况,调查分析报表项目中明细余额是否存在负数余额;是否应将有关科目进行加总核算。如存在此类问题应作重新分类处理。

(3) 函证有关款项金额并对回函的结果进行汇总、分析,查明差异的原因,并作出调整。

(4) 为了防止企业高估资产或低估负债,在审查企业有无未入账的有关款项时,注册会计师还可以通过询问被审计单位的会计和采购人员,查阅资金预算、收入、工作通告单和合同来进行。

(5)检查财务报表中的重要项目是否已在财务报表及附注中得到恰当披露。可以通过相关的凭证进行检查,特别是对金额的核对以及会计科目使用是否合理等情况进行审核。

三、案例分析

(一)注册会计师为何会通过审核并发表审计报告

1. 审计独立性的问题

作为独立的第三方,审计人员应对被审计单位保持不偏不倚的公正性,不受经济利益、自我评价、关联关系和外界压力的影响,从客观公正的角度来发表审计意见。而本案例中,注册会计师并未对内控、财务核算中一些明显的错误予以披露。我们有理由假设,审计人员并非全不知情,特别是其在审计报告中写了"注册会计师考虑与财务报表编制和公允列报相关的内部控制,以设计恰当的审计程序,但目的并非对内部控制的有效性发表意见"这段言论。

2. 进一步审计程序实施的有效性

实施进一步审计程序的目的在于通过控制测试来确定内部控制的有效性。通过实质性程序以发现认定层次的重大错报。其方法有:实地观察或检查、对相关企业进行函证(除了函证余额外,还可以对交易的结算方式、发货条款、退货条款等进行函证)、询问非财务人员、扩大样本量等。

本案例中,审计人员对这两方面的测试都是不完整与不具体的,不论是其对内控方面的评价,还是对实质性方面细节的测试,都未能识别出财务报表的认定存在的重大错报,从而导致其审计意见有失公允。

(二)审计人员在风险应对与经济效益中该如何取舍

从理论上讲,进一步审计程序的范围越广,获取的审计证据越充分,其审计结论的可靠性越高,因此对风险的应对能力越强。从本案例的角度出发,审计失败一定程度上也是由于审计程序的数量的不充分所引起的。所以在审计过程中就应当最大限度地扩大审计范围。

然而在审计实务中,要求注册会计师从经济效益的总体需要出发,合理地确定测试范围。在确定审计范围时需要考虑的因素:

(1) 确定的重要性水平,重要性水平越低,所需实施的进一步审计程序范围越广。

(2) 评估的重大错报风险,评估的重大错报风险越高,对拟获取审计证据的相关性、可靠性的要求越高,需要实施的进一步审计程序的范围越广。

(3) 计划获取的保证程度。注册会计师通过所实施的审计程序对测试结果可靠性所获取信息。计划获取的保证程度越高,对测试结果的可靠性要求越高,所需实施的进一步审计程序的范围越广。

总体而言,风险应对与经济效益的权衡取舍在于对总体的评价,评价其是否已经获取充分、适当的审计证据,以将审计风险降至可接受的低水平。在审计过程中允许一定程度上的可接受风险,但是必须是在可控范围内的,对于那些重大错报风险是被要求予以规避的。

(三) 对财务报表层次重大的错报风险的应对措施

所谓审计风险,是指被审计单位的财务报表存在重大错报而注册会计师发表不恰当意见的可能性。一般来讲,经营失败和审计失败是导致审计风险产生的最主要原因。

1. 总体应对措施

(1) 向项目组强调在收集和评价审计证据过程中保持职业怀疑态度的必要性。

(2) 分派更有经验或具有特殊技能的注册会计师,或利用专家的工作。

(3) 提供更多的督导。

(4) 在选择进一步审计程序时,应当注意使某些程序不被管理层预见或事先了解。

(5) 对拟实施审计程序的性质、时间和范围作出总体修改。

2. 增加审计程序不可预见性的方法

1) 增加审计程序不可预见性的思路

(1) 对某些以前未测试的低于设定的重要性水平或风险较小的账户余额和认定实施实质性程序。

(2) 调整实施审计程序的时间,使其超出被审计单位的预期。

(3) 采取不同的审计抽样方法,使当年抽取的测试样本与以前有所不同。

(4) 选取不同的地点实施审计程序,或预先不告知被审计单位所选定的测试地点。

2) 增加审计程序不可预见性的实施要点

(1) 注册会计师需要与被审计单位的高层管理人员事先沟通,要求实施具有不可预见性的审计程序,但不能告知其具体内容。注册会计师可以在签订审计业务约定书时明确提出这一要求。

(2) 虽然对于不可预见性程度没有量化的规定,但审计项目组可根据对舞弊风险的评估等确定具有不可预见性的审计程序。审计项目组可以汇总那些具有不可预见性的审计程序,并记录在审计工作底稿中。

(3) 项目组负责人需要安排项目组成员有效地实施具有不可预见性的审计程序,但同时要避免使项目组成员处于困难境地。

四、参考文献

[1] 财政部.关于非上市公司购买上市公司股权实现间接上市会计处理的复函[Z].2009.
[2] 财政部.企业会计准则讲解[S].2008.

第五章 销售与收款循环审计

第一节 营业收入审计

案例 10　九好集团案例——销售收入造假

一、案例介绍

（一）案例起因

2017年3月10日,证监会披露,证监会组织专门执法力量查办了一起涉嫌以虚增收入、虚构银行资产为手段,企图将有毒资产装进上市公司的重大信息披露违法案。由于稽查执法力量的及时介入,此单"忽悠式"重组被遏止在信息披露违法阶段,没有最终得逞,有效避免了有毒资产流入A股市场。这个案件,昭示着证监会对财务造假"零容忍"的决心。利安达会计师事务所,收到900万元的罚单,签字注册会计师被处以10万元的罚款。现在对中介机构的处罚,越来越严厉。对财务造假,越来越有罚到倾家荡产的趋势。

本次造假案件主角——上市公司鞍重股份被罚60万元、借壳方九好集团被顶格处罚,而中介机构亦被狠狠重罚:西南证券,被罚600万元(没收100万元,罚500万元),天元律师事务所,被罚900万元(没收150万元,罚750万元),审计机构利安达会计师事务所,被罚900万元(没收150万元,罚750万元)。鞍重股份和九好集团的"忽悠式重组",是2017年最受关注的造假大案。

(二) 被审计单位的基本情况及主要会计问题

1. 被审计单位基本情况

九好集团成立于2007年,其首创了"办公托管"模式,为客户量身定做行政后勤解决方案,是现代服务业领军企业。在2010年,进行了两次股转四次增资,并引入华睿海越、华睿德银、金永信等投资公司,注册资本变更为6 350.24万元。2011年,进行了一次股转,并引入宁波双熙投资公司,注册资本不变。2012年,进行了一次增资,并引入江阴安益、普思投资两家投资公司,注册资本并更为6 868.63万元。2014年,进行了九次股转、一次再增资,并引入科桥成长、科桥嘉永、大丰匀耀等投资公司,注册资本变更为7 943.89万元。2015年,进行了两次股转,注册资本不变。

鞍山重型矿山机器股份有限公司(鞍重股份)是中国最大的专业生产振动筛的厂家,属于专用设备制造业。鞍重股份成立于1994年,2012年在深交所挂牌上市,并完成首发。2015年,鞍重股份停牌重组,九好集团拟作价37亿元借其壳上市。

2. 主要会计问题

浙江九好办公服务集团有限公司(现已更名为九好网络科技集团有限公司)通过各种手段虚增2013—2015年服务费收入2.6亿余元,虚增2015年贸易收入57万余元,虚构银行存款3亿元。为掩饰资金缺口,借款购买理财产品或定期存单,并立即为借款方关联公司质押担保。九好集团通过上述种种手段,将自己包装成价值37.1亿元的"优良"资产,与鞍山重型矿山机器股份有限公司(以下简称鞍重股份)联手进行"忽悠式"重组,以期达到借壳上市之目的。九好集团及鞍重股份的信息披露存在虚假记载和重大遗漏。

(三)审计主体基本情况及主要审计问题

1. 审计单位基本情况

REANDA,中文简称利安达,注册名称为利安达会计师事务所(特殊普通合伙)。利安达合伙人出资款为2 011万元人民币,累计提取的职业风险金为2 900多万元人民币,职业责任保险累计赔偿限额达到一亿元人民币。利安达目前具有财政部和证监会批准的执行证券、期货相关业务审计资格,财政部和中国人民银行批准的从事金融审计相关业务资格,中国注册会计师协会和国务院国资委核准的承担大型及特大型国有企业审计资格,中国银行间市场交易商协会会员资格,北京市司法局批准的司法鉴定资格。利安达已在美国PCAOB和加拿大CPAB注册,具有为在美国和加拿大等北美国家证券市场上市的公司提供专业服务的资格。

2. 主要审计问题

2016年4月21日,利安达出具审计报告,对九好集团2013—2015年度财务报表发表了标准无保留意见。利安达合计收取审计服务费150万元,签字注册会计师为蒋淑霞和李杰。

利安达对九好集团2013—2015年度财务报表审计时,未勤勉尽责,出具的审计报告存在虚假记载。对银行存款审计程序不到位。对函证审计程序不到位。对收入的审计程序不到位。利安达对供应商和客户的现场走访工作存在瑕疵。

(四)案例结果

上述信息披露违法行为涉案金额巨大、手段极其恶劣,违法情节特别严重。证监会已经向当事人送达行政处罚事先告知书,拟对九好集团、鞍重股份及其主要责任人员在《证券法》规定的范围内进行顶格处罚,对本案违法主体罚款合计439万元;同时对九好集团造假行为主要责任人员郭丛军、宋荣生、陈恒文等人拟采取终身市场禁入以及5~10年不等的证券市场禁入。

二、问题梳理

（一）会计师事务所在审计过程中的问题

利安达在以下方面审计中没有尽到勤勉义务。

1. 对银行存款审计程序不到位

利安达对九好集团在对兴业银行杭州分行 3 亿元定期存款的审计中，实施了函证程序，截至 2016 年 4 月 21 日审计报告出具日未收到回函。在浙江证监局提示过关注 3 亿元定期存单的情况下，利安达未执行有效审计程序，审计结论仍为"未见异常情况"，未能发现虚增 3 亿元银行存款及 3 亿元定期存单质押的事实。2016 年 6 月 2 日收到银行回函，6 月 7 日才对兴业银行杭州分行进行访谈，已晚于审计报告出具日。

2. 对函证审计程序不到位

1）未按拟定的选样标准进行发函

利安达审计项目组对应收账款函证发函的选取标准定为 10 万元以上供应商全部发函，10 万元以下随机抽取。但在实施函证程序的过程中，审计人员未严格执行拟定的发函标准，对部分 10 万元以上的供应商未进行函证。

2）未保持对函证的有效控制

利安达实施函证程序时，在九好集团总部安排九好集团工作人员与审计项目组成员一起填写询证函快递单并寄出，而九好集团各子公司的询证函则由审计人员制好询证函，由九好集团下属子公司在各地自行寄出。审计人员要求九好集团将发函的快递底联全部寄回杭州并由九好集团转交利安达，或由九好集团子公司直接寄回利安达北京总部。此外，还存在九好集团工作人员直接回函的情况。发函工作自始至终均有九好集团人员参与，且在子公司层面失去对函证的控制。从回函情况看，大量回函的快递单存在连号或号码接近、发函与回函快递单号接近的情形。

3）未充分关注函证回函的疑点

询证函回函的供应商确认盖章与供应商名称不符。部分询证函回函供应商确认盖章用印为另一家供应商。数家供应商的回函均留有同样的邮寄信息。不同供应商回函由同一快递员收件。询证函发函与回函地址不是同一个城市。

3. 对收入的审计程序不到位

利安达在审计时,对九好集团提供的与营业收入相关的合同、用印及收入证据不足等疑点,未予以充分关注。部分供应商与客户签订合同的日期或合同履约日期不在九好集团与供应商的托管合同期限内。合同条款自相矛盾或用印错误。同一控制下的两家企业间的异常业务被九好集团确认为收入。九好集团据以确认收入的供应商收入确认函、供应商与客户的合同等资料部分缺失。利安达在未取得充分的供应商与客户实际交易情况确认资料,缺少客户销货合同、发票、发货单、收款凭证等证明供应商收入的相关证据,且取得的部分证据存在明显异常的情况下,未发现九好集团确认收入的真实性存在问题。

4. 利安达对供应商和客户的现场走访工作存在瑕疵和矛盾

利安达在九好集团总部的审计工作底稿内收录了对 69 家供应商的现场走访记录,大部分由西南证券或中联资产评估公司人员走访并签字,审计项目组人员很少签字,经核对底稿中访谈现场照片发现,利安达对九好集团总部的供应商走访了 11 家。利安达审计工作底稿收录的部分供应商存在两份不同的访谈记录,违背常理。在接受调查过程中,签字注册会计师表示未关注到该事项。

(二)涉案企业报表不符合会计准则

九好集团及鞍重股份信息披露存在虚假记载、重大遗漏。

1. 九好集团虚增服务费收入

九好集团造假手法的隐蔽之处在于将虚增的服务费收入分散到大量的供应商和客户中,实地走访需要耗费大量的时间和人力、财力、物力,调查难度大。九好集团与 125 家供应商单位或个人以及 84 家供应商对应的 46 家客户通过虚构客户、虚构业务、改变业务性质等方式增加服务费收入 2.65

亿元。此外，九好集团通过与供应商签订虚假业务合同来确认业务收入，在收到这些服务费后又将服务费从个人银行账户退回到供应商或其他指定银行账户。尽管这些业务收入是真实存在的，但九好集团充当资金掮客的角色帮助19家供应商套取资金的业务模式并不是九好集团的经营模式，不应该计入收入，可见九好集团虚构业务以达到增加收入的目的。

2. 九好集团虚增贸易收入

杭州融康信息技术有限公司（以下简称融康信息）与九好集团之间存在资金循环。经向融康信息公司法定代表人刘志昶核实，双方的业务模式是融康信息向九好集团采购货物。2015年融康信息向九好集团采购的货物未收货，支付的货款已退回。九好集团在财务处理上仍然确认融康信息574 786.32元的销售收入及应收账款收回，涉嫌虚增2015年销售收入574 786.32元。

截至2015年12月31日，九好集团主要资产构成情况如5-1所示。

表5-1 九好集团主要资产构成情况 单位：万元

项目	金额	占比
货币资金	53 122.67	57.54%
应收账款	22 053.00	23.89%
预付账款	309.47	0.34%
应收利息	—	—
其他应收款	11 122.89	12.05%
流动资产合计	86 608.03	93.81%
投资性房地产	2 602.60	2.82%
固定资产	1 113.75	1.21%
无形资产	11.66	0.01%
长期待摊费用	203.38	0.22%
递延所得税资产	1 786.53	1.94%
非流动资产合计	5 717.92	6.19%
资产总计	92 325.94	100.00%

报表显示,九好集团货币资金和应收账款合计占比80%,非常"亮丽"!

3. 九好集团虚构3亿元银行存款

2015年1月,九好集团在账面虚构收回1.7亿元其他应收款,虚构转入银行存款47,702,412.00元,同时转出1亿元资金不入账,账面形成虚假资金317 702 412.00元(九好集团平安银行西湖支行)。为掩饰上述虚假账面资金,九好集团在账面虚假记载2015年3月31日317 702 412.00元资金从九好集团平安银行账户划转至九好集团上海银行账户。此外,九好集团还在上海银行账户虚构郭丛军3月26日退回购房款1 170万元,虚假账面资金扩大至329 402 412.00元。2015年3月31日,杭州好融实业有限公司(以下简称好融实业)向九好集团上海银行账户转入资金1.6亿元(共两笔,一笔4495万元,一笔1.150 5亿元)。九好集团在账面虚假记载收到上海九好等单位其他应收款138 009 025.38元;经过三次红字冲销后,虚假记载收到上海九好等单位其他应收款130 597 588.00元,少计收回29 402 412.00元。至此,九好集团在账面仍然存在3亿元虚假资金(九好集团上海银行账户)。

同样是为了掩饰账面3亿的虚假资金,九好集团首先通过借款购买理财产品或定期存单,然后再用取得的理财产品或定期存单为借款方关联公司质押担保,最后用承兑汇票以贴现的方式获得资金并归还,九好集团通过如此反复银行流水体外循环的方式使其账面一直保持3亿元银行存款。截至九好集团公开披露《审计报告》附注及《重大资产重组报告书》时这3亿元银行存单仍然处于质押状态,但是九好集团并未披露这一事实。

鞍重股份于2016年4月23日公告《重大资产重组报告书》,披露了重组对象九好集团的主要财务数据,包括资产负债表主要数据、利润表主要数据、现金流量表主要数据以及主要客户销售情况。鞍重股份《重大资产重组报告书(草案)》中披露的九好集团资产负债表、利润表主要数据与调查查实的数据不符,存在虚假记载。

鞍重股份的上述行为涉嫌违反了《证券法》第六十三条"上市公司依法披露的信息,必须真实、准确、完整,不得有虚假记载、误导性陈述或者重大遗漏"的规定,构成了《重组办法》第五十五条第一款所述"上市公司或者其他信息披露义务人未按照规定披露重大资产重组信息,或者所披露的信息存在虚假记载、误导性陈述或者重大遗漏"的行为,以及《证券法》第一百九十三条第一款所述"发行人、上市公司或者其他信息披露义务人未按照规定披露信息,或者披露的信息有虚假记载、误导性陈述或者重大遗漏"的行为。

(三) 企业造假动因分析

1. 上市"诱惑",巨额利益驱使

上市公司并购重组交易中最重要的事项就是确定标的资产交易对价,通常情况下,并购重组中的财务造假会通过虚增利润、提高估值的手段获取更多的上市公司权益和巨额利益。财务造假行为如果侥幸过关,后续造假行为将继续上演以"实现业绩",承诺期即使业绩不达标、未来只要付出补偿款即可,在此过程中二级市场股价的上涨将给交易对方带来巨额收益。

九好集团作价 37.1 亿元、三年业绩承诺额 13 亿元,业绩承诺覆盖率为 35% 左右,更为惊人的是资产置换差额发行股份的发行价格为 16.23 元/股,鞍重股份自 2015 年 4 月 7 日发布重大事项停盘到 2016 年 5 月 27 日发布公告被立案调查期间股票成交均价为 56.81 元/股,为发行股份价格的 3.5 倍,即使被立案调查后,至 2017 年 3 月 17 日股票成交均价也达到 30.29 元/股,为发行股份价格的 1.87 倍。巨额利益驱使了此次铤而走险的财务造假。

2. 违法违规成本低

九好集团把 37.1 亿元的有毒资产折腾上市,被查后相关责任人仅被罚款 439 万元。九好集团、鞍重股份则各被罚 60 万元。相对于可能获取的高额收益,违法违规成本较低是造成造假现象涌现的源头,证券法第一百九十三条规定,发行人、上市公司或者其他信息披露义务人未按照规定披露信息,或者所披露的信息有虚假记载、误导性陈述或者重大遗漏的,责令改正,给予警告,并处以 30 万元以上 60 万元以下的罚款。因此,目前 60 万元已经是针对虚假陈述能够开出的最高罚单了。可能正是因为存在这样的上限,

逐利者才前赴后继挑战法律底线。

三、案例分析

(一) 企业造假手法识别及审计应对

1. 虚假业务、资产的识别

九好集团的具体情况是：虚构了1.7亿元其他应收款收回，虚构转入银行存款4 700万元；同时，转出1亿元资金不入账，这样，账面形成虚假资金3.17亿元。为了补上3个亿的资金大窟窿，又通过"借款＋质押"，虚假编造出了一个3亿元的银行存单。通过向A借钱买理财产品，拿到一笔3亿元的银行存单，然后，再将存单给A做担保，让A开具银行承兑汇票3亿元。之后再将银行承兑汇票贴现，差额的贴息部分，由九好集团通过个人账户支付给A。这样一来就还清了A的钱。只要再等3亿元银行存单到期，这笔钱就可以拿去还银行承兑汇票。

2. 历史财务数据

1) 疑点一：营业收入增长与营业成本下降不匹配，且净利润增速远超营业收入增速

2013—2015年，九好集团的营业收入为2.5亿元、3.3亿元、4.2亿元；营业成本为1.3亿元、9 137万元、4 656万元；净利润3 987万元、1.15亿元、1.9亿元。营业收入，增速分别为29.22%和28.02%。然而，营业成本却在报告期内分别下降了30%和49%。与此同时，净利润的表现更为亮丽，报告期内相应增长了188%和65%。也就是说，净利润的增速远超营业收入增速，且波动幅度很大。对此，九好集团解释为：收入结构的调整。营业成本占比低、毛利率高的"服务类收入"快速增长，营业成本高、毛利率低的"贸易类收入"逐年萎缩。

2) 疑点二：毛利率等盈利能力指标飙升远超同行

2013—2015年，九好集团的毛利率分别为48.20%、71.98%、88.85%。两年间，毛利率增长幅度超过了40%，2014年和2015年的毛利增速，分别高

达 90.76%、62.67%。不仅如此,报告期内的净资产收益率分别为 16.20%、30.72%、33.24%,销售净利率为 15.80%、35.43%、46.21%。前者两年间翻了 1 倍,后者翻了近 2 倍。这个毛利率、净利率、ROE 水平,已经完胜同行蓝色光标、深赛格、省广股份等上市公司。

(二) 证监会处罚力度及相关准则

1. 对九好集团的处罚

对郭丛军、宋荣生、陈恒文给予警告,并分别处以 30 万元罚款;对郭丛军采取终身证券市场禁入措施,对宋荣生采取 10 年证券市场禁入措施,对陈恒文采取 5 年证券市场禁入措施。禁入期内,不得从事证券业务或者担任上市公司、非上市公众公司董事、监事、高级管理人员职务。责令九好集团改正,给予警告,并处以 60 万元罚款;而涉案的郭丛军所持有的上市公司 700 万股股份(公司总股本的 5.15%),也于 2017 年 3 月 3 日,被杭州市西湖区人民法院司法冻结。

2. 对鞍重股份的处罚

对鞍重股份给予警告,并处以 60 万元罚款;对直接负责的主管人员杨永柱给予警告,并处以 30 万元罚款;对直接负责的主管人员张宝田给予警告,并处以 20 万元罚款;对其他直接责任人员温萍、高永春、梁晓东、黄涛、白璐、戴国富、程国彬、王君、韩秀冰、蒋辉、冯微微、杨永伟、封海霞给予警告,并分别处以 3 万元罚款。

3. 对券商西南证券的处罚

责令西南证券改正,没收业务收入 100 万元,并处以 500 万元罚款;对童星、朱正贵给予警告,并分别处以 10 万元罚款。

4. 对律所北京天元的处罚

没收业务收入 150 万元,并处以 750 万元罚款。对史振凯、刘冬、于进进给予警告,并分别处以 10 万元罚款。

5. 对利安达的处罚

没收利安达业务收入 150 万元,并处以 750 万元罚款。对签字注册会计师蒋淑霞、李杰给予警告,并分别处以10万元罚款。

6. 相关准则

《中国注册会计师审计准则第1312号——函证》

第十二条:注册会计师应当对银行存款(包括零余额账户和在本期内注销的账户)、借款及与金融机构往来的其他重要信息实施函证程序,除非有充分证据表明某一银行存款、借款及与金融机构往来的其他重要信息对财务报表不重要且与之相关的重大错报风险很低。如果不对这些项目实施函证程序,注册会计师应当在审计工作底稿中说明理由。

《中国注册会计师审计准则第1312号——函证》

第十九条:在未回函的情况下,注册会计师应当实施替代程序以获取相关、可靠的审计证据。

《中国注册会计师审计准则第1301号——审计证据》

第十条:注册会计师应当根据具体情况设计和实施恰当的审计程序,以获取充分、适当的审计证据。

《中国注册会计师审计准则第1501号——对财务报表形成审计意见和出具审计报告》

第十二条:为了形成审计意见,针对财务报表整体是否不存在由于舞弊或错误导致的重大错报,注册会计师应当得出结论,确定是否已就此获取合理保证。在得出结论时,注册会计师应当考虑下列方面:

(1)按照《中国注册会计师审计准则第1231号——针对评估的重大错报风险采取的应对措施》的规定,是否已获取充分、适当的审计证据;

(2)按照《中国注册会计师审计准则第1251号——评价审计过程中识别出的错报》的规定,未更正错报单独或汇总起来是否构成重大错报。

《中国注册会计师审计准则第1301号——审计证据》

第十一条:在设计和实施审计程序时,注册会计师应当考虑用作审计证据的信息的相关性和可靠性。

《中国注册会计师审计准则第1301号——审计证据》

第十五条:如果存在下列情形之一,注册会计师应当确定需要修改或追加哪些审计程序予以解决,并考虑存在的情形对审计其他方面的影响:

(一)从某一来源获取的审计证据与从另一来源获取的不一致;

(二)注册会计师对用作审计证据的信息的可靠性存有疑虑。

(三)应对策略

1. 充分了解被审计单位及其环境以评估重大错报风险

从案例中我们知道,九好集团是一家后勤托管服务公司,主要业务模式是作为中介服务平台为客户寻找后勤服务供应商,其收入主要是根据成交额收取的一定比例的服务费。作为较新的商业模式,其整个业务往来并没有采购、生产、销售环节,没有具体的实物流。如此一来就不能采用观察企业生产过程、询问企业的销售人员、盘点库存系统等传统的审计手段去评估其重大风险错报。因此我们认为要想了解九好集团的性质及其环境,可以从企业规章制度入手,如是查看企业是否有完整的内部控制制度;查看内部审计人员对内部控制执行有效性的评估报告,企业有关职责分离的相关规定以及企业的整体组织架构。

2. 执行有效的实质性测试

1)调取企业信用报告和已开户清单

通过企业的信用报告可以了解九好集团在银行的开户注销和贷款情况,以及隐藏的九好集团对借款关联方的担保行为。将调取的已开户清单和九好集团账面的银行账户进行双向核对,可以发现以公司名义开户,但是账面没有的账户,如果存在销户,应该向被审计单位取得销户证明。

2)实施有效的银行函证程序并核查银行流水

本案例中,银行询证函的初衷主要是为了核实资产的存在性,但审计机构仅仅对银行存款与借款的抵押品等权属进行了函证,对于非货币资金类票据保证金(如质押票据开具承兑汇票)等未列入函证。对已质押的定期存款,应检查定期存款并与相应的质押合同核对,同时关注定期存款存单对应的质押借款有无入账。对于未质押的定期存款,应检查开户证实书原件,确认该笔定期存款是否被审计单位拥有或控制。在目前的金融环境下,银行流水造假难度大,通过检查银行流水可以发现九好集团通过银行流水体循环的方式虚增存款。

3. 从外部环境制约公司财务造假

本案例中,我们知道九好集团最终被处以 60 万元的"顶格罚款",但与"忽悠式重组上市"成功将带来的数十亿元资金收益相比,简直是沧海一粟。我们认为如此低额的违规成本与巨额的利益诱惑助长了企业财务造假的行为不断发生。从证券法来看,应该进一步完善处罚条例,使之更趋合理。从以往发生的财务造假案例看,上市公司通过虚假陈述给证券市场造成的不利影响往往并不亚于甚至比企业通过局部内部交易、市场操作所带来的不利影响更甚。

四、参考文献

[1] 周超.上市公司财务舞弊审计审计失败的原因与对策分析[J].西部财会,2013.

[2] 母颖琪.财务舞弊、审计失败与事务所发展[J].中国管理信息化,2015.

[3] https://baike.baidu.com/item/九好集团/.百度百科.2017.

[4] 中国注册会计师协会.审计.北京:中国财政经济出版社,2017.

案例 11 参仙源案例——新三板财务造假第一例

一、案例介绍

(一) 案例背景

2014 年,参仙源参业股份有限公司(以下简称"参仙源")通过国金证券在新三板挂牌交易,2015 年 7 月因涉嫌信息披露违法违规,被证券会立案调查。针对参仙源信息披露违法违规行为,2016 年 6 月 30 日,证监会于官方网站公告对于参仙源的行政处罚决定书,认定参仙源2013年通过少计成本的方式虚增利润55 382 210元、通过不公允的价格进行关联交易虚增收入从而虚增利润73 729 327元,合计虚增利润129 111 537元。

正是这封来自证监会的行政处罚决定书,坐实了参仙源新三板首个公开的财务造假案例的身份。

(二) 被审计单位的基本情况及主要会计问题

1. 被审计单位的基本情况

1) 公司概况

参仙源位于辽宁省丹东市宽甸满族自治县,成立于2006年12月,其前身为辽宁碧水林业发展有限公司,2014年改制后更名为参仙源参业股份有限公司,注册资本10 040万元,评估净资产达70亿元,是由碧水集团控股的稀缺生物资源型企业。

公司主营野山参,拥有合法林权林地60平方公里,历时10余年已完成野山参种植面积4万余亩,现存苗量约10亿株,是全球最大的野山参基地。未来,可产出15年生以上野山参等内品约1亿株,等外品约2亿株,可满足公司规划的50年生产需求。公司副业是旅游产业,拥有享誉全国的休闲度假胜地——AAAA级旅游景区天桥沟森林公园,形成了独具特色的绿色有机产业和旅游产业互为补充、共同发展的战略格局。

参仙源秉承"高效快捷、创造价值"的经营理念,坚持新型集约化、规模化农业产业发展模式,致力于成为国内规模最大、实力最强的野山参产业龙头企业。公司以稀缺资源野山参为核心,将产品定位在保健品、护肤品两大产业,致力于打造集基地、生产、科研、营销一体化的全产业链模式。公司已与国内外多家行业领先的科研机构建立合作关系,专注野山参功效的研究及产品的开发,以"天桥沟"牌野山参为原材料的"参仙源"牌高科技野山参系列产品已陆续上市。

2) 股本状况①

(1) 普通股股本结构如表 5-2 所示。

表 5-2 普通股股本结构

股份性质		期初		本期变动	期末	
		数量	比例		数量	比例
无限售条件股份	控股股东,实际控制人	40 000 000	100.00%	40 000 000	—	—
	董事监事及高级管理人员	—	—	—	—	—
	核心人员	—	—	—	—	—
	无限售股份总数	40 000 000	100.00%	39 600 000	400 000	0.40%
有限售条件股份	控股股东,实际控制人	—	—	88 842 100	88 842 100	88.49
	董事、监事及高级管理人员	—	—	53 400	53 400	0.05%
	核心人员	—	—	—	—	—
	有限售股份总数	—	—	10 000 000	10 000 000	99.60%
总股本		400 000 000		60 400 000	100 400 000	
普通股股东人数		1	100.00%	37	38	100.00%

(2) 普通股前十名股东情况如表 5-3 所示。

表 5-3 普通股前十名股东情况

序号	股东名称	期初持股数	持股变动	期末持股数	期末持股比例	期末持有限售股份数	期末持有无限售股份数
1	碧水投资集团有限公司	40 000 000	48 842 100	88 842 100	88.49%	88 842 100	—
2	中国农业产业发展基金有限公司	—	9 971 100	9 971 100	9.93%	9 971 100	

① 股本结构与股本情况信息是案发时的。

(续表)

序号	股东名称	期初持股数	持股变动	期末持股数	期末持股比例	期末持有限售股份数	期末持有无限售股份数
3	王建新	—	250 000	250 000	0.25%	—	250 000
4	魏虹	—	138 300	138 300	0.14%	138 300	—
5	曹葵	—	108 700	108 700	0.11%	108 700	—
6	李娜	—	98 800	98 800	0.10%	98 800	—
7	高平	—	98 800	98 800	0.10%	98 800	—
8	苑金章	—	98 800	98 800	0.10%	98 800	—
9	宗连东	—	79 100	79 100	0.08%	79 100	—
10	王华	—	79 100	79 100	0.08%	79 100	—
合计	—	—	59 764 800	99 764 800	99.38%	99 514 800	250 000

(3) 控股股东情况。公司控股股东是碧水投资集团有限公司。碧水集团的法定代表人是于成波,公司于1994年4月5日成立,注册资本为6 000万元。

3) 被审计单位的主要会计问题

(1) 通过当期费用资本化少计成本。

(2) 通过关联方交易虚构收入和利润。

(三) 审计主体基本情况及主要审计问题

1. 审计主体基本情况

2016年2月19日,公司发表了"会计师事务所变更公告":

公司原聘用的会计师事务所为北京兴华会计师事务所(特殊普通合伙),公司与之签订的业务约定书已经到期,经公司与北京兴华会计师事务所(特殊普通合伙)协商一致,北京兴华会计师事务所(特殊普通合伙)不再担任公司的审计机构。公司新聘用瑞华会计师事务所(特殊的普通合伙)担任公司的审计机构。

新任事务所名称:瑞华会计师事务所(特殊普通合伙),注册资本(出资额):10 140万元,执行事务合伙人:杨剑涛(委派杨剑涛为代表),顾仁荣(委派顾仁荣为代表)。主要经营场所:北京市海淀区西四环中路16号院2号楼4层。经营范围:审计企业会计报表,出具审计报告;验证企业资本,出具验资报告;办理企业合并、分立、清算事宜中的审计业务,出具有关报告;基本建设年度财务决算审计;代理记账;会计咨询、税务咨询、管理咨询、会计培训;法律、法规规定的其他业务。(依法须经批准的项目,经相关部门批准后依批准的内容开展经营活动。)瑞华会计师事务所(特殊普通合伙)具备证券、期货相关业务从业资格,拥有专业执业团队和丰富的审计经验,能够胜任公司2015年度财务审计工作。此次更换会计师事务所符合相关法律、法规、规范性文件及《公司章程》的规定。

2. 主要审计问题

关于新三板审计,需重点关注两个方面:一是关联方披露的问题,二是高新技术企业的所得税税率问题。与一般审计报告的要求稍有不同,在新三板审计报告中,这两个问题需反复与相关券商讨论,才能最终定论。

在本案例中,由于参仙源是农业股,需要重点关注的是关联方披露的问题。

新三板审计中,对关联方披露要求相对严格,应对所有关联方予以披露,不论审计期是否有交易发生。其实,在新三板挂牌的审核过程中,就应该关注到关联交易价格的合理性以及结转成本的合理性,只是当时新三板审核的过度宽泛化才导致这个问题在开始就没有被重点关注。

(四) 案例结果

证监会认为,上述事实,通过有相关会议记录、相关协议、情况说明、原始凭证、当事人询问笔录等证据证明,足以认定。

参仙源的上述行为违反了《非上市公众公司监督管理办法》(以下简称《管理办法》)第二十条"公司及其他信息披露义务人应当按照法律、行政法规和中国证监会的规定,真实、准确、完整、及时地披露信息,不得有虚假记载、误导性陈述或者重大遗漏。公司及其他信息披露义务人应当向所有投资者同时公开披露信息"的规定,构成了《管理办法》第六十条"公司及其他信息披露义务人未按照规定披露信息,或者披露的信息有虚假记载、误导性陈述或者重大遗漏的,依照《中华人民共和国证券法》第一百九十三条的规定进行处罚"所述情形。

对于参仙源的上述违法行为,时任公司董事长于成波和时任总经理李殿文是直接负责的主管人员,时任财务总监赵冬颖、董事肖林、吴文莉、蒋群是其他直接责任人员。

根据当事人违法行为的事实、性质、情节与社会危害程度,依照《证券法》第一百九十三条第一款的规定,证监会决定:

(1) 责令参仙源改正,给予警告,并处以60万元罚款;

(2) 对于成波、李殿文给予警告,并分别处以30万元罚款;

(3) 对赵冬颖给予警告,并处以10万元罚款;

(4) 对肖林、吴文莉、蒋群给予警告,并分别处以5万元罚款。

二、问题梳理

(一) 会计师事务所的独立性

会计师事务所的收入来源于客户,因此与客户存在着明显的经济依赖关系。虽然名义上是股东们支付注册会计师报酬,但实际支付者却是管理当局,而审计费用的数目也是管理当局与注册会计师商定的,管理当局就可能利用审计费用对注册会计师施加压力,进而影响审计工作的质量。这就导致会计师事务所在激烈的行业竞争中,为了稳定客户,迫于管理当局的压力,从而丧失形式上和实质上的独立性。事实上,参仙源于2016年2月19日,发表的"会计师事务所变更公告"。称公司原聘用的会计师事务所为北京兴华会计师事务所(特殊普通合伙),公司与之签订的业务约定书已经到期,经公司与北京兴华会计师事务所(特殊普通合伙)协商一致,北京兴华会计师事务所(特殊普通合伙)不再担任公司的审计机构。公司新聘用瑞华会计师事务所(特殊的普通合伙)担任公司的审计机构。由此,会计师事务所的行业竞争压力可见一斑。所以,兴华会计师事务所在之前审计过程中很有可能也存在迫于生存现状屈从于管理当局的情况。

(二) 采用的审计程序和方法

Wind 数据显示,截至 2016 年 5 月 13 日,北京兴华会计师事务所负责 607 家新三板挂牌公司的审计工作。承担如此多数量挂牌公司的审计工作,出问题的概率则也大幅增加。

主要存在的问题有:

(1) 审计评估程序存在重大缺陷,对交易合同等重要证据收集不充分;

(2) 重要假设不合理、公式设置不正确;

(3) 对挂牌公司存在的财务造假等异常现象未保持合理怀疑;

(4) 审计评估过程中迎合委托人需要,执业程序只是走过场;

(5) 审计评估项目复核流于形式。

(三) 企业报表是否符合会计准则

根据《企业会计准则第 36 号——关联方披露》的第三条"两方或两方以上同受一方控制、共同控制或重大影响的,构成关联方"和第四条"(十)该企业主要投资者个人、关键管理人员或与其关系密切的家庭成员控制、共同控制或施加重大影响的其他企业"的规定,2013 年参仙源与参仙源酒业构成关联方,两者之间的交易构成关联交易。参仙源公司通过不公允的内部转移价格,虚增利润。2013 年参仙源向参仙源酒业销售的野山参绝大部分是外购的野山参,参仙源按照整参每支 800 元,碎参每斤 2 000 元的价格确认了对参仙源酒业的销售收入,销售价格高于其从上述独立第三方的采购成本近一倍,销售价格虚高、不公允。根据《企业会计准则第 14 号——收入》第五条第一款"企业应当按照从购货方已收或应收的合同或协议价款确定销售商品收入金额,但已收或应收的合同或协议价款不公允的除外"的规定,参仙源交易价格不公允部分的收入不应被确认为收入。

(四) 企业造假动因

财务舞弊并非空穴来风,而是多个因素共同作用的结果。根据 GONE

理论,企业会计舞弊因素由 G、O、N、E 四个因子组成,它们相互作用,密不可分,决定了企业财务舞弊风险的高低。G 是 greed 的缩写,指的是贪婪因子。O 是 opportunity 的缩写,指的是机会因子。N 是 need 的缩写,指的是需要因子,也被称为动机因子。E 是 exposure 的缩写,指的是暴露因子。

1. 贪婪因子(G):融资

上市(挂牌)应该是企业融资的平台,但却成了大股东们的圈钱手段。一个企业从创立开始,经历了长足的发展,具备了良好的发展前景之后,那么可以选择进行 IPO。而现在很多公司的股东忽视了这一点,虽然公司达不到上市(挂牌)要求,但在功利心的驱使下为达到上市目的不惜触犯法律进行财务舞弊。

参仙源在她的股票发行公告里记载了,发行的价格为每股人民币 62 元,筹资金额达到 3 亿多,其中碧水投资在上市前持股近九成,而于成波夫妇又对碧水投资全资控股,可以说这次融资让他们身家暴涨。

2. 机会因子(O):股权集中

如果股权集中度高,小股东对大股东的制衡度差,因此公司的相关决策只能体现大股东的意愿。

上文提及,碧水投资在上市前持有参仙源九成的股权,股权过于集中导致了大股东碧水投资话语权过重,加上当时参仙源的总经理是于成波,让关联交易成了可能,为参仙源的财务舞弊创造了土壤。

3. 需要因子(N):财务状况不佳

扣除舞弊带来的虚假成分之后我们不难发现,参仙源在 2012 年、2013 年都是亏损的。至于其 2014 年的经营成果,2014 年参仙源对第一大客户参仙源酒业销售金额 9 251.91 万元,占营业收入比例 79.88%。第二大客户参仙源生物工程有限公司、第五大客户参仙源国参销售有限公司,也是于成波控制的关联企业,对这三家关联公司的销售金额合计占参仙源当年营业收入 90%。

4. 暴露因子(E)：存货审计难度大

参仙源属于典型的农业企业。而农业企业一直是财务造假的重灾区。

农业企业容易出现财务造假的主要原因为：一是存货不好核实，难以审计；二是大量使用现金导致收入、成本确认困难；三是依据国家税收规定，农业企业部分收入可以免征增值税，利润可以免征、减征企业所得税，造假成本低。"主办券商现场抽查了野山参的种植区域进行查看，但是由于野山参种植面积广泛，主办券商无法进行全部查看。同时，由于野山参在地下生长，主办券商也无法核实野山参的存活率以及数量。"时任主办券商国金证券在参仙源公开转让说明书中提示到。

三、案例分析

（一）案例分析

根据证监会公告的行政处罚决定书，本部分从关联方交易和信息披露违规两个方面分析参仙源财务造假问题。

1. 少计成本，虚构协议

2013年参仙源与仲某同、佳业山货庄达成人参抚育协议，协议价款金额55 382 210元。但是事实上，该协议并不是要通过仲某同和佳业山货庄抚育人参，而是要以他们为借口和幌子外购第三方销售的野山参。参仙源通过仲某同、佳业山货庄合计外购野山参整参126 080支，碎参5 410.37斤，金额55 382 210元。然后，通过虚构协议，参仙源将此项人参抚育协议合同金额支出记入"管理费用"，然后又调整至"生产性生物资产"科目。最终销售时，参仙源也忽略此项外购野山参的成本，并没有进行成本结转。至此，参仙源终于实现了将外购野山参变成自产野山参的梦想，并由此达成了少计成本55 382 210元，虚增利润55 382 210元的目的。

2. 通过不公允的内部转移价格，虚增利润

2012年12月份，参仙源与参仙源酒业签订了一份为期3年的购销协议，协议规定：参仙源按照整参每支800元、碎参每斤2 000元的价格长期向

参仙源酒业供应野山参,同时合同中也明确了人参的数量。根据合同中的单价和数量等相关内容,参仙源确认了此项业务的销售收入。可是后来的调查显示参仙源2013年向参仙源酒业供应的野山参很大一部分都是参仙源此前外购的野山参,而且这些外购的野山参的销售价格远远高于其从独立第三方的采购成本,两者的价格相差将近一倍,这些事实都表明了参仙源销售价格虚高且相当不公允。

根据《企业会计准则第36号——关联方披露》的第三条"一方控制、共同控制另一方或对另一方施加重大影响,以及两方或两方以上同受一方控制、共同控制或重大影响的,构成关联方"的相关规定和第四条"(十)该企业主要投资者个人、关键管理人员或与其关系密切的家庭成员控制、共同控制或施加重大影响的其他企业"的相关规定,再结合案例中相关事实:在该合同达成前,于成波已经是参仙源和参仙源酒业的实际控制人,参仙源与参仙源酒业实质上构成关联方,两者之间的交易也构成了不恰当的关联方交易。所以,参仙源按照虚高的价格确认的收入十分不合理。此外,根据《企业会计准则第14号——收入》第五条"企业应当按照从购货方已收或应收的合同或协议价款确定销售商品收入金额,但已收或应收的合同或协议价款不公允的除外"的相关规定,参仙源的处理也不符合收入准则。

(二)应对策略

1. 认定层次

在收入和收款循环中,应重点关注市场行情与企业经营的对等关系,当销售收入、毛利率变动异常,但又没有正当解释理由时,应考虑虚增收入、虚假销货、不正常的关联交易的可能性。例如,本案例中,参仙源2012年净亏损2 329万元,2013年盈利1.11亿元,就应高度怀疑收入的存在与否。当售价异于同期同类产品时,考虑相关人员获取销售回扣、虚假销货等风险。在本案例中,参仙源以不公允的内部转移价格销售参给关联企业辽宁参仙源酒业有限公司来达到虚增收入的目的。

2. 重大错报风险的应对

1) 被审单位可能存在重大错报风险的事项

关联方交易实质;发生重大并购重组或其他非经常性事项;复杂的联营或合资;运用表外融资和出于特殊目的实体融资;存在未决诉讼和或有负债等。应严格实施审计程序,严把项目质量控制复核关,进一步确定审计范围和程序。

结合本案例,在该合同达成前,于成波已经是参仙源和参仙源酒业的实际控制人,参仙源与参仙源酒业实质上构成关联方关系,参仙源以虚高的价格销售给关联方野山参,两者之间的交易构成了不恰当的关联方交易。

企业还可能利用关联方交易,设计不必要的交易行为、采用非正常交易价格进行利益输送;为获取可观的利润数额,利用时间差在期末进行重大资产交易。近些年,农业上市公司的舞弊手法中,关联关系隐蔽程度提高、关联交易非关联化趋势渐渐明显。

2) 注册会计师的审计工作应对

(1) 行业发展状况和现行扶植政策。农业企业弱质性特征使得其利润率低,竞争加剧导致企业经济效益普遍低下。部分企业效益异常提升,往往存在舞弊风险。注册会计师应注重行业关键指标对比和历史经验数据对比,了解农业上下游供应和相关生产技术创新。考虑农业企业的业务性质,配备具有相关知识和经验的项目组。会计师事务所应充分了解虽然农业企业拥有各种财政税收补贴和扶持专项基金,但其绝对规模较小、资产质量不高、盈利能力不强的问题,相对弱势的地位没能改变。应避免被企业短期偿债能力提升、经营效益转好的假象所蒙蔽,探清企业经营困境。

(2) 充分关注经营、投资和筹资活动中农业企业的特殊性,常见的有:①生物性资产监盘难度大;②客户分散和合同易虚构;③技术指标和财务指标的合理性不易甄别;④预付账款和在建工程真实性。

3) 应对策略

（1）建立健全法律制度，加强监管。目前，我国的相关法律、法规并没有要求企业明确地指明其关联交易的性质，也没有指明必须要披露的内容、事先披露的内容、事后披露的内容，正是由于相关法律对于上市公司的交易是否是关联交易，且该交易属于哪一披露级别的交易没有明确的规定，导致了披露信息特别混乱，便利了上市公司进行不恰当的关联方交易。针对此种情况，企业要做到立即公告重要的关联交易，同时还要披露详细，对于无关紧要的关联交易也要简要披露，让投资者能清楚知道自己的投资去向。最后，为了加强对上市公司违法违规关联方信息披露的监督管理，需要设立一些专门的机构进行管理，同时更要对申请上市的公司进行严格的审核管理，从源头制止不恰当的关联交易的产生。

（2）规范关联方交易的定价政策。加快审计评估等市场中介机构的发展，市场中介机构可以对上市公司的关联交易作出公正的评价，对于关联方之间的交易，要保持谨慎客观的态度，严格规范价格和数量等，对于交易中不公允的价格，必须进行调整，使之能符合市场的正常交易，这有利于事前预防公司乱用关联交易，虚增利润，更有利于经济和市场长远的发展。

（3）完善公司内部治理结构，提高管理者素质。首先，要加强董事会建设，聘请具有专业知识的人才管理企业，提高管理层的素质，增强管理层的法律意识，增强自身诚信和道德意识，形成良好的公司治理文化，履行企业的社会责任。其次，要加快国内独立董事制度发展进程，公司章程中要单独列明独立董事的职责和权利并明确相关的惩罚措施，还要完善监事会的建设，不能让监事会成为摆设，使独立董事和监事会互相制衡，充分发挥两者的监督作用。再次，要加强公司内部审计，使内部审计在评价关联交易是否具有公平性和关联交易信息披露是否真实、准确和及时方面发挥重要作用，同时内部审计部门也能在一定程度上限制了大股东只为自己谋求利益的行为，保护中小股东的利益。最后，要建立、健全可以执行的信息披露责任机制，在公司内部治理制度中明确公司相关执行机构需要承担的信息披露责任。

四、参考文献

[1] 邓宏超,毛淑珍.参仙源财务造假案例——基于关联方交易角度[J].财会研究,2016,(9).

[2] 李若山,敦牧.企业舞弊与反舞弊的国际理论探析[J].外国经济与管理,1999,(1).

[3] 王雪青.新三板公司参仙源被立案调查,或涉财务造假.[N].上海证券报.2015-7-23.

[4] 北京兴华会计师事务所.辽宁参仙源参业股份有限公司财务报表审计报告 2012 年 1 月 1 日至 2014 年 4 月 30 日[R].2014-7-18.

[5] 中国证监会.中国证监会行政处罚决定书(参仙源参业股份有限公司)[R].2016-6-30.

第二节　IPO企业报表审计案例

 案例12　胜景山河上市叫停案例

一、案例简介

上市公司造假屡屡发生。在我国目前的股市,很多上市公司上市的目的是圈钱。IPO中造假也很自然,本案例揭示的是即将上市,却未能上市的湖南胜景山河生物科技股份有限公司(以下简称胜景山河)财务舞弊案。

胜景山河是国内新型黄酒生产企业,公司自成立以来一直专注于新型黄酒的研发、生产和销售,旗下拥有"胜景山河""古越楼台"两大品牌。姚胜兼任胜景山河的董事长和总经理。通过多年来对传统黄酒产业进行技术、产品以及营销模式等的一系列创新,以及实施产品和市场差异化竞争策略,目前已经发展成为大陆地区知名的新型黄酒生产企业。其前身为成立于2003年的湖南古越楼台生物科技发展有限公司(以下简称古越楼台)。2008年,根据古越楼台临时股东会决议,以截至2008年2月29日经审计的净资产 11 840.65 万元按 2.63∶1 的比例折股,由古越楼台整体变更设立为胜景山河,设立时股本为 4 500 万股。公司于 2008 年 3 月 21 日完成工商变更登记,并取得新的营业执照。2010 年 10 月 27 日,公司 IPO 过会,拟在深交所发行 1 700 万股,发行后总股本 6 200 万股,募集资金 5.814 亿元(发行价 34.2 元/股)投资于年产 20 000 吨多肽黄酒项目。

二、问题梳理——胜景山河上市叫停事件回放

2010 年 12 月 16 日,媒体报道胜景山河涉嫌 IPO 造假。媒体认为其巨额销量存疑,涉嫌会计造假虚增收入。2010 年 12 月 16 日上午,胜景山河回应:上市计划不变。2010 年 12 月 17 日,胜景山河发布公告:上市被紧急叫停。胜景山河财务舞弊涉及多处疑点,下面将运用分析程序方法逐项分析。

(一)胜景山河产品在各大中城市的超市唱出"空城计"

胜景山河 2007—2009 年总营业收入分别为 8 693.2 万元、1.22 亿元、1.59 亿元,在华东地区销售收入分别为 1 229.31 万元、2 111.22 万元、3 483.42 万元,分别占到当年销售收入的 14.15%、17.25%、21.87%,而 2010 上半年销售收入占比更是达到 27.97%,即 2 825.51 万元。显然,华东地区应该成为胜景山河仅次于湖南地区的第二战场。胜景山河与财务舞弊的识别相关的业绩如表 5-3 所示。

表 5-3 胜景山河与财务舞弊的识别相关的业绩

报 告 期	2010-9-30	2010-6-30	2009-12-31
基本每股收益(元)	0.63	0.45	0.60
稀释每股收益(元)	0.63	0.45	0.60
每股收益加权平均(元)	0.00	0.45	0.55
每股收益摊薄(扣除非经常性损益后)(元)	—	0.00	0.00
每股收益加权平均(扣除非经常性损益后)(元)	0.00	0.45	0.55
每股净资产(元)	4.38	4.20	3.75
每股净资产(调整后)(元)	—	0.00	0.00

(续表)

报 告 期	2010-9-30	2010-6-30	2009-12-31
每股经营活动产生的现金流量净额(元)	-0.78	0.04	0.07
净资产收益率摊薄	15.42%	0.00%	0.00%
净资产收益率加权	0.00%	11.25%	17.11%
主营业务收入(万元)	14 129.40	10 103.20	15 927.50
主营业务利润(万元)	7 054.28	4 923.41	7 552.08
营业利润(万元)	3 730.13	2 652.35	3 261.88
投资收益(万元)	0	0	0
营业外收支净额(万元)	3.00	3.00	272.61
利润总额(万元)	3 733.13	2 655.35	3 534.49
净利润(万元)	3 196.49	2 280.38	2 964.63
净利润(扣除非经常性损益后)(万元)	3 193.94	2 277.83	2 732.91
经营活动产生的现金流量净额(万元)	-3 969.07	217.15	337.06
现金及现金等价物净增加额(万元)	-647.87	-1 281.51	1 222.51
流动资产(万元)	36 603.50	33 106.40	31 175.40
流动负债(万元)	14 754.50	19 273.50	19 794.50
总资产(万元)	44 079.70	40 682.50	38 923.10

古越楼台在湖南的名气远不及会稽山、塔牌,销量远不及古越龙山,媒体记者在13家长沙大型卖场的调查中,除了没有"古越楼台"及"胜景山河"黄酒销售外,有两个卖场的销售人员还给记者指正说不是"古越楼台"而是"古越龙山",这不禁让人对胜景山河招股书描绘的"优势地区"产生怀疑。

在上海的家乐福、沃尔玛、欧尚等大型连锁超市以及全家便利店、伍缘便利店中均看不到胜景山河产品的影子。其产品在上海当地的知名度也与销售数字大相径庭。而号称"喜酿""典""道"等多个系列10余种的产品,包括淘宝网在内的各种渠道市场上一共能找到的也不足5种。系列产品"名不副实"。能在市场上发现的就是"典"系列,且只有"古典""奥典""典"等几种酒,原本号称面向酒店渠道系统的"典"系列竟然不容易见到;号称大批量生产,面向 KA 市场的"喜酿"系列,却在记者调查的超市中从来没有"露面",胜景山河的系列产品到底销往了何处?

在胜景山河招股书中所称的苏沪、四川、湖南等地区的所有大型超市中,仅岳阳当地 3 家福润多超市出现了胜景山河产品,其他大型超市均未有古越楼台销售。

媒体记者实地调查后发现,所有的批发市场均未见到古越楼台的身影;其最大的经销商明明德商贸更是"查无此处",连 114 都不知道其电话;成都的经销商则忙着退货。

长沙地区销量最好的古越龙山,一家经销门店一个月也才卖出 2 件(12瓶),长沙 3 家经销门店 1 年也不过销售 400 多瓶。在没有批发门店、超市渠道几乎封闭、高端市场被古越龙山等垄断的情况下,372 万瓶古越楼台到底卖给了谁?

(二)胜景山河号称远高于行业龙头的出厂价实际上却比古越龙山低一半

就品牌与销售而言,古越龙山是名副其实的黄酒骨干企业,占国内高档黄酒 85%的份额,1997 年上市时发行 3 500 万股,每股发行价 8.840 元,每股摊薄市盈率 13.6 倍;而胜景山河发行价 34.2 元,发行市盈率 85.5 倍,发行 1 700 万股,远远超过古越龙山当年的发行价格。

胜景山河的掌门人姚胜自称"毛利率高于行业平均水平 10 个百分点,销售均价高出古越龙山等行业龙头 1.7 倍到 3.6 倍,人均产能比古越龙山高出 358%",这真是人间奇迹,但上述实地取证调查的销售情况却绝对无法支撑这样的奇迹。头顶黄酒行业高新技术企业光环的胜景山河,却是 3 年前被黄酒龙头上市公司古越龙山低价抛弃的资产,没有销量或者有销量却无盈利,就不可能有前景。

招股书数据显示,2008 年,古越楼台平均销售价格达 2.436 万元/吨,而中国酿酒工业协会黄酒分会的数据显示,金枫酒业、会稽山、古越龙山等企业的平均售价分别只有 0.53 万元/吨、0.6 万元/吨、0.62 万元/吨。巨大价格差异首先就是一个疑问。

利用网络等工具进行实际调查后发现,古越楼台无论是高端酒、同类型酒还是低端产品,价格都比行业龙头企业低,这样是不可能出现平均价格反而更高一些的情况的。

高端黄酒方面,古越楼台目前在售的最高价酒"胜景山河 1990"(1 000 ml),官方标价零售价为 1990 元。而在淘宝上,古越龙山"国典 60"(500 ml)的价格为 8 900 元,"1958 年冬酿 50"(500 ml)的价格为 3 750 元,这些价格都远高于古越楼台的最高价酒的售价。

中高端同类型酒中,塔牌 20 年陈哥窑花雕酒(600 ml)的淘宝标价是 288 元,古越龙山"纸盒二十年陈花雕酒"(500 ml)的淘宝价为 178 元。而古越楼台"古典 20"(1 000 ml)的专卖店价格为 188 元,同样在同类酒中价格最低。

中低端同类酒方面,古越龙山"八年陈花雕"(500 ml)标价为 98 元,而古越楼台"八年奥典"(500 ml)的官方售价为 49.8 元。

最低端酒中,胜景山河公司的黄酒,在 10 元以内的同样不少,如 6 元左右的"小不典"等。其产品中高端酒很少,所以各类型酒平均之后,胜景山河的售价比金枫酒业高出 3.6 倍,比塔牌高出 1.7 倍的数据就完全是无稽之谈。

(三)胜景山河最大原料商注册资本仅 30 万元

在胜景山河前五大原料采购企业中,除了农户以外,2007 至 2008 年,岳阳怡兴祥商贸公司一直是胜景山河最大的原料供应商。招股书说明显示,怡兴祥与胜景山河同受胜景山河的掌门人姚胜控制,并且曾经是古越楼台的股东。2007 至 2008 年,古越楼台曾向怡兴祥采购糯米、食用老酒母和酒药等物资。不过,2009 年 4 月 20 日怡兴祥突然被注销了。取而代之的,是一家名叫岳阳市府都商贸公司。与此前怡兴祥 500 余万元的注册资本相比,府都商贸注册资本仅 30 万元。在 2010 年上半年,胜景山河对它的采购额达到 1 130.82 万元,占当期采购总比例的 12.52%。

一个注册资金仅 30 万元的企业,半年承接的业务就达到 1 000 余万元,这显然不符合逻辑。

(四)第一大客户上半年销售额存疑问

胜景山河公布的近三年半的前五名客户销售情况中,一家名为"广东深圳大唐元亨酒类发展有限公司"排在 2010 年上半年销售额的第一位,上半年为胜景山河贡献了 601.39 万元的销售额。然而,在前 3 年,该公司的名字一直未出现在胜景山河前五名客户中。那么,这家新晋成为胜景山河第一大客户的广东深圳大唐元亨酒类发展有限公司有何背景呢?

大唐元亨酒类发展有限公司林经理表示,在他的印象中,胜景山河 2010 年上半年的销量达不到 600 万元,且不属于高档品牌,目前的主要客户还是一些工厂。

由此可见,胜景山河公司确实存在虚增销售收入以及净利润的会计造假行为。

三、案例分析——胜景山河最终结局

2011 年 4 月 7 日,胜景山河最终被挡在了上市关口前。备受关注的"胜景山河事件"终于以一纸严厉罚单画上句号。2011 年 11 月 29 日,中国证监会向相关中介机构下发相关罚单:向终审会计师事务所和律师事务所出具警示函,向保荐机构平安证券出示警示函,并撤销平安证券胜景山河项目两名签字保荐的保荐代表人资格。业内人士分析,与此前类似情况相比,中国证监会该次开出的罚单超出市场预期,为史上最严的罚单。对待涉嫌造假公司,就应严查重罚。

四、参考文献

[1] 谷树才,潘志辉. 浅谈注册会计师的四大审计方法[J]. 会计之友,2008,(22).

[2] 马醒钟,陈虹. IPO 审计应注意事项[J]. 财务与会计,2009,(5).

[3] 牛竹林,牛腾飞. 中小企业 IPO 审计业务特点探讨[J],财会学习,2009,(6).

[4] 周敬东. IPO 上市审计中 CPA 的民事责任研究[J]. 法天下. 2009,(81).

[5] 王凯. 创业板 IPO 审计 CPA 谨慎中前行[N]中国会计报,2009-5-15,(10).

[6] 赵笛,张昊,王炯业,李智. 胜景山河涉嫌酿造弥天大谎[N]. 每日经济新闻,2010-12-15.

第六章
生产与存货循环审计

第一节 存货计价审计

 **案例 13　法尔莫公司案例——水桶账户**

一、案例介绍

(一)案例背景

米奇·莫纳斯是法尔莫公司创始人,他在获得位于(美)俄亥俄州阳土敦市的一家药店后,在随后的10年中又收购了另外299家药店,从而组建了全国连锁的法尔莫公司。

莫纳斯所实施的策略是他所谓的"强力购买",即通过提供大比例折扣来销售商品。莫纳斯首先做的就是把实际上并不盈利且未经审计的药店报表拿来,用自己的笔为其加上并不存在的存货和利润。然后凭着自己空谈的天分及一套夸大了的报表,在1年之内骗得了足够的投资用以收购8家药店,后来发展到了拥有300家连锁店的规模。

(二)案例内容

一次偶然的机会导致这个精心设计的、至少引起 5 亿美元损失的财务舞弊事件浮出水面之时,莫纳斯和他的公司炮制虚假利润已达 10 年之久。他和他的几位下属保持了两套账簿,一套用以应付注册会计师的审计,一套反映糟糕的现实。

他们先将所有的损失归入一个所谓的"水桶账户",然后再将该账户的金额通过虚增存货的方式重新分到公司的数百家成员药店中。他们仿造购货发票、制造增加存货并减少销售成本的虚假记账凭证、确认购货却不同时确认负债、多计或加倍计算存货的数量。

财务部门之所以可以隐瞒存货短缺是因为注册会计师只对 300 家药店中的 4 家进行存货监盘,而且他们会提前数月通知法尔莫公司他们将检查哪些药店。管理人员随之将那 4 家药店堆满实物存货,而把那些虚增的部分分配到其余的 296 家药店。如果不考虑其会计造假,法尔莫公司实际已濒临破产。在最近一次审计中,其现金已紧缺到供应商因其未能及时支付购货款而威胁将取消对其供货的地步。

注册会计师们一直未能发现这起舞弊,他们为此付出了昂贵的代价。这项审计失败使会计师事务所在民事诉讼中损失了 3 亿美元。那位财务总监被判 33 个月的监禁,莫纳斯本人则被判入狱 5 年。

二、问题梳理

回顾整个事件,只要任何人问一下这样一个基本的问题,即"一个以低于成本出售商品的公司怎能赚钱?",注册会计师们或许就能够发现这起舞弊事件。

(一)存货价值的操纵手法

存货的价值确定涉及两个要素:数量和价格。确定现有存货的数量常常比较困难,因为货物总是在不断地被购入和销售;不断地在不同存放地点间转移以及投入到生产过程之中。存货单位价格的计算同样可能存在问题,因为采用先进先出法、后进先出法、平均成本法以及其他的计价方法所计算出来的存货价值将不可避免地存在较大的差异。正因如此,复杂的存货账户体系往往成为极具吸引力的舞弊对象。

不诚实的企业常常利用以下几种方法的组合来进行存货造假:虚构存货,存货盘点操纵,以及错误的存货资本化。所有这些精心设计的方案有一个共同的目的,即虚增存货的价值。

1. 虚构存货

正如莫纳斯所做的那样,一个极易想到的增加存货资产价值的方法是对实际上并不存在的项目编造各种虚假资料,如没有原始凭证支持的记账凭证、夸大存货盘点表上存货数量、伪造装运和验收报告以及虚假的订购单,从而虚增存货的价值。因为很难对这些伪造的材料进行有效识别,注册会计师往往需要通过其他的途径来证实存货的存在与估价。

2. 存货盘点操纵

注册会计师在很大程度上依赖对客户存货的监盘来获取有关存货的审计证据。因此,对注册会计师来说,执行和记录盘点测试显得非常重要。遗憾的是,在一些存货舞弊案件中,审计客户在数小时之内就改变了注册会计师的工作底稿。因而,注册会计师必须采取足够的措施以确保审计证据的可靠性。

显然,在这种方法下,实物存货将被高估,同时会有相同金额的负债被低估。对于客户来说,采取这种方法的好处是存货高估的金额将会被混入整个销售成本的计算之中。遇到这种情况,注册会计师需要进行比例分析或趋势分析以发现可能的舞弊。另外,也可以检查会计期间结束后一段时间内的款项支出。如果注册会计师发现有未在采购日记账中记录的直接支付给供应商的款项,就应该进行进一步的调查。

3. 错误的存货资本化

虽然任何存货项目都可能存在不恰当资本化的情况,但产成品项目中这方面的问题尤为突出。有关产成品被资本化的部分通常是销售费用和管理费用。为了发现这些问题,注册会计师应当对生产过程中的有关人员进行访谈,以获取归入存货成本的费用归集与分配过程是否适当的信息。审计客户往往可列出很多看似非常充分的理由,用以支持通过对存货项目进行资本化而增加利润的处理。此类舞弊往往是财务总监在总裁的指使下实施的。因此,在对关键人物的正式访谈中,如果怀疑有人指使他们夸大有关存货的信息,注册会计师应采取一种直截了当的方式,以责难的态度迫使其说出真相。

(二) 盘点的局限性

证实存货数量的最有效途径是对其进行整体盘点。注册会计师必须合理、周密地安排盘点程序并谨慎地予以执行。盘点的时间应尽量接近年终结账日。在盘点时应尽可能采取措施以提高盘点的有效性,如对各存放点同时盘点、停止存货流动以及盘点数额达到合理的比例等。不过,即使注册会计师谨慎地执行了该程序,也不能保证发现所有重大的舞弊。这是因为存货的盘点测试存在以下局限性:

(1) 管理当局往往派代表跟随注册会计师,一方面记录下测试的结果,同时也可掌握测试的地点及进程等情况。这样,审计客户就有机会将虚构的存货加计到未被测试的项目中,从而错误地增加存货的总体价值。

(2) 在执行盘点测试程序时,注册会计师一般会事先通知客户测试的时间和地点以便其做好盘点前的准备工作。但是,对于那些有多处存货存放地点的公司,这种事先通知使管理当局有机会将存货短缺隐藏在那些注册会计师没有检查的存放点。

(3) 有时注册会计师并不执行额外的审计程序以进一步检查已经封好的包装箱。这样,为虚报存货数量,管理当局会在仓库里堆满空箱子。

(三) 通过分析程序识别可能的存货舞弊

既然靠监盘并不能发现所有重大舞弊行为,注册会计师必须执行分析程序。

一个不诚实的客户可通过多种途径去操纵存货信息。注册会计师必须从多种思维角度去看待那些数据，以最大可能地发现有关的舞弊行为。不仅要推测舞弊是如何进行的，而且要推测客户为什么要舞弊以及客户为什么要将这种违规做法作为首要的选择。也就是说，注册会计师要对管理当局进行重大存货舞弊的动机和机会进行评估以发现资产造假行为。

1. 管理当局舞弊的动机

客户进行舞弊的动机可谓多种多样，对其进行分析并在执行审计过程中予以考虑将有助于发现可能的舞弊。以下列举了导致管理当局产生存货舞弊冲动的几种常见原因：

（1）公司正面临财务困难。

（2）管理当局面临完成财务计划的压力。

（3）存货为资产负债表中的一个重大项目。

（4）存在合同所限定的供货方面的压力。

（5）客户公司企图得到用存货担保的融资。

（6）管理当局面临来自资本市场的压力，如股价下跌、公司面临退市或被收购的风险等。

2. 管理当局舞弊的机会

并非所有的公司都可以通过存货造假虚增利润并瞒过注册会计师。事实上，对于有些公司，如那些规模很小、业务较简单的公司，要想瞒过注册会计师而在存货上做手脚是非常困难的。但存在以下情况时管理当局进行存货舞弊的可能性会增加：

（1）公司是一个制造企业，或者说其拥有一个确定存货价值的复杂系统。

（2）公司主业涉及高新技术或是其他变化迅速的行业。

（3）公司拥有众多的存货存放地点。

3. 管理当局舞弊的迹象

虚构资产会使公司的账户失去平衡。与以前期间相比，销售成本会显得过低，而存货和利润将显得过高。当然，还可能会有其他的迹象。在评估存货高估风险的时候,注册会计师应回答以下问题,回答"是"越多,存货舞弊的风险就越高。

(1) 存货的增长是否快于销售收入的增长?
(2) 存货占总资产的百分比是否逐期增加?
(3) 存货周转率是否逐期下降?
(4) 运输成本占存货成本的比重是否下降?
(5) 存货的增长是否快于总资产的增长?
(6) 销售成本占销售收入的百分比是否逐期下降?
(7) 销售成本的账簿记录是否与税收报告相抵触?
(8) 是否存在用于增加存货余额的重大调整分录?
(9) 在一个会计期间结束后,是否发现过有存货账户的重要转回分录?

三、案例分析

(一) 对注册会计师行业的启示和教训

存货项目由于其自身的复杂性早已成为舞弊者实施舞弊的理想对象,同时也引起了注册会计师的特别关注。自从 1938 年美国著名的麦克森·罗宾斯药材公司审计案例发生后,美国注册会计师协会就将存货盘点列为公司审计必须实施的重要程序之一。然而,由于审计局限性的存在,注册会计师的疏忽以及客户管理当局舞弊技术的提高,依然有不少会计师事务所在存货审计中吃尽苦头。法尔莫公司案例就是一个很好的证明。所谓"魔高一尺,道高一丈",注册会计师只要不断地吸取昔日教训,努力完善审计技术,切实提高查处舞弊的能力,就必定能将存货审计失败的风险降至最低。从法尔莫公司案件中注册会计师行业能得以下一些启示和教训。

1. 对舞弊的动机和机会予以充分关注

由于舞弊存在被发现的风险以及道德方面的压力,也就是说舞弊亦有成本,所以在正常情况下,理性的人宁愿尊重客观事实。不过,一旦面临某种压力和诱惑,客户舞弊的冲动会变得强烈。法尔莫公司正是由于亏损的压力以及莫纳斯急欲筹资扩张的欲望才铤而走险,走上了造假的不归之路。可见,注册会计师对舞弊的动机进行分析有助于降低审计风险。

2. 重视分析性程序的应用

鉴于盘点程序具有局限性,注册会计师无法指望通过盘点解决所有的问题。若想发现舞弊的蛛丝马迹,分析性程序不啻为一种十分有效的审计方法。这一程序从整体的角度对客户提供的各种具有内在钩稽关系的数据进行对比分析,有助于发现重大误差。如前文所述,由于存货造假会使有些项目出现异常,因而对存货与销售收入、总资产、运输成本等项目进行比例和趋势分析,并对那些异常的项目进行追查,就很可能揭示出重大的舞弊。

另外,还可以将财务报表与报表附注、财务情况说明书、税务报告以及其他类似的文件相互核对以尽可能降低审计风险。

3. 重要性原则的恰当应用

重要性原则是审计工作中一个重要原则。对于资产负债表中占有重要比例的项目,注册会计师必须予以特别关注,尤其对那些内部控制制度较为薄弱的公司在资产负债表中占有相当比重的项目,就不能采用一般的常规审计程序,而应实施特别的详查方法。对于法尔莫公司这样一个商业企业,存货应是极其重要的项目。注册会计师本应针对存货设计特别的抽查或详查程序,而事实上却只采取了例行的提前数月通知,少量抽样的常规盘点程序,正是这种简单的处理使莫纳斯等人有了可乘之机。

4. 对注册会计师进行专职培训,以提高检查资产舞弊的能力

通过本案例的分析,我们应该看到审计客户的舞弊水平在不断提高,其手段从简单的违纪违规转向了有预谋、有组织的技术造假;从单纯的账簿造假转向了从传票到报表的全面会计资料造假。同时,舞弊人员的反查处意识增强,对审计人员的常用审计方法有所了解和掌握。因而,仅靠以前简单的方法已不能满足当前的需要。为能够胜任专业工作,注册会计师必须不断提高自身检查舞弊的能力。所以,为维护注册会计师行业的健康发展,使

会计师事务所减少诉讼的风险,职业团体应对注册会计师进行专职培训,以提高查找资产舞弊的能力。

(二)审计风险及其预防控制

审计风险是指审计人员对存有重大错报和漏报的财务报表,审计后却认为并不存在重大错报和漏报从而发表与事实不符的审计意见的风险,即审计风险由两方面风险构成:一方面是财务报表本身存在重大错报和漏报的风险;另一方面是审计人员审计后表示该财务报表并不存在重大错报和漏报的风险。

另外,传统审计风险是由固有风险、控制风险和检查风险三个要素构成的。固有风险是指在不考虑被审计单位相关的内部控制政策或程序的情况下,其财务报表上某项认定产生重大错报的可能性。控制风险是指被审计单位内部控制未能及时防止或发现其财务报表上某项错报或漏报的可能性。检查风险是指注册会计师通过预定的审计程序未能发现被审计单位财务报表上存在的某项重大错报或漏报的可能性。检查风险是审计风险要素中唯一可以通过注册会计师进行控制和管理的风险要素。

应从以下几个方面预防和控制审计风险:首先,审计机构要健全各项制度,审计人员要提高技能。要建立健全科学、规范、系统的审计工作制度,以确保审计工作质量;严格遵守《注册会计师法》和《注册会计师执业准则》,依法审计;严格按照《中国注册会计师职业道德规范》的要求执业。遵守独立、客观、公正的原则,认真履行自己的职责。增强审计工作人员的政治素质和业务素质,提高审计人员的职业道德水平;强化业务培训,全面普及后续教育;做好审计计划,尤其是审计风险的分析工作;有效运用审计抽样方法,重视审计取证工作;谨慎选择审计单位,并与被审计单位签订业务约定书;提取风险基金或购买责任保险;聘请熟悉注册会计师法律责任的律师。其次,审计计划要全面,审计程序要抓住重点,受托阶段要进行可行性分析,明确双方的权利、义务。要详细了解委托人的委托目的和业务内容,对可能产生的风险进行预测和分析,只有通过充分了解确认有承办能力,才能签约。要如实向委托人介绍社会审计的规定,以防以后发生误会。在签约时要明确双方的权利和义务,分清各自的职责范围,要写明委托方对提供的资料的完整性和真实性负责等内容。准备阶段要知人善任,确定审计重点。会计师事务所要根据承办项目的要求和任务,以及被审计单位的行业特点和情况复杂与否,确定选派专业性强、能胜任的审计人员组成审计组,制订好审计项目、内容、目标、方法和任务等工作计划。实施阶段要关注证据真实性,经双方签章确认。这一阶段的审计风险防范有三个重要环节:一是审计取证,审计人员取得的证据必须充分、有力、合规合法、客观真实、具有可证性,收集的证据一定要经过审计人员、被审计单位的主管和有关人员共同签章才可生效。二是应规范审计工作底稿,因为,审计工作底稿是审计人员在审计活动中制作的"原始凭证"。三是在实施审计项目时,控制测试与实质性测试要相互配合。对被审计单位的基本情况和内部控制进行问卷调查和进行控制测试,内部控制问卷调查主要评价内部控制的健全性和有效性。只起到初步评价的作用。评价企业内部控制的质量,必须通过控制测试,控制测试主要是通过一定的审计方法,测试被审计单位业务活动的运行与相关内部控制的符合程度,找出弱项、确定实质性测试的重点。四是,审计人员应严格自律,自觉执行执业标准和职业道德规范。报告阶段要复核重点问题。提交报告前,应对审计工作底稿中有关重点问题、重要程序和对审计报告有直接影响的部分进行认真复核,确保准确无误。起草审计报告时,对审计报告中的审计结果及依据和审计评价及建议,要注意符合业务约定书约定的项目、内容和要求,做到事实清楚、客观公正。审计依据要准确,文字简练、措辞恰当、表达清楚。初稿形成后,送交委托方征求意见并要求其限期给予书面反馈意见。要对委托方反馈意见的采纳情况予以说明,作为工作底稿归档。在发送报告的同时,要将各种相关资料整理归档。

根据对内部控制评价以及汇总的弱项,确定实质性测试的性质、时间和范围,实施详尽的实质性测试程序,以便将检查风险以及总体审计风险降至可接受的水平。具体进行实质性测试时应注意:流动资产类,需要经过盘点或必须通过向对方单位询证才能确认它的余额。长期和固定资产类,这类资产类项目的特点是使用期限较长,并在使用中保持原有形态,特别是固定资产、无形资产和递延资产的价值都是分期摊销的,因此,盘存、计价、计算是长期和固定资产类实质性测试常用的方法。负债类,除预提费用外,都是往来结算项目,审计方法主要是函证或计算核实。所有者权益类,审计方法主要是查证有关规定、计算核实。损益类,审计方法主要是查证有关规定,计算核实。在实质性测试阶段需要关注的其他问题,如关联交易、或有损失、期后事项、持续经营能力等,这些事项不是都能从凭证账册中发现的,有的需要被审计单位提供,有的需要通过与管理人员和有关人员交谈来了解,或通过与有关合同、章程联系起来分析才能知道。这些资料的取得,都要通过审计工作底稿记录下来,在审计报告中作恰当的披露。与被审计单位签署一份"被审计单位声明书"。因为,审计是建立在被审计单位提供的会计资料和其他相关资料的基础上的,如果被审计单位提供的资料不完整、不全面、不真实,审计人员据以作出的审计结论可能是错误的,从而会导致对审计成果使用者的误导,即通常所说的"输入的是垃圾,输出的也是垃圾"。因此,要求被审计单位发表声明,以表明其对会计信息的真实性、合法性和完整性承担责任。最后,如果经过实质性测试后,审计人员仍然认为与某一重要账户或交易类别的认定有关的检查风险不能降低至可接受的水平,那么,应当在审计报告中发表保留意见、否定意见或无法表示意见。

针对环境条件的发展变化,审计机构及其人员要积极关注审计会计领域出现的新情况、新问题,探索解决问题的方法,及时总结经验教训,"吃一堑,长一智",同时健全、完善有效的审计控制制度,提高审计人员的执业水平,高度重视审计风险,采取切实有效的审计程序,才能降低审计风险、减轻或免除审计机构和审计人员的审计责任,才能维护财务报表的真实性、合法性、公允性,才能维护广大投资者的利益,才能促进企业的健康、正常发展。

四、参考文献

[1] 黄世忠.会计数字游戏:美国十大财务舞弊案例剖析[M].北京:中国财政经济出版社,2003.
[2] 中国注册会计师审计体准则第 1311 号——存货监盘,2010.

第二节 存货监盘审计

 案例 14 獐子岛案例——扇贝去哪儿了

一、案例介绍

(一)案例起因

2014 年 10 月 30 日,獐子岛集团股份有限公司(以下简称獐子岛)发布第三季度报告称,因海洋牧场遭遇几十年一遇的异常"冷水团",在 2011 年和部分 2012 年播撒的 105.64 万亩虾夷扇贝颗粒无收,决定对大额存货进行核销处理及计提大额存货跌价准备,合计影响净利润约 8 亿元,业绩由原来的预计盈利变为全年预计大幅亏损。

投资者不禁疑惑:扇贝去哪儿了?

(二)被审计单位的基本情况及主要会计问题

獐子岛集团股份有限公司成立于 1958 年,于 2006 年 9 月 28 日在深圳证券交易所上市(股票代码:002069),是农业产业化国家重点龙头企业,并曾是中国农业股第一个百元股。

然而 2014 年 10 月 31 日,獐子岛发布第三季度财务报告,将 2011 年、2012 年度底播虾夷扇贝账面成本合计 7.35 亿元予以核销,并计提 2.83 亿元存货跌价准备,计入资产减值损失。这次巨额亏损的发生绝非偶然,说明了该公司在内部控制制度的制定以及具体的落实方面存在诸多问题。

(三) 案例结果

受此次"黑天鹅"事件影响,獐子岛前三季度的业绩"大变脸",由上半年的盈利4 845万元转为巨亏。三季报显示,獐子岛巨亏8.12亿元,同比下滑了1 388.60%,此次亏损远远超出该公司前三年业绩总和。

2014年12月5日,证监会发布了对獐子岛"巨亏"事件的核查结果及处理情况:通过专项核查,未发现獐子岛2011年底播虾夷扇贝苗种采购、底播过程中存在虚假行为;未发现大股东长海县獐子岛投资发展中心存在占用上市公司资金行为;獐子岛存在决策程序、信息披露以及财务核算不规范等问题。

二、问题梳理

(一) 案例疑点

10月31日的说明会上,中国科学院海洋所所长助理刘鹰表示,监测显示,今年1到8月水温波动高于历年平均水平,虾夷扇贝生长期缩短2个月。

10月30日,与獐子岛三季报同时发布的还有中国科学院海洋所的一份会议纪要。纪要中,中科院海洋所提供了獐子岛附近海域综合观测浮标及潜标记录的数据,如图6-1所示。

蹊跷的是,纪要附件中31号潜标(39°06 112°47)2012—2014年旬平均水温这份统计(见图6-1)中,并无2014年6月份以后的数据;同样地,34号潜标(38°46 122°47)2012—2014年旬平均水温统计(见图6-2)中,亦无2014年8月以后的数据。也就是说,图表中并没有獐子岛所称的"冷水团"的水温数据。此外,就两个潜标已有的数据来看,2014年的平均水温曲线走势与2012年及2013年基本相同且平均水温还要略高于这两年的同期水平。

面对"如此巨大的灾难",大连市海洋与渔业局的官网中,却没有与此相关的任何信息发布。同时,长海县的政府官网,也未见受灾的踪影。不仅如此,2014年7月20日,长海县政府官网还刊文称,小长山乡虾夷扇贝的养殖

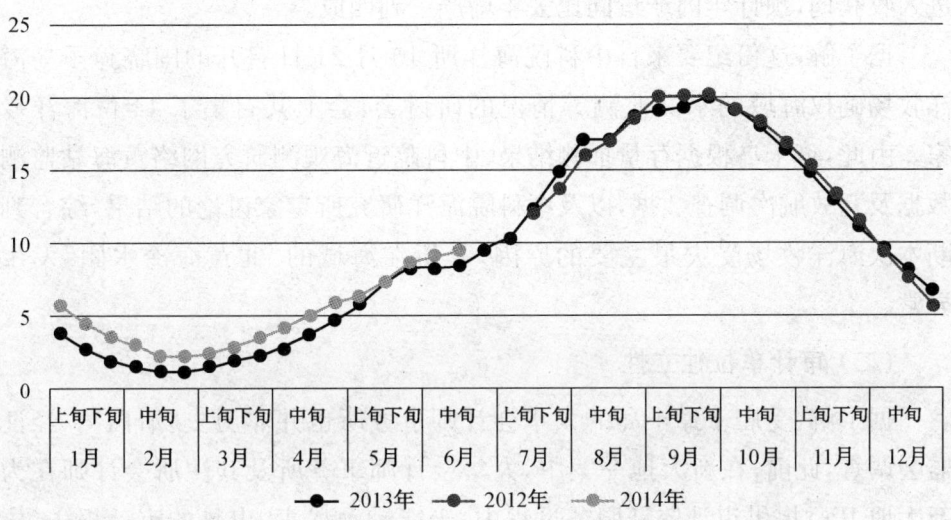

图 6-1　31 号潜标 2012—2014 年旬平均水温统计

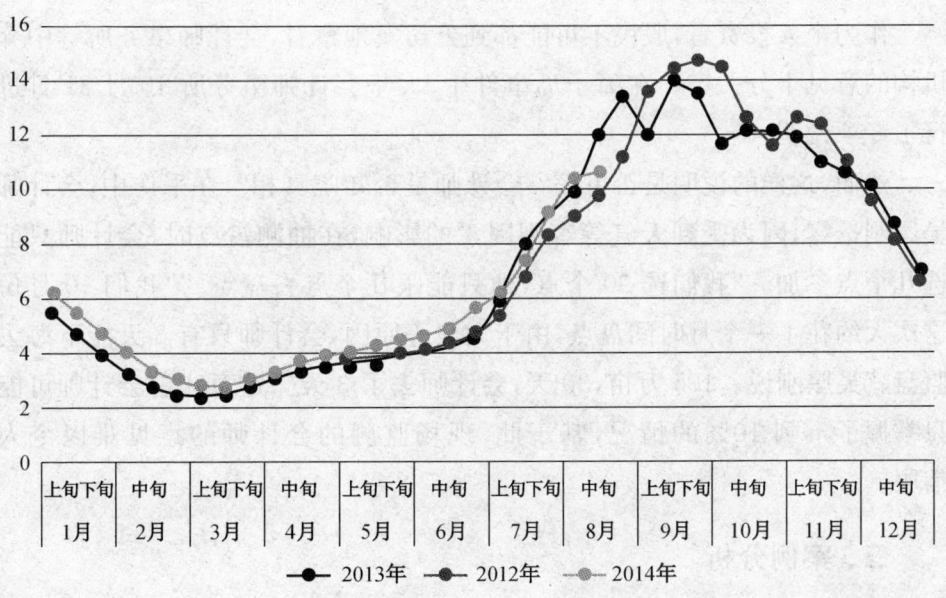

图 6-2　34 号潜标 2012—2014 年旬平均水温统计

进入收获期,预计年内产量同比去年增产三到四成。

据了解,这份纪要来自中科院海洋所10月21日召开的围绕獐子岛海洋牧场确权海域的水文监测等情况的研讨会,会上共召集了14位海洋专家。由此,獐子岛根据存量抽测结果、中科院近海观测研究网络黄海站监测数据及开放航次调查数据,以及中科院海洋研究所专家讨论的结果,综合判断本次海洋牧场受灾最主要的原因,是所在海域的"北黄海冷水团"发生异常。

(二)审计单位独立性

据了解,受雇于獐子岛的大华会计师事务所也并非历史"清白"。经证监会调查,此前,在新大地一案中,大华会计师事务所及其注册会计师在为新大地IPO提供审计鉴证服务过程中,未能勤勉尽责,出具的审计报告、核查意见等文件存在虚假记载。

(三)采用的审计程序和方法

作为个人投资者,股民不可能都到公司实地察看,会计师事务所等中介机构的意见十分关键。在獐子岛事件中,大华会计师事务所10月31日进行了专项说明。

然而,这样的说明是否可信?会计师是否知晓真相?在采访中,会计师吴厚刚透露,因为受到天气等客观因素的影响,在抽测盘点时,会计师只能选几个点参加。"我们选90个点,他只能跟几个点去盘点。""我们10月份这次大约花了一个月时间盘点,由于大浪等原因,会计师只有3天能下海去监盘。"吴厚刚说。105万亩,30天,会计师去了3天。这意味着会计师可能只掌握了不到10%的情况,基于此,现场监测的会计师的意见难以令人信服。

三、案例分析

(一)风险评估方面存在的缺陷

獐子岛是国内最大综合性海洋产品企业,也曾是国内上市的首个农业

"百元股"。如今,獐子岛因2011年和2012年批次的"虾夷扇贝绝收"而陷入了巨亏的质疑漩涡之中。从报表中可知其2011年、2012年、2013年的净利润分别为4.98亿元、1.06亿元和9 694万元,直至2014年前三季度巨亏8.12亿元。基于财务状况,对于獐子岛的情况进行以下分析。

(1) 现金流量。从獐子岛连续几年的现金流量表中可以看出其现金状况并不健康。经营活动产生的现金流量净额在半年度的时候均为负数,而且这种情况在季报中也是常态,但到年底经营性现金流就出现反转,变为正数。从投资活动产生的现金净额来看,净额持续为负,投资规模不断扩大。公司的现金流基本依赖筹资活动维持,靠借债维持日常经营和生产规模的扩大,财务状况很不稳定,非常危险。

(2) 存货。獐子岛的存货主要是消耗性生物资产,也就是播撒在海底的虾夷扇贝、海参等海珍品,生长期为3年。

从上市之后的2007年开始存货总额占獐子岛公司总资产的比重一直保持在50%左右,而与獐子岛同属水产养殖行业且总资产状况最为接近的3家公司:好当家、东方海洋和国联水产,其存货占总资产的比例平均保持在20%～35%。从金额来看自2011年其金额更是超过了20亿,截止到2014年上半年其存货金额高达28.9亿元。

从以上信息可以得出獐子岛的存货比重不仅占据了自己企业的半壁江山,相对于行业水平也是畸高的情况,为其存货的巨额减值形成了铺垫。针对这种不合理的现象,结合獐子岛公司的情况推测可能有以下两点原因:其一,不合理的费用资本化,自2009年起,獐子岛借款费用资本化的金额,仅5年就涨了10倍。2009年至2013年獐子岛计入消耗性生物资产中的借款费用资本化金额,分别为937.99万元、1 710.59万元、3 485.45万元、9 178.37万元、1.21亿元。其二,资金被关联方或大股东占用,为了掩饰,将其放入存货中虚增了存货价值。并且其存货具有难以盘点与核算的特点,可将占用的资金通过存货的跌价准备和资产减值合理抵消。

(3) 融资情况。獐子岛的融资活动过分依赖短期债务,近几年獐子岛的负债状况处于借短期借款还短期融资券,再发行短期融资券偿还短期借款的循环中,融资成本高、财务风险大,而没有充分使用长期借款的方式。根据水产养殖投资大、回收期长的特点,重度依赖短期借款是不恰当的融资方式。

从2010年开始研究可知,2010年獐子岛发行5亿元的短期借款,其中3亿元用于归还短期借,短期借款同比减少36.52%;2011年年末短期借款同比增长139.78%,原因系5亿元短期融资券到期需要偿还,公司增加短期借款来补充流动资金;2012年,公司应付债券本期增加9亿元,其中于2012年3月29日发行第一季短期融资券,发行总额5亿元,2012年5月15日发行第二季短期融资券,发行总额4亿元。其他负债项目并没有较大幅度的变动;2013年短期融资债券到期,短期借款融资同比增长13.63%。应付债券本期增加4亿元,系本公司于2013年8月28日发行的第一季短期融资券,发行总额4亿元。

而与短期借款巨大的数额相比,獐子岛长期借款使用并不充分。无论是增长比例还是占总资产的比例都与短期借款有较大差距。从2010年到2013年来看,长期负债占总资产的比例平均维持在6%以下,而短期借款占总资产的比例却平均高达20%左右,融资结构很不合理。

总的来看,在獐子岛现金流状况却堪忧,在主要靠融资来维持公司的现金运转的情况下,其存货比重仍数年居高不下,占用了大量资金。但獐子岛不仅没有控制其存货成本,而且投资活动金额支出也在不断增加,情况不符合常理。而且獐子岛疯狂进行举债的行为给公司的财务带来了巨大的压力。更进一步地,獐子岛的融资方式过分依赖短期债务,融资结构不合理,给公司的经营带来了高额的财务成本和巨大的风险。

(4)风险预测与提示。在风险预测与提示方面,獐子岛在2012年、2013年年度报告中的风险提示部分均提到公司已在獐子岛海域构建了北黄海冷水团监测潜标网,对底层水温变化实施24小时不间断监测,但事实是獐子岛完全没有在冷水团来袭之时作出反应,反而在2014年三季度报告中才广而告之。扇贝死亡非一朝一夕之事,獐子岛在收获前才发现扇贝大规模死亡的说法确实难以服众。基于事实我们推测,可能存在以下两种合理解释:一是公司未建立年报中所提到的冷水团监测潜标网,或者未完全对其进行落实;二是监测潜标网确实建立且完善,但其中或另有隐情。然而不论是哪一种原因,在风险预测与提示方面,獐子岛的确存在很大缺陷。

(二) 信息与沟通方面的缺陷

10月30日,上市公司獐子岛发布了上百万亩扇贝绝产的公告,并称北黄海冷水团导致了扇贝的绝产。随后,有记者被报社派往了獐子岛上去寻找扇贝绝产的真正原因。当时证监会对獐子岛的调查也正在进行中,但这些信息均未能在第一时间传递给投资者。

此外,发生冷水团之后,獐子岛没有及时地披露信息,给投资者造成极大损失。在对外说明会上,獐子岛海洋牧场业务群执行总裁、技术中心总监梁峻对于冷水团造成的损害进行了说明,但未对具体情况及未披露原因给出合理解释。而对各类专家提出的对冷水团、对其存货等的质疑未进行详细回答,重在呼吁大家冷静思考,处理好眼前利益和长远关系,共同和公司度过短暂的难关。在企业的内部控制中,信息系统与沟通的作用是不可替代的。信息系统必须将其信息提供给相关人员,以使其能够合理地履行相关职责。且一般要求信息在更为广泛的范围内,自上而下、自下而上地在整个企业内外进行沟通。内部沟通是为了使管理当局获得明确的信息、员工了解其职责,更好地为企业发展献力等等。而外部沟通则要求企业加强与客户、审计师、监管者的沟通。獐子岛内部与外部沟通都存在不足。

从年报中可以发现,2011年獐子岛的董事会会议次数明显突然增加,达到18次之多,而监事会次数比例却远远不及其他几年。而2012年的投资者管理制度在年报中不甚详细,与2011年和2013年都有极大差别。根据以上异常现象,结合獐子岛今年本应收获的扇贝的播种时间,可知獐子岛未对投资者进行任何说明,导致投资者的损失,明显存在信息与沟通的缺陷。

(三) 内部监督方面存在的缺陷

獐子岛事件暴露出了水产养殖业公司的软肋。目前,在不少农业企业审计当中,审计程序流于形式,存货盘点有困难时就不按照标准程序实施;另外,目前企业年度审计集中在 4 月底之前,但对部分农业企业来说,会在冬天和春天盘点存货,使得审计程序不一定能较好地实施。而由于会计师在方圆几百亩的海域,只能通过抽样的方法来实现审计,这也就造成了审计的不准确。所以许多农业股本身存在的行业特点,导致其在生产流程或存货等方面难以审计,给财务造假带来便利。以獐子岛为例,像鱼虾扇贝这些水下的东西,审计在程序上不可能准确地核实真实数据,审计人员不可能潜水检查,也不可能将海水抽干检查。因此对于獐子岛这类难以核实的农业类公司的存货情况,审计机构可以考虑出具有保留意见的审计报告,有保留意见并不代表财务造假,只是客观说明审计机构"搞不清楚"。在獐子岛 2013 年年报和 2014 年半年报中,审计机构都出具了标准无保留意见的审计报告。

(四) 控制活动方面存在的缺陷

在公司的控制活动方面,我们发现,獐子岛董事会日常会议活动的披露中关于内部控制的安排很少;虽然公司建立了内部控制管理体系,但年报中内部控制部分的披露内容不多,这从侧面反映出公司对于内部控制活动不够重视。而且我们发现,在扇贝采购上,虽然采购和记录人员不同,但实际上并未做到职责分离,而是以采购人员为主导。

四、案例反思

(一) 塑造良好的内部控制环境

内部环境是各项内部控制制度运行的条件或环境,是实施内部控制的基础,更是内部控制有效性的重要保证。针对獐子岛在控制环境方面出现的股权结构、两职合一和频繁变更总经理的问题,我们有以下建议:

(1) 合理安排股权,规范公司治理结构。不同的股权结构决定了不同的企业组织结构,从而决定了不同的企业治理结构,最终决定了企业的行为和绩效。股权结构与公司治理中的内部监督机制直接发生作用。股权结构过度集中,易造成公司管理层的"内部人控制"现象,使得公司控制权市场和职业经理人市场的外部市场治理机制无法发挥作用。而且由于"内部人控制"现象,公司的经营者常常为了个人的私利而"花钱买意见",这就会造成注册会计师在收益和风险的夹缝中进退维谷,使得外部社会治理机制也会被扭曲。所以对于上市公司来讲,股权结构应适合公司的发展,并能配合企业内部控制机制。相对分散的股权结构能在一定程度上抑制"大股东控制",对形成良好内控环境有积极作用。

（2）割裂董事会和经理层脐带。董事长和总经理,两者往往肩负着不同甚至相互冲突的职责或使命。而且董事长与总经理两职合一不利于对经理层机会主义行为的监督和控制,会导致制衡机制的失效。而且权利的过分集中,容易导致个人专断。同时董事长兼任总经理,事务繁杂,难以集中精力考虑公司长远发展战略,还可能会影响董事决策和经理组织管理应有的倾向。因而,两职分离,保持董事会独立性,采用内部监督机制并利用董事会对经理人行为进行监督,同时配合相应的股权激励计划,既能避免因经理人自利性带来的弊端,又能规避两职合一对公司治理带来的问题。

（3）保持经理层职位的稳定性,减少经理人变更率。在股份公司中,总经理的主要职责是负责公司日常业务的经营管理,组织经营管理班子,定期向董事会报告业务情况等。频繁更换总经理不仅会导致公司经营发展落后,而且也在一定程度上影射了控制环境状况的好坏。企业要想保持稳健持续发展,应该形成良好的内部控制环境,提供给职业经理人稳定的工作环境和健康有序的内部管理机制,进而减少主动离职率;通过建立绩效与薪酬体系,辅以合理的激励计划,留住经理人。

（二）完善健全风险评估

面对不断变化的环境,任何组织都会面临各种各样的风险,必须对所面临的风险进行有效了解和估计。我们根据对公司风险提示和对策、内部控制自我评估报告、应收账款占总资产比率、近三年主营业务收入、经营活动现金流量占总资产的比率和担保总额占总资产比例几个方面的分析,针对存在问题的方面,给出以下几个建议:

(1) 做好风险预测与控制。风险的损害发生与否,损害的程度取决于人类主观认识和客观存在之间的差异性。合理有效的风险预测能够减少或避免公司损失,提高企业应对风险和其他不确定性环境因素的弹性,因而管理层的风险意识对企业生产经营的作用至关重要。企业应设置相关的管理部门,进行统一领导,认真执行各项风险控制措施;企业在面对未来经营可能发生的风险时,应该及早采取风险控制手段,努力将损失降到最低;对于不可避免的天灾,应建立健全的预警和反应机制,及早行动,及时应对。

(2) 提高注册会计师职业道德,改进对具有行业特殊性的项目的审计方法。獐子岛存货的巨额亏损,体现了水产养殖乃至整个农业类上市公司存货难盘点难度大、审计人员难以进行监督的问题。这种情况不仅为农业上市公司财务舞弊留下可乘之机,而且以自然灾害解释巨额亏损也会严重侵害投资者利益,打消投资者对农业投资的信心。对此作为上市公司与投资者之间的第三方,注册会计师要不断提高其职业道德,严格遵守行业法规,拥有高度的责任感,强烈的正义之心,依法廉洁从审。在对具有特殊性的项目进行审查时要结合公司实际情况确定审计程序的性质、时间安排和范围,周密安排审前准备工作,要做到科学、合理,全面考虑,不能带有随意性;审计方案的内容要周全、详细,分工要明确、合理;审前培训工作要到位,要让审计人员全面了解审计目的、内容和相应的法律法规以及被审计单位的基本情况。并且审计工作中要充分结合专家的意见,但也要考虑专家的胜任能力,最后得出客观可靠的结论。

(3) 改善融资结构,降低财务风险。融资结构揭示了企业资产的产权归属和债权约束程度,反映了融资风险的大小。上市公司具有良好的融资结构不仅能为公司的发展提供充足的资金来源,提高公司的竞争能力,更能为公司降低大量的融资成本,降低财务风险。对于农业上市公司来说,首先,融资结构要与公司基本状况及其行业特点相匹配,如一般的农业项目回收期较长,若频繁采用短期融资可能会给公司还款付息带来巨大压力。其次,融资渠道要多元化,一般来说农业上市公司的融资渠道越多元化其抗风险能力越强,资金来源就越有保证,公司的发展就越稳定。而且因为每一种融资方式都意味着不同的权利、责任以及利益的重新分配,所以企业应该随着经济环境以及自身发展需要的不断变化来改善融资结构,提高融资的有效性。

(三) 加强信息与沟通

企业需要及时感受内外部环境变化、了解财务内部控制体系执行状况。因此,信息传递的畅通性对于保障内部控制实施极其重要。内部控制系统犹如人类的神经系统,如果神经系统产生问题,导致信号中断,整个机体都会紊乱。

因此,獐子岛要使企业能获得可持续发展,需要加强各部门的沟通,从内部信息传递与处理以及外部信息的收集与传递处理两个方面来对原有的信息系统进行改造。在内部信息系统建设方面,确保公司内部信息在高层和基层以及部门与部门之间的有效传递。在投资者管理制度方面进一步透明化,及时对公司整体情况进行报告,给投资者准确披露信息,通过减少信息不对称,有效降低企业风险,降低投资者损失。

(四) 改善内部监督

完善监事会职能,加强监事会和内部审计委员会的沟通与协作,充分发挥监事会的监督作用,对监事会参与董事会次数的最低限额进行规定。提高监事会成员的整体素质,确保其职能的发挥。

由于水产养殖企业的特殊性,獐子岛的内部审计难度更不同于一般农业类企业。因此应发挥獐子岛内部审计人员熟悉企业基本情况、了解内部控制薄弱点的优势,重点关注难以审计的业务,不断探索审计的新方法,切实加强其在内部控制环节中的制约职能,加大内部审计人员对企业集团内部控制的监督检查力度,审查交易记录及相关账户的真实性、合规合法性、准确性,及时地发现重大错误、舞弊及违法行为并查明原因,监督企业朝着合理、合法的良性方向发展。

(五)重视控制活动

控制活动主要包括业绩评价、实物控制和职责分离等。企业必须制定控制的政策及程序,并予以执行,以帮助管理层为确保其控制目标的实现,其用以识别并处理风险所必须采取的行动业已有效落实。

(1)完善绩效评价和激励制度,并落实到公司管理中。绩效评价所提供的信息有助于企业判断应当作出何种晋升或工资方面的决策。企业应建立完善的绩效评价制度,并严格执行,切勿敷衍了事;在员工激励、升职、加薪上应有切实指标要求可循,切忌任人唯亲、暗箱操作等不公正现象出现。

(2)规范业务流程,做好实物控制。规范公司各业务流程,有利于降低企业的运营成本,提高对市场需求的响应速度,争取企业利润的最大化,同时也可避免公司内部人员以职务之便谋私、渎职等现象的发生。企业应该细化、明确公司业务流程,建立完备的档案保管制度,严格办理出入库手续或记录。企业应对财产物资及时盘存,对有关财产管理方面的记录资料编造清册,定期清查,妥善保管。

(3)重视职责分离,合理进行组织分工。企业中某些相互关联的职务,如果集中于一个人身上,就会增加产生差错和舞弊的可能性,或者增加了产生差错或舞弊以后进行掩饰的可能性。这就要求企业做到,授权、签发、核准、执行、记录工作,不应该由一个人担任。

五、参考文献

[1] 证监会.正在核查獐子岛"绝收"事件[N].新华网.2014-11-07.
[2] 獐子岛涉嫌造假有惊无险 董事长自掏巨款补损失[N].新浪网.2014-12-09.
[3] 李平.上市公司会计舞弊与审计失败的相关性分析[J].财会月刊,2011,(8):59-60.
[4] 李芸达.企业财务舞弊识别及审计对策[J].财会月刊,2011,(5):68-69.
[5] 《中国注册会计师审计准则1311号——存货监盘》2017.

第七章 筹资与投资循环审计

第一节 股东权益相关项目审计

案例15 大股东资金占用风险——亚星化学案例

一、案例介绍——亚星化学股东情况介绍

潍坊亚星化学股份有限公司(以下简称亚星化学)于2001年3月26日在上海证券交易所挂牌上市,股票交易代码为600319。亚星化学的注册资本为31 559.4万元,属于化学原料及化学制品制造业。

上市公司有着不同的股权属性,例如,民营控股或者国有控股,大股东具有不同属性的上市公司,其所追求的目标不尽相同。相比追求经济目标的民营控股的上市公司而言,作为大股东为国有属性的亚星化学,其追求的目标更具有综合性的特征,不同的股权属性在资金占用方面会带来不同影响,亚星化学的股权结构也具有大多数上市公司的共同特点,其大股东为国有企业。

亚星化学自上市后,经历了10多年的发展,其股东也不断发生着变化,股权结构比上市初期显得更为复杂,然而亚星集团却始终如一地保持了第一大股东的地位。根据亚星化学2006—2010年报数据,亚星集团一直是亚星化学的最大股东,嘉耀国际投资持股比例次之,大约为其一半,第一、第二大股东多年来没有变过,与此同时,尽管亚星化学的第三、第四、第五大等股东会有变化,但根据年报数据,亚星化学第三至第五大股东持股比例却很低,基本上在1%左右,最大的也不超过5%,其股权制衡度指标则远小于1,(股权制衡度=第三至第五大股东持股比例之和÷第一至第二大股东持股比例之和)具体股权状况如表7-1所示。

表7-1　2006—2010年亚星化学股权结构

年份	前五大股东持股比例					第三至第五大股东持股比例合计	股权制衡度
	第1大股东	第2大股东	第3大股东	第4大股东	第5大股东		
2006	36.94%	25.90%	3.31%	0.87%	0.46%	4.64%	0.0738
2007	36.94%	25.90%	0.41%	0.36%	0.34%	1.11%	0.0177
2008	39.84%	18.26%	0.41%	0.35%	0.23%	0.99%	0.0170
2009	39.84%	18.26%	0.42%	0.20%	0.17%	0.79%	0.0136
2010	36.86%	18.26%	0.42%	0.40%	0.28%	1.1%	0.0200

上述股权结构表明,作为亚星化学的第一大股东,虽然持股比例由上市初的60.1%变化为不到40%,但是根据实质重于形式的原则,从2006—2010年大股东对亚星化学有绝对控股权,且其他前十大股东由于持股太少,基本上都没有足够的积极性去通过股东大会等形式参与决策。即便是有了参与权,其意见也很难起到决定性作用,不能影响最终决议,这样,也就难以对控股股东施加压力,难以起到约束的作用。只有上市公司同时存在多个较大股东时,才可能起到相互牵制的作用。

二、问题梳理

(一)大股东资金占用渠道

大股东资金占用是指上市公司的资金被其控股股东及控股股东的附属企业通过一系列的手段而占为己用。大股东资金占用由经营性资金占用和非经营性资金占用两部分组成。经营性资金占用是指控股股东利用关联交易，如采购、销售等交易，在生产经营环节中，公司以不合理的价格、不合理的付款期安排、不合理的预付款比例向关联方支付款项，或关联方以不合理的价格、不合理的付款期安排、不合理的付款比例向公司支付款项，导致的资金占用。非经营性资金占用是指上市公司为控股股东及其附属企业垫付广告、保险、工资与福利等费用和其他支出、为其有偿或无偿、直接或间接拆借资金、代偿债务以及给控股股东及其附属企业使用资金而没有收取商品和劳务的对价等行为。

大股东亚星集团对上市公司的占款行为可以通过预付货款、关联交易、拖欠账款等方式来实现，一般在预付账款、应收账款、其他应收款等账户得以体现，尤其以关联交易为重点。因此我们需先分析亚星化学的关联方情况，表 7-2 列示了亚星化学的主要关联方。

大股东资金占用主要通过应收账款、其他应收款、预付账款账户体现，因此我们利用 2010 年半年报的数据，收集了这三个账户中与关联方相关的余额，结果列示在表 7-3 中。

表 7-2　亚星化学关联方

序号	企　业　名　称	企业与上市公司的关系
1	潍坊亚星集团	母公司
2	潍坊第二热电	母公司的控股子公司
3	潍坊亚星大一橡塑	母公司的控股子公司
4	潍坊威朋化工	母公司的控股子公司
5	潍坊亚星经贸发展	母公司的控股子公司
6	潍坊亚星置业	母公司的全资子公司
7	潍坊欧莱化学	母公司的全资子公司
8	潍坊廊桥物业管理	母公司的全资子公司
9	潍坊未来化工工程技术	母公司的全资子公司
10	潍坊亚星湖石化工	子公司
11	潍坊奥林置业	子公司
12	潍坊亚星投资	其他
13	潍坊星兴联合化工	其他

表7-3　亚星化学大股东资金占用情况　　　　　　　　　　　单位:元

项目/占用方性质	被控股股东占用	被控股股东的控股子公司占用	被控股股东的全资子公司占用	合计
被占用金额	39 796 096.20	123 641 239.40	36 000.00	163 473 335.60
其中:应收账款			36 000.00	36 000.00
其他应收款	842 567.54	47 160 584.29		48 003 151.83
应收票据	35 000 000.00	72 700 000.00		107 700 000.00
预付账款	3 953 528.66	3 780 655.10		7 734 183.76

通过半年报附注资料,可以发现亚星化学应收账款前五名单位中,有一家上海廊桥国际贸易有限公司,应收金额为10 049 959.77元,据披露这家上海廊桥国际贸易公司为亚星集团实际控制的公司。至于其他应收款,亚星化学其他应收款前五名单位中,亚星集团也列入榜单,在前五名中取相关信息,具体如表7-4所示。

表7-4　与亚星集团关联的其他应收款　　　　　　　　　单位:元

单位名称	与上市公司关系	金额	年限	占其他应收款的比重(%)
潍坊亚星集团	控股股东	842 567.54	1年以内	1.36
潍坊第二热电	母公司的控股的子公司	47 160 584.29	1年以内	76.24

同样地,预收账款的情况如表7-5所示。

表7-5　与亚星集团关联的预收账款　　　　　　　　　单位:元

单位名称	与上市公司关系	金额	年限	占预付账款总额的比重(%)
潍坊亚星集团	控股股东	3 953 528.66	1~2年	1.54
上海廊桥国际贸易	控股股东实际控制	152 577 407.8	1年以内	59.62

可以看出亚星化学大股东占用资金的蛛丝马迹。大股东利用会计处理的隐蔽性和便利性的特点,把其他应收款、预付账款作为自己占用上市公司资金的主要渠道,同时也可能利用了应收账款的方式。

（二）大股东资金占用成因及后果分析

大股东占用上市公司的资金的现象极其普遍，引起此现象的成因的确有很多。其主要原因除了体制方面的、前文讲的股权结构方面的，还有法律约束力不够。关于股权结构和法律方面原因不再展开。此处结合前文关联交易部分，谈谈注册会计师审计中信息发现能力这一潜在却又起关键作用的因素。

注册会计师对大股东占款的信息关注。如果注册会计师在审计过程中能够及时发现大股东非经营性资金占用问题并做好充分披露，无疑会抑制大股东占用资金的猖狂行为。虽然，相关文件规定注册会计师要对上市公司的财务报表提供鉴证服务，也规定对大股东及关联方资金占用情况出具专项说明，但是，注册会计师在信息披露中往往更加重视对关联方资金往来，关联方关系及交易的信息披露，对非经营性资金占用问题没有进行深入追究。由于过分关注期末资金占用余额，一些有用的信息就难以有效披露。例如，对于期间占用，期末归还的部分，就没有深究其资金占用的过程与目的，以及这种把戏出现的频率与将带来的隐患。

三、案例分析——防范大股东资金占用的措施

第一，上市前严格把关，上市后补偿激励。要明辨国有企业改制包装上市的现象，对其上市前的审核要做到严格把关。可以通过税收或政策上的优惠，鼓励劣势国有企业与效益好的非国有企业兼并。例如，可以根据被兼并国有企业的实际情况，给予免收原欠银行的贷款利息等优惠。鼓励效益好的非国有企业，通过兼并劣势国有企业后申请上市。对于大股东为了让国有企业脱胎上市，自身陷入经营困难的情况，上市公司应该主动向大股东提供资金作为补偿，并且在还款方式、期间、利息上给予优惠。日后，针对大股东监督管理层而发生的成本及按持股比例分配剩余收益使大股东付出与收益不成比例的情况，在分配剩余收益时可以弥补大股东的代理成本，与中小股东协商一致后，可以调节分配政策，实施相同的持股数给予不同股利，适当实行大股东与中小股东之间的差别对待，作为主动对大股东的补偿。

第二,建立股权制衡机制,改善股权结构。针对股权过分集中,大股东具有绝对控制权的现象,如何形成互相制衡的机制,从而适度分散股权,成了不少学者津津乐道的话题。韩志英把股权制衡定义为由少数几个大股东分享控制权,通过内部牵制,使得任何一个大股东都无法单独控制企业的决策,达到互相监督、抑制内部人侵占的股权安排模式[1]。股权制衡度的提高,有助于我们更好地进行公司治理,我们应该加强外部大股东的注入,向西方国家借鉴这方面的治理方法,结合我国的发展特点,弥补自身的不足,找到合适的股权结构,发挥控股股东的监督和制衡作用。股权制衡度的提高,可以逐渐减弱大股东夺权、资金占用等相关行为的动机。黄渝祥、孙艳、邵颖红通过研究发现,在股权制衡的局面下,其他股东有能力抑制大股东的资金占用行为,从而起到相互监督的作用。研究发现不存在股权制衡的上市公司里,控股股东占用资金侵害中小股东利益的情况比存在股权制衡的公司更显而易见[2]。

股权过分集中或过分分散,都是不利于上市公司的健康发展和良性循环的,因此,只有不断优化股权结构,充分发挥其他股东的参与、监督能力,才能维护上市公司的利益,保护投资者们的切实利益。

第三,加强监管力度。政府有责任加强监管。证监会及下属各证监局应该定期或不定期对上市公司进行审查,一旦发现资金占用,实施惩罚金额必须要大于其资金占用所带来的额外收益。要加强法律对投资者的保护,确保对大股东的监督及确保证监会的执行力。另外,要利用高质量的注册会计师提高监督力度,完善对上市公司的信息披露,注重披露资金占用的过程、用途及准确金额。完善监督管理涉及几个方面,首先要补充修订监管政策,在监管政策中要明确清偿占资的处理方案。其次要加大监管的频率,监管的频率越高,在一定程度上反映出监管方对资金占用问题越重视。再次要在政策中明确监管的权限和被监管的对象,使得政策更容易落实,加强政

---

[1] 韩志英:关于我国上市公司关联方交易相关问题的探讨,财会研究,2003(12)。
[2] 黄渝祥,孙艳,邵颖红:股权制衡与公司治理研究,同济大学学报,2003(9)。

策的执行力。最后将处罚形式、处罚力度与被处罚事件的严重度相匹配。通过完善监管体制、加强监管力度提高上市公司的整体质量,促进上市公司的健康发展和良性循环。

四、参考文献

［1］韩志英.关于我国上市公司关联方交易相关问题的探讨［J］.财会研究,2003,(12).
［2］黄渝祥,孙艳,邵颖红.股权制衡与公司治理研究［J］.同济大学学报,2003,(9):1102-1116.
［3］王砚书,董丽英.审计案例［M］.大连:东北财经大学出版社,2012.
［4］饶斌,喻小明.会计与审计案例分析——基于资本市场的案例［M］.南昌:江西人民出版社,2011.

第二节　投资活动相关项目审计

案例16　五粮液股份有限公司投资价值分析

一、案例介绍——行业分析

根据白酒类上市企业2012年一季度季报显示,在全国白酒行业中排名前八位的企业分别是:五粮液、贵州茅台、洋河股份、泸州老窖、古井贡酒、山西汾酒、金种子酒、沱牌舍得。

（一）白酒行业的总体状况

白酒行业是中国的传统行业,其发展史与中国悠久的历史文化有着密切相关的联系,长期以来社会各界将白酒行业定义为高额税赋、高额利润的行业。

2007—2011年我国白酒行业销售收入保持12％的平均增速,行业利润保持25％左右的平均增速,白酒行业景气继续高位运行。根据我国消费增长趋势预测,预计到2015年整个白酒行业收入规模将达到6 400亿元。

在过去15年中,白酒销量以平均20%的年增幅增长。目前,中国有近38 000家白酒生产企业,上10万个白酒品牌,其中,白酒销售额的1/3在四川实现,剩余的市场份额在河南、安徽、山东、广东实现一半,其他省份实现一半。我国白酒行业的竞争可以说是达到了白热化的程度,既有啤酒洋酒的市场竞争,又有本行业各方诸侯的竞争。2006年白酒业并购频生,"搅乱"了国内白酒行业既有格局,资本和品牌的竞争愈加激烈。2007年,白酒行业的市场份额将继续向高端产品集中。2009年全年白酒产量为706.93万吨,增速23.82%。2011—2015年白酒行业将进入发展平稳期,中小白酒企业将会继续被整合。

(二)白酒企业发展前景

2007年8月24日至26日,国内23家白酒的龙头经销商低调聚会四川宜宾。随后传出消息,由五粮液集团牵头的"五粮液品牌运营商顾问团"成立,23家白酒经销商和五粮液结成品牌运营联盟。

五粮液的这一品牌与渠道建设模式将引起其他白酒企业的跟进,进而使白酒渠道之战由终端向中间环节延伸,由价格之争向价值链竞争转变,从而促进整个白酒行业营销的战略转型。

1. 终端运作由个体分别操作转向资源整合

1)产品资源的整合

以不同产品在细分渠道中的推广为核心并配合以广告宣传与促销的整合推广。例如,餐饮渠道,销售的产品都是中、高端产品,而批发、零售渠道销售的是中低端产品,商场、超市则融合了餐饮、批发零售的精华,销售的是集产品之大成的产品系列。

2)终端推广资源的整合

不论是终端物料的布置、展示、终端促销人员的说辞,还是促销小礼品的选择,都是围绕着整个酒品牌的核心进行运作,力争以同一个声音说话。

3）社会资源的整合

由于在终端方面遇到困难,更多的酒商必将在其他方面寻求出路。除了终端费用随着酒商对终端积极性的下降而逐渐下降外,一些社会资源的整合将逐渐出现。

2. 营销运作模式更加成熟

1）销售渠道精细化、专业化

五粮液、贵州茅台、剑南春、水井坊、国窖1573,在重点县、地区级城市以上增加专卖店、商超设名酒专柜,餐饮店设名酒吧台,零售点将增加较多数量。在社区终端营销上,这么多年来各大品牌之所以忽略了社区小店的营销,很大程度上还是企业急功近利的结果。当主流渠道经过近10年的争夺之后,相对稳定的格局渐渐形成,老品牌扩大战略成果以及新品牌进攻包抄,社区小店将会承载这种使命。

2）传播渠道进一步窄众化

继续缩短销售渠道,加强保真传播。加快区域品牌开发。重点区域内加大整合传播力度。增加品牌文化宣传。

3）终端费用上升速度成决胜因素

加强终端建设:减少竞争品的终端拦截,增加产品的终端冲击力。

4）细分及更多的一地一策

根据整合营销的方向性发展,广告的创意、营销策划将以目标人群、公共关系、政治权力、市场细分、市场选择的整合营销策划为主。即A区域的策划活动,B区域无法执行。需要根据销售的渠道组合,细分营销整合内容。

5）产品和消费群体更加细分

产品和消费群体细分化程度将进一步提高,从当前的情况来看,没有一种产品可以包打天下。消费群体细分是一个明显趋势。消费群体的细分必然带来产品的细分。

（三）白酒行业龙头企业比较

以贵州茅台、五粮液为代表的高档白酒品牌固然在高端市场赢得一定地位,然而在近年来,显然消费者已对频繁"涨价"的高端酒消费乏力。

从 2011 年年底开始,一线品牌销量下滑,二三线品牌销量大幅增长。2005—2011 年,高端类酒品销量呈现下滑趋势。表 7-6 列示了各大品牌 2010—2011 年的销售收入。

表 7-6 2010—2011 年度中国白酒业销售收入前 10 位一览表

企 业 名 称	销售收入(亿元)	净利润同比增长
四川省宜宾五粮液集团有限公司	203.51	40.09%
贵州茅台酒厂(集团)有限责任公司	184.02	73.49%
江苏洋河酒厂股份有限公司	127.41	82.39%
泸州老窖集团有限责任公司	84.28	31.73%
山西省杏花村汾酒集团公司	44.88	57.85%
安徽省古井集团有限责任公司	33.08	80.52%
安徽金种子集团有限公司	17.65	116.52%
四川水井坊股份有限公司	14.82	36.14%
河北衡水老白干酒业股份有限公司	14.14	121.22%

数据来源:同花顺。

从表 7-6 中,我们看出:五粮液公司 2011 年实现营收 203.51 亿元,同比增长 30.95%;实现净利润 61.80 亿元,同比增长 40.09%。

相比而言,二线品牌古井贡酒的业绩就比五粮液靓丽很多。公司 2011 年实现营收 33.08 亿元,同比增长 76.04%;实现净利润 5.66 亿元,同比增长 80.52%。

与行业平均业绩增速对比,五粮液也处于下风。2011 年我国规模以上白酒工业企业实现主营收入 3 746.67 亿元,同比增长 40.25%,实现利润总额 571.59 亿元,同比增长 51.92%。无论是营收还是利润,五粮液 2011 年业绩增速均不及行业平均水平。

相比之下,二三线白酒企业 2011 年净利润大部分出现 80%~100%的高增长。

而作为一线酒类企业的五粮液净利润仅增长40%,白酒龙头贵州茅台净利润增幅稍好,达到65%。但是相对沱牌舍得、老白干酒等业绩翻倍公司而言,其业绩增速仍逊色不少。

在13家白酒类上市公司中,我们将贵州茅台、五粮液和泸州老窖等3家酒企划分为第一梯队,其余公司划分为第二梯队,目前第一梯队的市场份额已经开始松动。2006年其中高档白酒销量约26 000吨,约占总数的0.48%,销售收入约占白酒行业总数的15%左右。贵州茅台和五粮液所占市场份额最大,贵州茅台和五粮液为第一梯队,所占的份额为整体高档白酒的75%左右,其次则是国窖1573和水井坊,占高端市场10%左右的份额,剑南春集团东方红高端白酒占高端市场3%~5%左右的份额,而其他一些品牌销量则较小,年销量不超过200吨。

此前公款消费一直被认为是高档酒涨价的主要推动力。国务院明令禁止公款购买高档酒,可能令高端白酒的业绩高增长预期落空。

(四) 战略分析

宜宾五粮液股份有限公司(以下简称五粮液)是1997年8月19日经批准,由四川省宜宾五粮液酒厂独家发起,于1998年3月27日在深圳证券交易所上网定价发行人民币普通股8 000万股,采取募集方式设立的股份有限公司。2006年3月31日公司实施了股权分置改革,改革后股权结构如下:国有法人股181 778.69万股,占总股本的67.04%,高管股49.34万股,占总股本的0.02%,其他股东持有89 312.45万股,占总股本的32.94%。公司以生产、销售五粮液系列酒为主。

1. *五粮液的营销措施*

2004年下半年以来,五粮液采取了一系列的营销措施。

先是主打五粮液历史文化的高端礼酒:明窖1368、以亲情之礼定位的荣华富贵等亮相长春糖酒会,并同时打出礼品酒市场定位概念;紧接着是提升五粮醇为珍品五粮醇主打商务礼酒牌;随后又在北京推出高端的"中国贵宾用酒"——五龙宾,最后,主打"友情礼"的锦上添花和"中国人的礼酒"——金叶神商务礼宾酒隆重登场等系列中高端"礼"酒相继问世,一路"高开高走"。

而同时,其他白酒名企也在步步逼近这一市场蛋糕的核心地带。剑南春、泸州老窖、全兴等也纷纷推出自己的礼品酒品牌,如金剑南、国窖1573、水井坊等。但是,从整体上看,从企业之间的对垒分析,这些都还不足以和五粮液形成平等博弈的局面。总体上看五粮液的礼酒阵营已经是大获全胜了。

1)制造市场过度竞争局面,设置中高端白酒进入壁垒

五粮液子品牌市场策略并不新鲜。通过这种自己制造竞争对手的策略,在某一品类产品或某一定位的产品设立多个竞争对立、名称各异的子品牌,营造了在这一产品区域竞争过热的局面,从而增加了其他品牌进入这一市场领域的风险意识,最终企业从整体上获得盈利。

而通过前述的分析也已明显地可以看出:不论是主打历史文化牌的明窖1368,还是主打商务礼宾的金叶神,以及主打贵宾概念的五龙宾的价格空间都是在单瓶180元以上,主价位空间则在200～300元之间,而这一价位则是国内主流的商务(公务)酒的核心价位。面对这一系列的强势品牌,有五粮液的品牌支撑,一般的品牌还敢进入吗?

2)缩短品牌战线,构建"1+9+8"品牌金字塔

对于五粮液的"1+9+8"的品牌战略,白酒营销业内早已不陌生;8个区域品牌绝对是五粮液贴近普通消费者的大众品牌,因为它们是这个金字塔的塔基部分。9个全国品牌,则是连接五粮液塔基和五粮液塔顶之间的桥梁,既体现在品牌形象上,又体现在价格上,所谓形象决定价值;既然有价格上的支撑,那便有相对价格上的更大的利润空间,这也是吸引众多五粮液品牌商的一个原因。

再反观五粮液上市的新品中,其包装定位等都在这个"9"中做文章,因为"礼"是全中国人民共同认可的意识概念,没有太大的区域划分;所以,这

也就是众多新品牌力争占据"中国白酒的九分之一"的原因所在。此外,通过培育这九大全国品牌,加上五粮液去除一些低端做的"烂"的子品牌,从整体上提高五粮液的高端品牌形象。

3) 打造世界的五粮液

白酒就是中国酒的代表,这是全世界的共识;五粮液又是中国白酒中的大王,这也是我们的共识;那么对于五粮液下一步的发展,可以说是顺理成章的推出——五粮液就是要成为世界的五粮液,最终浓香飘天下。

中国自古就是注重礼仪文化的礼仪之邦。五粮液以其所拥有的品牌地位,适时在推出代表中国酒的系列中高档礼酒,其目的就是要迎战天下酒业,让中国酒香飘天下。其中,以推出的"金叶神"商务礼宾酒更是一步到位地准确定位为"中国人的礼酒"。

2. 市场选择

近两年五粮液不断地压缩其低端品牌,其本质在于"有所失,才有所得",失去低端市场,是为了得到更大的高端市场以及更加广阔的世界市场,这才是五粮液几年来匠心独具的经营核心所在。

3. 核心竞争力

(1) 品牌效应。精心策划,着力打造品牌效应,积极实施规模经营。除了白酒企业产品具有自身的优势外,更重要的是五粮液的发展受到四川省人民政府的高度重视,得到省政府和有关部门优惠政策的大力扶持。

(2) 浓香型白酒的优势。川酒拥有浓香型白酒的优势。浓香型白酒具有生产周期短,增加产量容易实现,以及口味较为大众化等特点。据有关资料介绍,如今的白酒消费市场,浓香型白酒将近占70%的江山,五粮液的飞速发展,将浓香型白酒的发展推向高峰,其先天优势不言而喻。

(3) 西部板块。五粮液作为品牌企业,地处西部经济相对发达的板块,地理位置优越,交通方便,信息畅通。

4. 人才优势

五粮液在人才储备和人才引进方面,基础扎实,为企业的发展壮大增添了强大的发展后劲。目前,四川省一些重点高校中,专门开设了酿造专业并可培养研究生。五粮液引进高学历的专业技术人才和管理人才比较容易。

5. 市场意识

超前的市场意识,五粮液在近十几年的发展过程中,市场意识、品牌意识超前,川酒的操作模式是先要市场,后要厂房。近年来,又抓住机遇,大打文化牌,挖掘自身品牌文化、地域文化、酒史文化潜力,从而迎得了巨大的发展。

(五)财务分析

1. 审计报告

2007年五粮液股份有限公司的年报由四川华信(集团)会计师事务所审计。出具了无保留意见的审计报告。整个审计报告只有一页,措词简洁明晰。

三、审计意见

我们认为,五粮液公司财务报表已经按照企业会计准则的规定编制,在所有重大方面公允反映了五粮液公司2007年12月31日的财务状况以及2007年度的经营成果和现金流量。

四川华信(集团)会计师事务所	中国注册会计师:陈更生
有限责任公司	
中国·成都	中国注册会计师:李 敏
	2008年2月26日

2. 资产负债表分析

1) 资产总体结构及变化分析

图7-1、图7-2分析:总资产呈现稳步增长趋势,符合公司不断发展壮大的战略构想。在资产构成表中,流动资产和固定资产是最主要的组成部分,所占份额最大,其中流动资产增长势头较为明显,而固定资产略有下降的趋势。

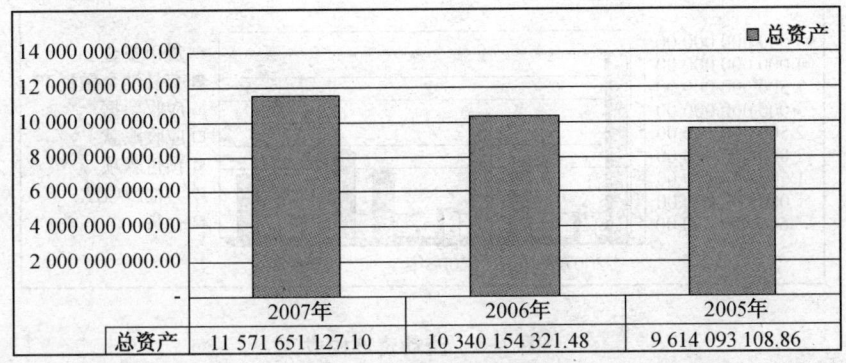

图 7-1 总资产规模变化

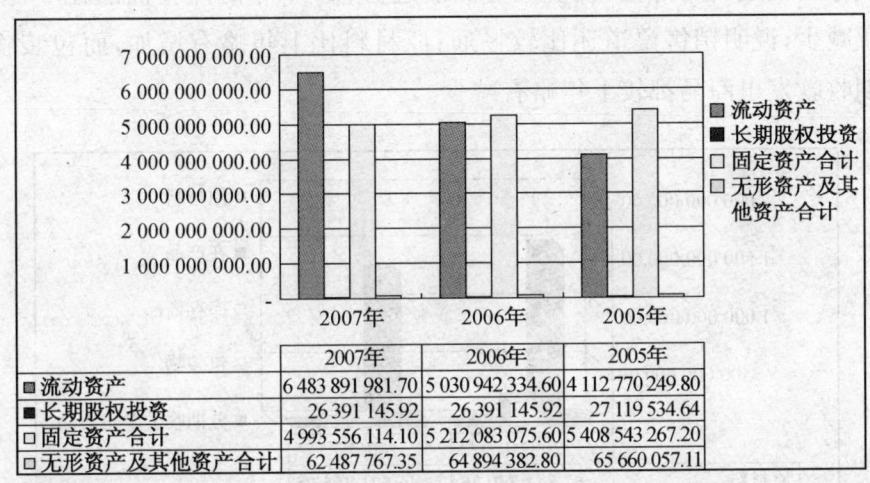

图 7-2 资产结构

图 7-3 分析：流动资产主要由货币资金、交易性金融资产、应收账款、应收票据、预付账款、其他应收款和存货构成。首先，货币资金占份额最大，而且近 3 年都在大幅增加，保持了较好的流动性和收现能力；其次，存货也是主要构成部分，而存货每年略有增加；在应收债权中，应收票据远多于应收账款，而应收票据的回收可能性大于应收账款，所以应收债权的回收性较好。

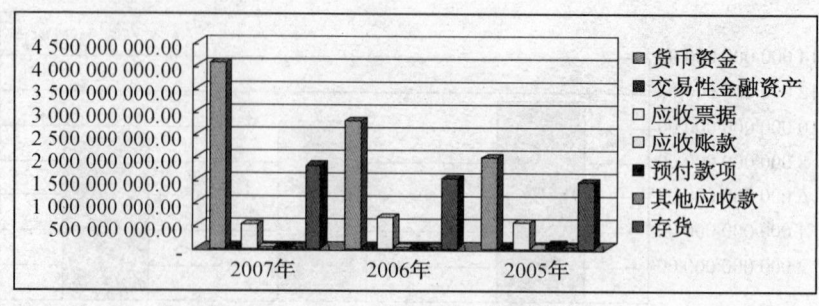

图 7-3 流动资产构成

图 7-4 分析：总体上，2007 年存货比 2006 年有所增加。首先，在产品是构成存货最主要的部分，且呈现增加的趋势；2007 年的库存商品比 2006 年大幅减少，说明销售渠道还比较畅通；原材料比上年略有增加，而包装物和分期收款发出商品都较上年略有减少。

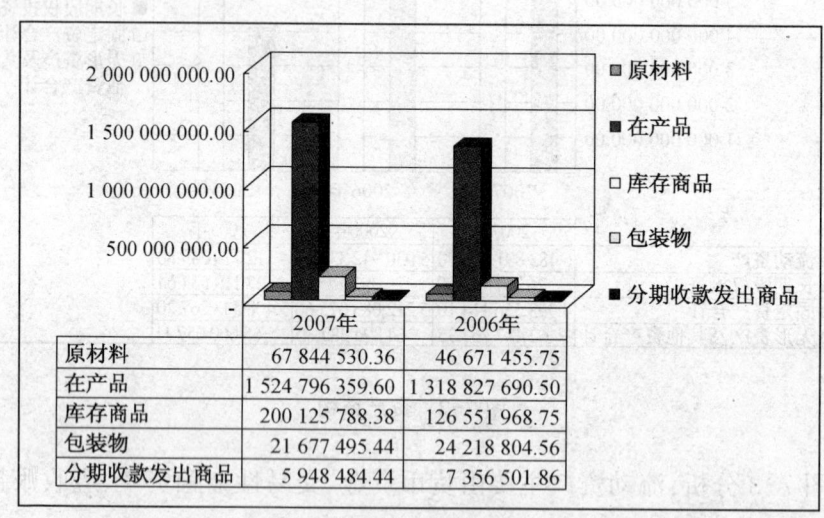

	2007年	2006年
原材料	67 844 530.36	46 671 455.75
在产品	1 524 796 359.60	1 318 827 690.50
库存商品	200 125 788.38	126 551 968.75
包装物	21 677 495.44	24 218 804.56
分期收款发出商品	5 948 484.44	7 356 501.86

图 7-4 存货构成

图 7-5 分析：固定资产 2007 年较 2006 年有所减少，主要是因为有固定资产转入在建工程、房屋拆除报废及其他固定资产报废转出所致。本期在建工程大幅增加，说明企业正在增加准备生产规模。

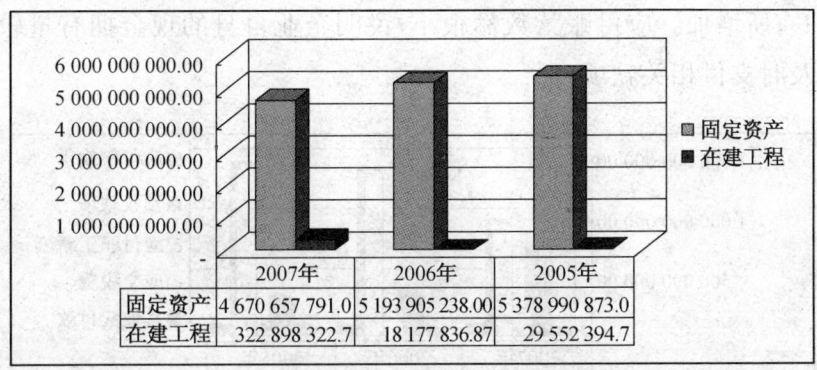

图 7-5　固定资产及在建工程

2）负债总体结构及变化分析

图 7-6 分析：2005—2007 年 3 年，负债总体上呈现稳步减少的趋势，而长期负债主要是一笔 250 万元的长期借款，流动负债的减少是导致总负债减少的主要原因。

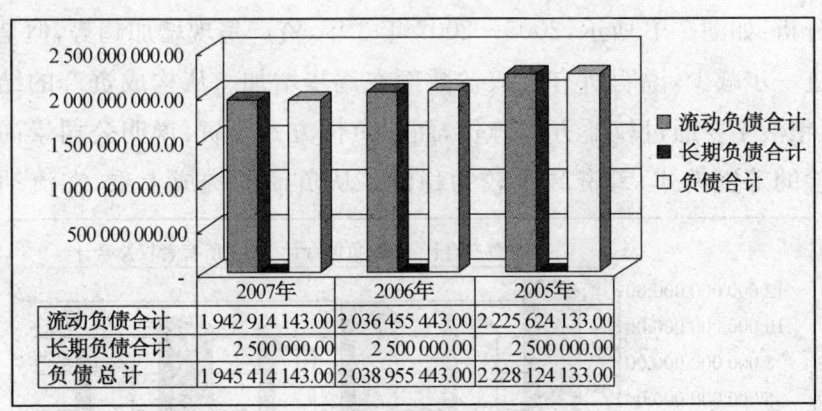

图 7-6　负债构成

图 7-7 分析：流动负债由应付账款、预收账款、应付职工薪酬、应交税费和其他应付款构成。首先，应付职工薪酬是占份额最大的部分，但是 2007 年比前两年有明显下降；其次，预收账款的增幅较为明显，说明企业对下游经销商有较强的谈判能力和收现能力，也从另一方面说明预订五粮液产品

的客户有所增加。应付账款数额很小,说明企业自身的现金拥有量较为充足,能及时支付相关款项。

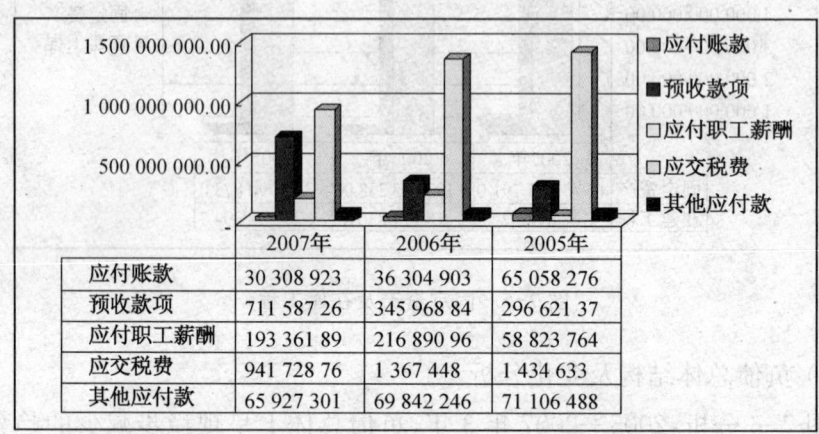

图 7-7 流动负债构成

3) 资本结构及筹资政策分析

分析:如图 7-8 所示,2005—2007 年 3 年,资产呈现增加趋势,但是负债却在进一步减少,说明所有者权益数额在逐步增加。从构成资产的结构上看,五粮液主要通过权益方式筹资,而非负债方式筹资,说明公司崇尚低财务风险的筹资模式,筹资政策较为稳健。从负债的构成上看,在流动负债

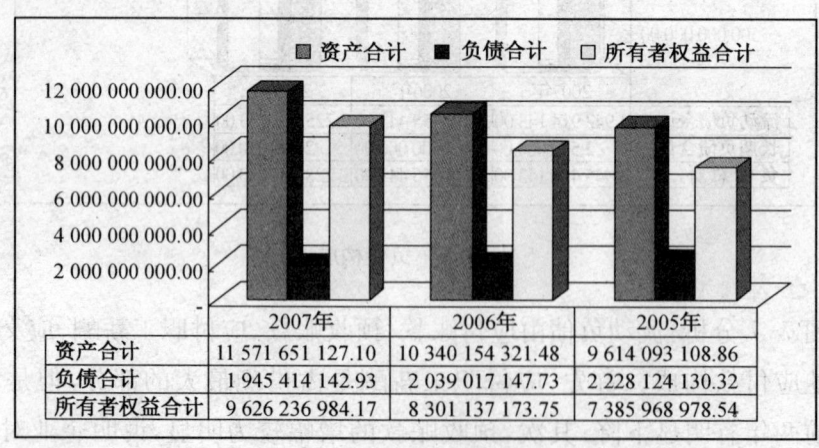

图 7-8 资本结构及筹资政策

中,除了企业经营产生的自发性负债,如应付账款、应交税费等项目,没有借入短期金融负债,而长期负债从2005年至2007年都没有增加,维持250万元,说明没有借入新的负债。也说明企业无论日常经营还是规模扩建,都可以利用自有资金,而不用过分依赖外部负债。这个特点在中国上市公司也是比较独特的,值得我们认真分析。

3. 利润表分析(共同比分析)

对2007年利润表进行共同比分析试图剖析盈余质量,包括报告年度数据、上年度数据,和对比企业茅台酒业数据。见表7-7。

表7-7 利润表共同比分析(2007年)

项目	五 粮 液			贵州茅台
	本年结构	上年结构	百分比变动	本年结构
一、营业总收入				
其中:营业收入	100.00%	100.00%	0.00%	100.00%
利息收入	100.00%	100.00%	0.00%	100.00%
已赚保费	0.00%	0.00%	0.00%	0.00%
手续费及佣金收入	0.00%	0.00%	0.00%	0.00%
	0.00%	0.00%	0.00%	0.00%
二、营业总成本				
其中:营业成本	70.25%	75.80%	-5.55%	37.50%
利息支出	46.09%	47.24%	-1.14%	12.04%
手续费及佣金支出	0.00%	0.00%	0.00%	0.00%
退保金	0.00%	0.00%	0.00%	0.00%
赔付支出净额	0.00%	0.00%	0.00%	0.00%
提取保险合同准备金净额	0.00%	0.00%	0.00%	0.00%
保单红利支出	0.00%	0.00%	0.00%	0.00%
分保费用	0.00%	0.00%	0.00%	0.00%
营业税金及附加	0.00%	0.00%	0.00%	0.00%
销售费用	7.95%	9.28%	-1.33%	8.35%

(续表)

项目	五 粮 液			贵州茅台
	本年结构	上年结构	百分比变动	本年结构
管理费用	10.68%	13.59%	-2.91%	7.74%
财务费用	6.79%	6.47%	0.33%	9.99%
资产减值损失	-1.26%	-0.68%	-0.58%	-0.62%
	-0.01%	-0.09%	0.07%	-0.01%
加:公允价值变动收益（损失以"-"号填列）				
投资收益	0.00%	0.03%	-0.04%	0.00%
其中:对联营企业和合营企业的投资收益	0.04%	0.04%	0.01%	0.03%
汇兑收益（损失以"-"号填列）	0.00%	-0.01%	0.01%	0.00%
	0.00%	0.00%	0.00%	0.00%
三、营业利润（亏损以"-"号填列）				
加:营业外收入	29.79%	24.27%	5.52%	62.53%
减:营业外支出	0.03%	0.01%	0.01%	0.04%
其中:非流动资产处置损失	0.09%	0.14%	-0.04%	0.09%
四、利润总额（亏损总额以"-"号填列）	0.01%	0.02%	-0.01%	
减:所得税费用	29.72%	24.14%	5.58%	62.48%
五、净利润（净亏损以"-"号填列）	9.63%	8.24%	1.39%	21.50%
归属于母公司所有者权益	20.10%	15.91%	4.19%	40.98%
少数股东损益				
六、每股收益				
（一）基本每股收益				
（二）稀释每股收益				

分析：

(1) 营业成本较 2006 年下降，主要是酒类成本减少。导致的主要原因是报告年度酒类销售量下降。成本下降比为 3.3%，而收入下降比为 0.92%，说明生产过程的资产使用效率提高，成本控制措施有进步。

(2) 销售费用下降，主要是市场宣传费维护费减少。这可能也是导致报告年度销售量下降的原因。管理费用下降幅度较大。

(3) 财务费用略有上升，主要是公司对承兑期限超过 3 个月的银行承兑汇票收取的利息。

(4) 资产减值损失下降，主要是由于坏账准备和存货跌价准备回调。

(5) 投资收益、营业外收支等非经营性损益对利润影响甚微。

(6) 营业利润、净利润同比去年上升。

从总体上看，虽然销售量同比上年减少 48.44%，导致主营业务收入比 2006 年同期减少 0.93%，但是净利润比 2006 年同期增长 25.83%，说明收入结构中利润空间提升。

4. 现金流量表分析

1) 现金流量表结构分析

现金流量表结构如表 7-8 所示。

表 7-8　现金流量表结构分析

流入结构					
经营活动现金流入百分比=	9 152 175 800.02	÷	9 172 628 130.04	=	0.997 8
投资活动现金流入百分比=	5 452 330.02	÷	9 172 628 130.04	=	0.000 6
筹资活动现金流入百分比=	15 000 000.00	÷	9 172 628 130.04	=	0.001 6
流出结构					
经营活动现金流出百分比=	7 486 629 856.31	÷	7 898 119 357.82	=	0.947 9
投资活动现金流出百分比=	248 805 213.51	÷	7 898 119 357.82	=	0.031 5
筹资活动现金流出百分比=	162 684 288.00	÷	7 898 119 357.82	=	0.020 6

(续表)

流入流出比				
经营活动现金流入:经营活动现金流出	9 152 175 800.02	÷	7 486 629 856.31	= 1.222 5
投资活动现金流入:投资活动现金流出	5 452 330.02	÷	248 805 213.51	= 0.021 9
筹资活动现金流入:筹资活动现金流出	15 000 000.00	÷	162 684 288.00	= 0.092 2

分析:经营活动产生的现金流量是总现金流量的主要构成部分,较2006年有所增长,经营活动产生的现金流量主要来源于销售商品收到的现金,虽然报告期销售量和营业成本有所下降,但并未影响企业的收现能力,原因是企业进行产品结构调整,主打高端产品,压缩中低端产品的销售,这与公司战略吻合。

投资活动产生的现金流量为负,主要是用于构建固定资产,这与资产负债表中反映的在建工程的增加相呼应。

筹资活动产生的现金流量为负,主要用于分配股利、利润支付的现金。这与公司稳健的财务政策相印证。

2) 获取现金能力分析

(1) 销售现金比率:

经营现金净流量为1 665 545 943.71元,销售额为7 328 555 841.62元。

销售现金比率=1 665 545 943.71÷7 328 555 841.62=0.227 3

(2) 每股营业现金净流量:

经营现金净流量为1 665 545 943.71元,普通股股数为3 796 966 720股。

每股营业现金净流量=1 665 545 943.71÷3 796 966 720=0.438 7

目前公司的最大分派股利能力是每股0.44元。

(3) 全部资产现金回收率:

经营现金净流量为1 665 545 943.71元,全部资产为11 571 651 127.10

元。

全部资产现金回收率＝1 665 545 943.71÷11 571 651 127.10＝0.143 9

综上所述,五粮液股份的获取现金能力较强。

5. 比率分析(趋势分析)

1) 偿债能力比率

(1) 流动比率:

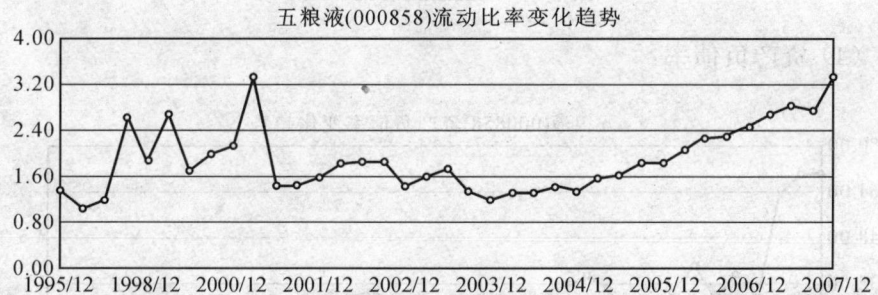

图 7-9　流动比率

(2) 速动比率:

图 7-10　速动比率

(3) 现金流动负债比率:

分析:以上3个反映短期偿债能力的指标共同显示,公司短期偿债能力逐年增强。

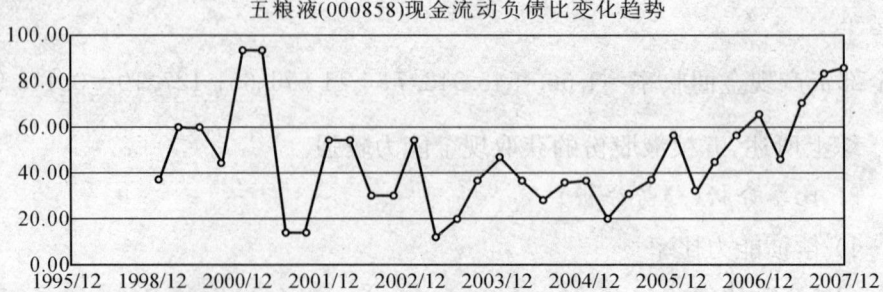

图 7-11 现金流动负债比率

(4) 资产负债率:

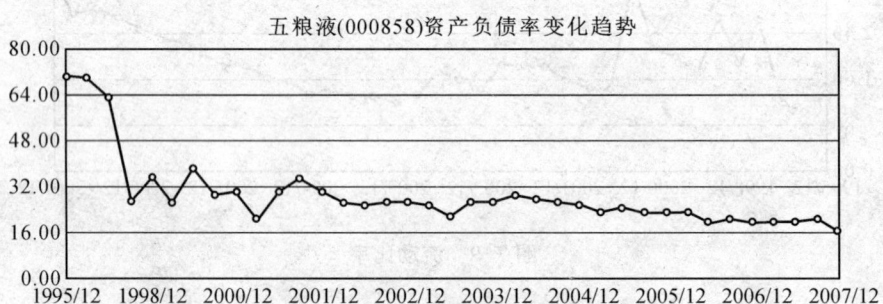

图 7-12 资产负债率

分析:资本结构很稳定,长期偿债能力趋势保持平稳。

2) 资产使用效率比率

(1) 存货周转率:

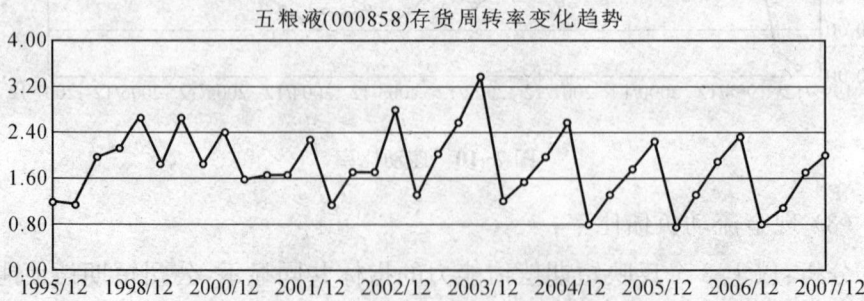

图 7-13 存货周转率

分析：近几年来，存货周转率较为稳定。

（2）应收账款周转率：

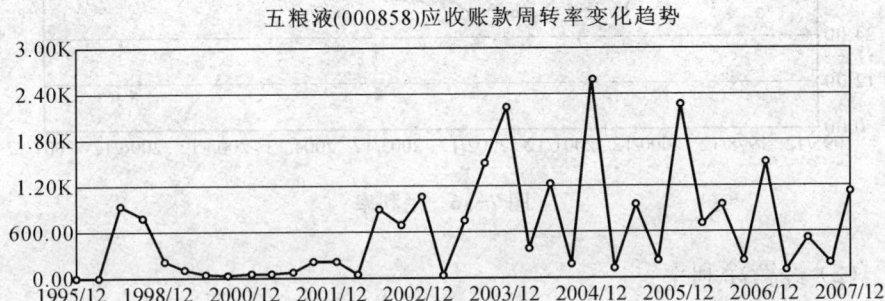

图 7-14 应收账款周转率

分析：因为报告年度营业收入减少，但应收账款增加，导致应收账款周转率降低。

（3）总资产周转率：

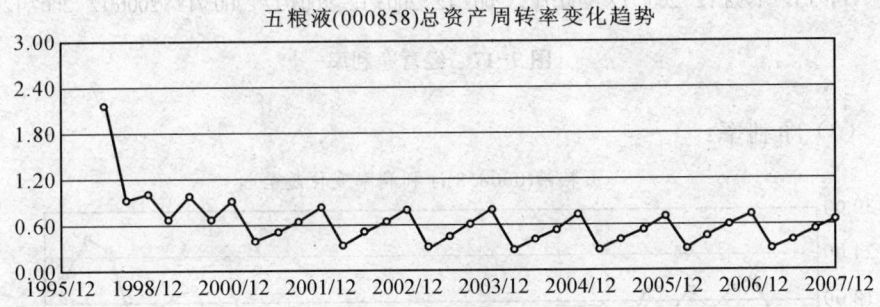

图 7-15 总资产周转率

分析：总资产周转能力保持稳定。

综上所述，五粮液股份的资产使用效率没有发生巨大变化，企业经营比较平稳。

3）获利能力比率

（1）毛利率：

图 7-16　毛利率

（2）经营净利率：

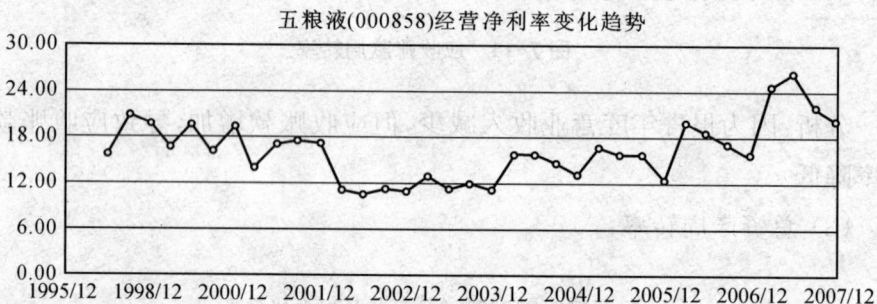

图 7-17　经营净利率

（3）净利率：

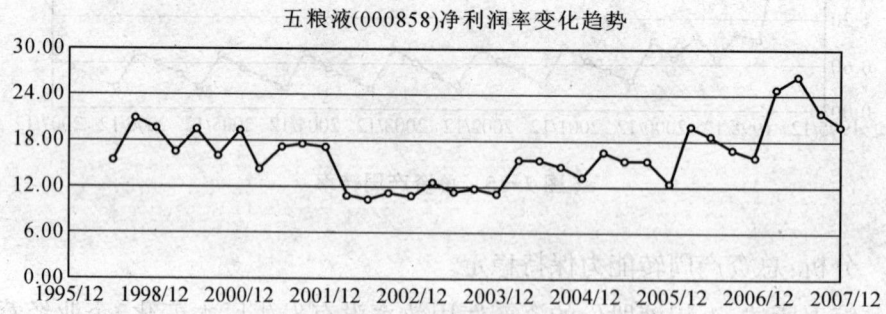

图 7-18　净利率

分析：以上 3 个获利能力比率的趋势图反映，公司盈利能力逐年上升，主要因为近 2007 年五粮液产品供不应求，故持续提价，此外，推行中高价品牌生产销售的营销战略,细分微分市场,促进企业利润的不断攀升。

(4) 净资产收益率：

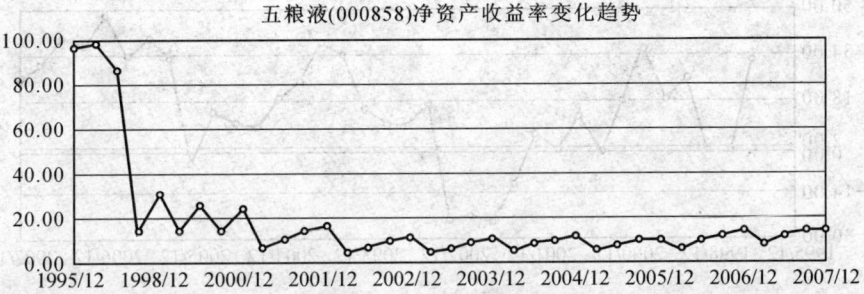

图 7-19　净资产收益率

4) 成长能力比率

(1) 主营收入增长率：

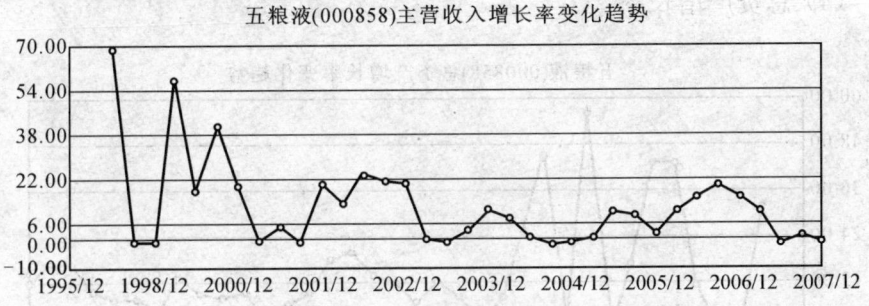

图 7-20　主营收入增长率

(2) 主营利润增长率：

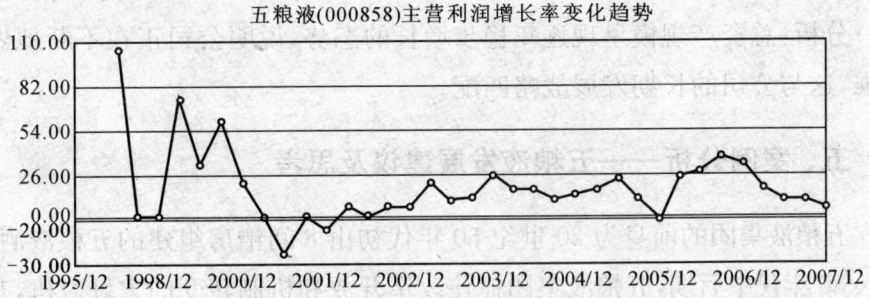

图 7-21　主营利润增长率

（3）净利润增长率：

图 7-22　净利润增长率

分析：报告年度的以上 3 个指标较 2006 年略微下降，原因是产品战略调整，但从历年趋势上看，仍呈上升趋势，说明企业具有较强的成长能力。

（4）总资产增长率：

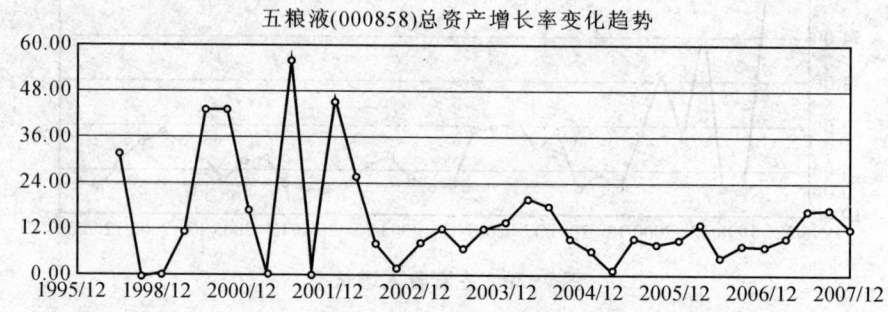

图 7-23　总资产增长率

分析：总资产规模呈现逐年稳步增长的态势，说明公司正在不断地做大做强，这与公司的长期发展战略匹配。

五、案例分析——五粮液发展建议及思考

五粮液集团的前身为 20 世纪 50 年代初由 8 间糟房组建的五粮液酒厂。进入 80 年代中后期，五粮液集团抓住改革开放和机制转变的大好时机，有计划地实施了"质量效益型""质量规模效益型""质量规模效益多元化"三步发展

战略,企业得到了长足的发展,进一步巩固了"中国酒业大王"的地位。

下面,针对五粮液财务状况提出几点具体的建议。

(1) 提升公司的战略管理能力。企业要想持续发展、持久辉煌,领导层必须具有战略眼光,在战略管理上下功夫。

(2) 提升财务预测能力。由于企业经营决策的最终目标是实现经济收益最大化,因而财务预测就成为经营决策的核心内容。

(3) 提升资本运营能力。

(4) 提升涉外理财能力。国际间的经济合作和贸易往来规模越来越大,企业涉外投资迅猛发展,因此提升涉外理财能力是非常有必要的。

(5) 提升创新管理能力。创新管理是一个新的管理概念,是现代企业管理发展趋势之一,国外许多企业已将创新管理列为企业管理的重要组成部分。

(6) 提升内部控制能力。

(7) 提升风险防范能力。在企业面临的多种风险中,财务风险处于突出地位,因为生产风险、营销风险、研发风险和投资风险最终都会反映到财务上来。

六、结论

总体上,作为中国酒行业的龙头企业,五粮液的 2007 年度的财务状况是比较稳定的,企业经营活动产生现金能力较强,能维持企业的日常经营活动,所以形成了良好的资金链,也同时使得企业形成了独特的资本结构,即外部负债融资较少。从长远来看,企业自身具有很好的成长性。

七、参考文献

[1] 中国注册会计师协会.财务成本管理[M].北京:经济科学出版社,2007.

[2] 何韧.财务报表分析.上海:上海财经大学出版社,2007.

[3] 温亚丽,陈玉洁.财务报表分析技能与实操案例.北京:经济科学出版社,2007.

[4] 五粮液集团网站 http://wuliangye.5food.cn/.

第八章
财务报表审计中对舞弊的责任

第一节 国内上市公司舞弊案例及注册会计师责任

 案例 17 主动纳税之达尔曼财务舞弊

一、案例介绍

西安达尔曼实业股份有限公司(以下简称达尔曼)于 1993 年以定向募集方式设立,主要从事珠宝、玉器的加工和销售。曾有"中华珠宝第一股"美誉,1996 年 12 月,公司在上交所挂牌上市,并于 1998 年、2001 年两次配股,在股市募集资金共计 7.17 亿元。

从公司报表数据看:1997—2003 年间,达尔曼销售收入合计 18 亿元,净利润合计 4.12 亿元,资产总额比上市时增长 5 倍,达到 22 亿元,净资产增长 4 倍,达到 12 亿元。在 2003 年之前,公司各项财务数据呈现均衡增长。然而,2003 年公司首次出现亏损,亏损达 1.4 亿元,每股收益为 −0.49 元;同时,公司的重大违规担保事项浮出水面,涉及人民币 3.45 亿元、美元 133.5 万元;还有重大质押事项,涉及人民币 5.18 亿元。

2004 年 5 月 10 日,达尔曼被上交所实行特别处理,变更为"ST 达尔曼"。同时,证监会对公司涉嫌虚假陈述行为立案调查。2004 年 9 月,公司公告显示,截至 2004 年 6 月 30 日,公司总资产锐减为 13 亿元,净资产为 －3.46 亿元,仅半年时间亏损高达 14 亿元,不仅抵销了上市以来大部分业绩,而且濒临退市破产。此后,达尔曼股价一路狂跌,2004 年 12 月 30 日跌破 1 元面值。2005 年 3 月 25 日,达尔曼被终止上市。

2005 年 5 月 17 日,证监会公布了对达尔曼及相关人员的行政处罚决定书:

经查明,1996—2004 年期间,许宗林等人以支付货款、虚构工程项目和对外投资等多种手段,将十几亿元的上市公司资金腾挪转移,其中有将近 6 亿元的资金被转移至国外隐匿。监守自盗了大量公司资产后,许宗林携妻儿等移民加拿大。

达尔曼兴衰路:

1996 年 12 月:发行上市募集资金 1.47 亿元

1998 年:第一次配股 2.98 亿元

2001 年:第二次配股 2.71 亿元

2003 年:被誉为中华珠宝第一股

2004 年 3 月 6 日:最具价值的"黑马"

2004 年 4 月 30 日:保留意见年度报告披露

2004 年 5 月 10 日:股票被 ST 处理

2004 年 6 月 4 日:被立案稽查

2004 年 8 月 3 日:全面停产

2004 年 9 月 1 日:暂停交易

2004 年 12 月 31 日:成为 A 股市场首只仙股

2005 年 3 月 25 日:终止上市

二、问题梳理——主要存在问题

（一）达尔曼造假的主要手法

1. 虚增销售收入，虚构公司经营业绩和生产记录

达尔曼所有的采购、生产、销售基本上都是在一种虚拟的状态下进行的。每年，公司都会制订一些所谓的经营计划，然后组织有关部门和一些核心人员根据"指标"，按照生产、销售的各个环节，制作虚假的原料入库单、生产进度报表和销售合同等，为了做得天衣无缝，对相关销售发票、增值税发票的税款也照章缴纳，还因此被评为当地的先进纳税户。

1997—2000年度主要通过与大股东翠宝集团及下属子公司之间的关联交易虚构业绩，2001年，由于关联交易受阻，公司开始向其他公司借用账户，通过自有资金的转入转出，假作租金或其他收入及相关费用，虚构经营业绩。2002—2003年，公司开始利用自行设立的大批"壳公司"进行"自我交易"，达到虚增业绩的目的。经查明，这些公司均是许宗林设立的"壳公司"，通过这种手法两年共虚构销售收入4.06亿元，占这两年全部收入的70%以上，虚增利润1.52亿元。

2. 虚假采购、虚增存货

虚假采购，一方面是为了配合公司虚构业绩需要；另一方面是为达到转移资金的目的。达尔曼虚假采购主要是通过关联公司和形式上无关联的"壳公司"来实现的。

例如，2003年从"壳公司"购入的非常低廉的锆石。锆石在形态上与钻石几乎相同，非专业人士难以分辨。而这批锆石被假做钻石购入后，达尔曼不但对其做了完整的出入库记录，而且还严格按照领用出库记录对实物进行了剔除，保证了两年的实物盘点记录与账册的完全一致，甚至保持了装盛器皿的一致。

3. 虚构往来款项，虚增在建工程、固定资产和对外投资

为了伪造公司盈利假象，公司销售收入大大高于销售成本与费用，对这部分差额,除了虚构往来,公司大量采用虚增在建工程和固定资产、伪造对外投资等手法来转出资金,使公司造假现金得以循环使用。此外,还通过这种手段掩盖公司资金真实流向,将上市公司资金转匿到个人账户,占为已有。

4. 伪造与公司业绩相关的资金流,并大量融资

为了使公司虚构业绩看起来更真实,达尔曼还配合虚构业务,伪造相应的资金流。为此,达尔曼设立大量"壳公司",并通过大量融资来支持造假所需资金。在虚假业绩支撑下,达尔曼得以在1998年、2001年两次配股融资。

(二) 达尔曼造假点分析

1. 造假过程和手法系统严密,属一条龙造假工程,具有较强隐蔽性

达尔曼高薪聘请专家,对造假行为进行全程精心策划和严密伪装,形成造假工程一条龙。达尔曼的造假具有系统性和欺骗性,公司的虚假业绩规划有明确的流程,并有配套的货币资金流转规划,编制了充分的原始资料和单据,并且按照账面收入真实缴纳税款。为了融资、资金周转和购销交易,许宗林等人设立了大量关联公司或壳公司。据透露,与达尔曼发生业务往来的关联方,基本都是由许宗林控制的账户公司、影子公司,这类公司大致分为以托普森、海尔森为代表的森字系和以达福工贸为代表的达字系,总数达到30多个。通过精心策划,达尔曼的资金往往在不同公司多个账户进行倒账,以掩盖真相,加上相关的协议,单据和银行记录等都完整齐备,因此从形式上很难发现其造假行为。

2. 以"圈钱"为目的,并通过复杂的"洗钱"交易谋取私利

达尔曼上市具有明显的圈钱目的,公司从证券市场和银行融入大量资金,并不是用于投资项目,扩大生产,而是为了个人控制使用。陕西某证券分析师在接受记者采访时说:"许宗林从一开始,就是要造一个泡沫。他从来没有任何扎实的实业。"许宗林以采购各种设备和投资为名,将总数高达四五亿元的巨额资金,通过设立的影子公司完成洗钱,并转往国外。

3. 银行介入造假过程,起到一定程度的配合作用

近几年一些重大财务舞弊案,如欧洲帕玛拉特,台湾博达等的财务造假

案,都有银行等金融机构的影子,银行协助企业安排复杂的融资交易,转移资金,甚至虚构存款等。在达尔曼案例中,虽然没有证据表明银行直接参与造假,但在长达 8 年时间里,对于达尔曼大量贷款、违规担保、未及时披露担保信息、转移资金等情况,如果银行能够更尽职谨慎一些,达尔曼很难持续、大规模地这样造假。

4. 造假成本巨大,社会后果严重

为了使造假活动达到以假乱真的目的,达尔曼不但对虚假收入全额纳税,而且还多次对虚假收益实施分配,同时支付巨额利息维持资金运转,使造假过程形成了一个巨大的资金黑洞。据粗略测算,达尔曼用于造假的成本,包括利息、税款等达数亿元,正是由于造假资金成本过大,导致资金在循环过程中不断消耗,最后难以为继。为此,除股市融资外,达尔曼还通过不断增加银行借款维持公司繁荣假象,造成贷款规模剧增,债务危机日趋严重。在被立案稽查前,达尔曼直接间接银行债务已高达成 23 亿元,大量贷款逾期,资金链断裂,银行争相讨债,最终财务风险爆发,给投资者和债权人造成了巨大损失。

(三) 财务舞弊的识别

(1) 从盈利能力指标看,进行财务舞弊的公司出于虚构利润需要,财务报表上通常会显示不寻常的高盈利能力。达尔曼 1996—2002 年的平均主营业务毛利率高达 45%,平均主营业务净利率达 38%,对于这种持续的畸高利润率,报表使用者应当予以高度警惕。

(2) 从现金指标看,现金为王。现金流量信息一直被认为比利润更可靠、更真实,投资者比较关注的是经营活动净现金流量,但对现金流也造假的公司,这一招就失灵了,达尔曼伪造了与经营业务相对应的现金流,并通过壳公司大量融资,使达尔曼的现金流量看起来非常充足,对报表使用者造成误导。对造假公司来说,为了维持造假资金循环,会采用各种办法将资金转出去或虚列账面现金。因此,投资者除关注经营活动现金流量外,还应当关注其他现金指标的合理性。

首先,要警惕经营活动净现金流量大额为正,同时伴随大额为负的投资活动净现金流量的情况。达尔曼的经营活动现金流量绝大多数年度为正数,但其投资活动净现金流量持续为负。

其次,要分析公司货币资金余额的合理性。从达尔曼的合并报表看,公司2001年以前的货币资金余额一直在2亿元左右。2001年及以后的货币资金余额都超过6.5亿元,而公司的平均年主营业务收入约为2.5亿元,现金存量规模明显超过业务所需周转资金。而公司账面有大量现金,却又向银行高额举债,银行借款规模逐年增长,2002年和2003年的期末银行借款分别达到5.7亿元和6.7亿元,银行短期贷款利率远高于定期存款利率,逻辑上不合理。

(3) 从营运周转指标看,虚构业绩的公司,往往存在虚构往来和存货的现象,在连续造假时,公司应收款项相应地持续膨胀,导致周转速度显著降低。达尔曼的应收账款周转率和存货周转率从1999年开始大幅下降,两者年周转率都已低于2,意味着公司从货物购进到货款回笼需要1年以上时间,营运效率极低,这样的公司却能持续创造经营佳绩实在令人怀疑。

(4) 从销售客户情况、销售集中度和关联交易来看,虚构业绩往往是通过与关联公司进行交易,这样公司的销售集中度会异常得高。2001年达尔曼对前客户的销售占了公司全部收入的91.66%,仅前两家就占67%。此外,达尔曼的客户群在不同年度频繁变动,一般来说,公司正常的经营需要保持稳定的客户群,这种无合理解释的客户群频繁变动则是一种危险信号。

(5) 关注公司其他非财务性的警讯。投资者往往可以从以下一些方面发现公司舞弊的迹象和警讯:公司治理结构完善程度,董事和高管的背景,任职情况,更换情况,遭受监管机构谴责和处罚情况,诉讼和担保情况,财务主管和外部审计师是否频繁变更等。这些都是公司可能存在重大舞弊的警讯。

三、案例分析——思考与建议

（一）对公司内部审计的思考

内部审计是企业内部管理控制系统的一部分,也是企业内部约束机制的重要内容。一个发挥作用的内部审计机构必然有助于公司的长效经营。从达尔曼案例中我们可以看出内部审计在公司治理中的巨大作用。

（1）应该赋予内部审计委员会一定的权力,这个权力要与董事会分离,这样才可以保证内部审计机构及人员的独立性。这点是解决内部审计问题的关键。如果不先解决这个问题,即使内部审计委员会想要做好内部审计的工作,但实际操作起来会碰到很多的困难。这些困难是来自方方面面的,包括从管理层、财务部和实际的操作层。在实际工作中,内部审计机构要与董事会的领导脱钩。另外,内部审计人员的福利、职称、待遇及绩效考评也要纳入考虑的范围,尽可能地为内部审计人员提供一个独立的内部审计环境。

（2）在解决内部审计独立性的问题后,就需要提高内部审计人员的相关技术。像达尔曼这样的公司造假手段极其高明,它聘请了专业的专家进行精心策划和严密伪装,它的造假过程具有严密的流程:从编制充分的原始资料和凭证到按照账面收入真实缴纳税款以及最后的分配利润,都做得天衣无缝,因此从形式上很难发现它的造假行为。这就需要内部审计人员的技术。这除了要根据以往一贯使用的财务指标以外,还要根据一些非财务的数据及指标分析。例如,①从营运周转指标来看,虚构业绩的公司,往往存在虚构往来和存货的现象,在连续造假时,公司应收款项相应地持续膨胀,导致周转速度显著降低;②从销售客户情况、销售集中度和关联交易来看。虚构业绩往往是通过与关联公司进行交易,这样公司的销售集中度会异常得高。

另外,公司治理结构完善程度、董事和高管的背景、任职情况、更换情况,遭受监管机构谴责和处罚情况,诉讼和担保情况,财务主管和外部审计

师是否频繁变更等也是信息的重要来源。

（3）内部审计机构的审计重点应该进行转换，做到事后审计是远远不够的。一个好的内部审计机构应该做到事前审计防患于未然，事中审计及时应对问题及突发事件的产生，事后审计做到万无一失。同时，还应该积极发展风险管理审计，它是一种最直接的内部审计参与风险管理的方法，但其作用的发挥离不开对风险管理信息的有效收集。因此自我控制评价和管理建议提供的信息可以帮助内部审计人员规划审计工作的重点以及合理分配审计资源。

内部审计在组织治理中有着不可或缺的作用与地位，它是企业内部建立的独立的审计部门，基于内部管理的需要，它以企业内部控制为对象，以日常业务流程为内容，按照董事会的要求，站在管理层的高度，坚持独立、客观、公正的原则，对企业内部管理和其他相关方面做出评价和判断，从而有效地降低内部经营风险，保证企业的良性运转，并促进企业管理的高效与透明，它也是企业管理权限的延伸、管理的重要组成部分、信息监管的手段以及各项工作考核及评价的重要见证人。我们必须与时俱进，以发展的眼光重新认识内部审计的性质和作用。

（二）监管反思

1. 从上市公司生态环境入手

上市公司生态环境是个宽泛的概念，其中能起到协同监管作用的主要包括证监会、工商税务部门、银行、中介机构和股东。上市公司是一个持续经营的实体，如果上述各个环节能够协同配合，上市公司的违法违规行为就无法延续，就可以有效地杜绝上市公司虚假陈述。从上市公司的生态环境入手，是规范上市公司发展、遏制上市公司违法违规行为的一个切实可行的办法。

2. 切实落实辖区责任制

证监会作为上市公司监管的最重要的一个环节，责任重大。事实证明，证监会的辖区责任制是一个非常有效的制度。辖区责任制2006年在上市公司清欠、证券公司综合治理、股权分置改革中发挥了重大作用,证明这个制度是非常正确的,今后要持续强化。政令要畅通,要靠制度的约束,健全和完善一套长效机制是提高执行能力的重要保证。

3. 各部门齐抓共管

在上市公司的生态环境中,除了证监会,工商税务部门、银行、中介机构和股东也是重要的组成部分,各部门密切配合、齐抓共管,将是遏制上市公司违法违规行为的重要方面。中介机构始终是证券市场的首道关口,证监会应持续加强对负责公司审计的会计师事务所的监管,提高会计信息质量,督促其严格审计程序,审慎发表意见。

(三) 对审计师的建议

(1) 要高度关注未取得发票的存货,未取得发票存货背后是虚增存货,发票仍是验明存货正身的关键性证据之一,因为取得发票成本很高,如果没有发票,造假成本就大大降低。

(2) 虚增在建工程仍是非常流行的一个手法,审计师要高度关注在建工程的真实性审计,在建工程虚增表现为投入不断增加,建设周期非常长,所取得经济效益不明显,如果一家公司投资于一些过度竞争的行业或投资一些概念性行业,规模与当前生产规模不相适应,这样的在建工程往往有问题,特别是当在建工程的真实性难以核实时,在建工程造假可能性就大大增加。

(3) 要高度关注定期存单审计,证监会指控达尔曼审计师未能勤勉尽责的第一个事实就是未能揭示达尔曼以 4.27 亿元定期存单质押为其他单位贷款提供担保的重大事项,有相当部分定期存单是为质押而开立,审计师在审计时应做到:索取企业定期存单原件(若只提供复印件,则有可能已质押);对于定期存款的审计,要足够重视,控制风险,特别注意以下几个方面:

第一,取得定期存单原件,不能用复印件代替。因为可能存在一些定期存单相关交易,在复印件上是难以发现的。

第二,要根据专业判断,对定期存单进行函证或抽样函证。函证必须由审计人员亲自管理。根据对被审计单位内部控制的判断,决定抽样的比例,如果在进行抽样函证时,出现差异,必须查找原因并全部函证。

第三,要关注定期存单的转存。将存单会计期间内的转存过程与银行存款日记账进行核对,以确认所有的转存已全部入账。对于没有入账的转存业务,要关注其利息是否已经入账。难以逐笔核对的,要进行测算,发现不可接受的差异,要追查原因,还要根据业务约定提出管理建议。

四、结论和启示

达尔曼有目的圈钱、洗钱和系统性财务舞弊给我们留下许多值得深思的启示。

(一)完善公司治理

公司治理结构是防范财务舞弊最基础的一道防线。对一些民营背景的上市公司来说,如果没有适当制约机制,很容易出现实际控制人在董事会的"一言堂"现象,将上市公司作为谋取私利的工具。近年来,监管层采取了一系列措施来完善上市公司治理,包括引进独立董事、成立审计委员会、分类表决等制度,但中国的经济、法律和文化环境与发达国家存在很大差别,如何保证这些制度实施过程的有效性是当前亟待解决的问题。由于财务舞弊通常给债权人也带来巨大损失,作为债权人的银行等机构有意愿且有能力来监督公司,我国可考虑适当借鉴大陆法系国家公司治理模式,加强债权人在公司治理中的作用。

(二)完善银行等金融机构的治理结构和内部控制,加强金融联手监管

达尔曼向银行贷款20多亿元能够得逞,并在不同公司之间大量调度资金、向国外转移资金,除了其造假水平高超外,也从一个侧面反映了我国银行的治理结构与内部控制存在缺陷。达尔曼系统性财务舞弊和圈钱、洗钱行为已超越了证券行业的范围,扩展至整个金融领域,涉及证券、银行、外汇等多个领域,因此有必要加强金融领域多部门间的监管协作,建立监管信息

的沟通机制。例如,人民银行的征信系统可以查询到上市公司在本地银行贷款及担保记录,如果能将各地贷款信息联网,不同监管部门之间进行沟通,对达尔曼未披露的大量融资和担保就可以尽早发现并及时监管。

(三)加强货币资金审计,提防现金流信息的欺骗性

随着造假手段越来越"高明",现金流信息同样具有很强的欺骗性。达尔曼在伪造业绩的同时,也伪造了相应的现金流,并且采用存单质押担保的贷款方式实现资金的表外实质转移,但从形式上看,企业现金仍然在账上。为此,注册会计师要分析货币资金余额的合理性和真实性,高度重视银行函证,不仅对表内资产负债进行证实,也要注意查询是否存在财务报告未记载的表外负债或担保。另外,银行单证属于在被审计单位内部流转过的外部证据,其可靠性应被审慎评价。为保证函证有效,避免被审计单位利用高科技手段篡改、变造和伪造银行对账单等单证,注册会计师应尽量做到亲自前往银行询证,并注意函证范围的完整性。在现金流量指标上,不能只关注经营现金流量信息,还要结合考察投资和筹资活动现金流量状况。

(四)关注上市公司实质性风险

系统性财务舞弊往往采取在主体外造假的做法,如果仅仅局限于主体本身财务报表,账账、账实从形式上看都是相符的,很难通过余额的实质性测试发现问题。新的国际审计风险准则特别强调,应警惕仅实施实质性程序无法提供充分、适当审计证据的风险,为此,注册会计师或其他利益相关人应当借鉴风险导向审计的手段,重视风险评估,从战略和系统角度来评估公司可能存在的重大风险,保持应有的职业谨慎,发现公司舞弊。

(五)加强上市公司担保的监管

从我国出现问题的上市公司看,一个显著特点是这类公司很多都存在严重违规担保现象,达尔曼也不例外。监管部门应采取措施完善上市公司对外担保管理,加强对担保信息的及时披露。对注册会计师来说,应当高度关注上市公司的担保情况和可能存在的风险。

五、参考文献

[1] 陈东平. 论财务舞弊的三种识别方法[J]. 财会研究,2008,(21).

[2] 干红芳. 我国上市公司会计舞弊动机及防范[J]. 商场现代化,2008,(3).

[3] 张锋. 上市公司会计舞弊的危害及控制对策[J]. 商业会计,2009,(7).

 案例 18　绿大地财务舞弊案

一、案例简介——公司概况

云南绿大地生物科技股份有限公司(以下简称绿大地)始建于1996年,2001年完成股份制改造,2007年12月21日在深圳证券交易所挂牌上市,注册资本1.510 9亿元人民币,主营业务为绿化苗木种植与销售,以及绿化工程设计与施工,是云南省唯一一家具有国家城市园林绿化施工一级资质的企业。然而,绿大地2009年度业绩预告和快报五度反复,公司又分别对2009年年报和2010年第一季度报告进行补充更正,2011年自行变更会计估计。2010年3月17日,绿大地因严重违规披露和不披露重要信息等问题被证监会立案调查;2011年3月17日,控股股东、董事长何学葵涉嫌欺诈发行股票罪被云南省公安厅逮捕;同年4月7日,财务总监李鹏便因涉嫌违规披露、不披露重要信息罪被公安机关采取强制措施。

二、问题梳理——"绿大地门"事件回顾

(一) 首次IPO申请搁浅

早在2004年,绿大地就开始计划实施上市,2006年冲刺资本市场,只可惜折戟IPO。数位投行人士认为绿大地在2006年首次冲击中小板被否的原因可能来自所得税减免等相关问题。根据绿大地在2006年发布的招股书

申报稿,其表示公司自 2001 年开始享受"西部大开发"税收优惠政策,所得税减按 15%税率征收;不过作为云南省农业产业化经营省级重点龙头企业,2005 年度起暂免征企业所得税①。事实上,正是通过享受了免征所得税的政策,绿大地才在 2005 年实现了预计的增长。数据显示,绿大地 2004 年和 2005 年分别取得 3 426.97 万元和 3 712.16 万元净利润,而免征所得税一项就为绿大地节省了 505.36 万元税金,这意味着如果不是享受这一政策,绿大地 2005 年的净利润将变为 3 206.79 万元,这较之 2004 年净利润将下滑约 6.5 个百分点。正是因为这一规定,民营控股的绿大地享受了国家税务总局针对国有农业企事业单位的所得税减免的待遇,从而实现了 2005 年度利润的正增长。此外,在绿大地 2006 年招股书申报稿中作为风险提示重点披露的存货减值风险在次年公布的申报稿中已然不见;而公司存货余额在 2003 年至 2005 年小幅增长的基础之上(2003—2005 年年末分别是 8 120.45 万元、9 487.59 万元、11 857.58 万元),2006 年增加至 17 830 万元。2007 年 12 月 21 日,二次闯关终成功,登陆中小板,成为 A 股唯一绿化行业的上市公司。那么为何第一次上市申请没有通过而短短的 1 年后就能够通过?

(二) 再度闯关成功之虚增资产

根据证监会对绿大地欺诈发行的事后调查,其上市前处于连续 3 年亏损状态,根本不具备 A 股上市条件,但出于对资本的渴望,在原董事长何学葵、原财务总监蒋凯西、原外聘财务顾问庞明星等人的策划下,公司通过"做账"来达到上市标准。绿大地从 2004—2007 年利用其控制公司,采用阴阳合同等方式虚增资产,通过虚构银行回款方式虚增收入,并以虚增资产、虚假采购方式将资金流出,再通过其控制公司将资金转回方式虚增销售收入,累计虚增营业收入 2.96 亿元,如绿大地招股说明书显示,绿大地另一处固定资产"马鸣基地"围墙的固定资产价值为 686.9 万元,其招股说明书上

---

① 昆地税经政字[2006]14 号文。

显示的该基地4块地(原为荒山)共3 500亩,如果其围墙只围地块的周长,折算下来,其每米围墙的价格高达1 268.86元。此外,马鸣基地的3口深水井计入固定资产216.83万元,每口深井价值72.27万元。而该招股说明书上的另一口深井,金殿基地深水井却只值8.13万元,价格相差近10倍。

(三) 再度闯关成功之关联交易

根据《首次公开发行股票并上市管理办法》第33条规定的业绩条件:最近3个会计年度净利润均为正数且累计超过人民币3 000万元;最近3个会计年度经营活动产生的现金流量净额累计超过人民币5 000万元,或者最近3个会计年度营业收入累计超过人民币3亿元。绿大地2004—2006年财务指标显示,2004—2006年以及2007年1月至6月,净利润均为正数且累计超过人民币3 000万元;经营活动产生的现金流量净额累计4 356.9万元(未达到《首次公开发行股票并上市管理办法》的要求);因此营业收入必须累计超过人民币3亿元,才满足第33条的要求,绿大地做大营业收入是必然选择。接着绿大地利用隐性关联交易来实现了这一目的。昆明鑫景园艺工程有限公司位列绿大地2007年上半年苗木采购第一大户,当期采购苗木的金额为755万元,占同期绿大地营业收入的5.69%,其股东晁晓林持有该公司10%的股份,该公司在2005年和2006年都是绿大地的第三大客户。同时晁晓林还担任昆明晓林园艺工程有限公司的法定代表人并持有该公司80%的股份,该公司也为绿大地的前5大客户之一,2007年上半年该公司向绿大地采购了超过300万元的苗木。根据绿大地2007年上市招股说明书,2004年、2005年、2006年及2007年上半年,绿大地对历年的前五大销售客户的销售占据绿大地前期销售金额的绝大部分。然而,在绿大地上市之后的2008年,其曾经的采购大户陆续消失。绿大地上市后不久,便发生了巨额的销售退回事件。在证监会介入调查后,绿大地2010年4月30日披露,2008年年度报告存在重大会计差错,未对销售退回进行账务处理,并在2009年年报中对前期重大会计差错进行更正:确认2008年苗木销售退回

2 348.519 5万元,并由此追溯调整减少2008年度合并及母公司营业收入2 348.519 5万元、追溯调整减少2008年度合并及母公司营业成本1 194.736 3万元、追溯调整增加2008年合并及母公司年末应付账款1 153.783 2万元,调减合并及母公司2008年年末未分配利润1 038.404 9万元,调减合并及母公司2008年年末盈余公积115.378 3万元。对于上述销售退回事件,在2009年年度报告中中审亚太会计师事务所会计师对此持"保留意见",导致保留意见的事项之一为"由于受审计手段的限制,我们无法获取充分适当的审计证据对绿大地公司部分交易是否属于关联交易以及交易的真实性、公允性进行判定"。2010年度财务报告中中准会计师事务所出具无法表示意见,原因之一为"我们无法实施满意的审计程序,获取充分适当的审计证据,以识别绿大地公司的全部关联方,由此,我们无法合理保证绿大地公司关联方和关联方交易的相关信息得到恰当的记录和充分的披露"。采购大户的神秘消失、接踵而至的巨额冲销以及会计师事务所的审计意见都揭示"隐性关联交易的存在"。根据绿大地各年年报,2004—2010年前五大客户的销售额占营业收入的比重分别为57.70%、43.56%、27.83%、28.80%、22.32%、23.23%和79.86%。

(四)上市之后继续造假

在成功上市后,绿大地继续实施财务报表造假,2008年虚增收入8 564.68万元,2009虚增收入6 856.1万元。而绿大地被查的导火线是2010年一季报,这是一份令人大跌眼镜的季度报表:2010年4月28日预告基本每股收益为0.27元,但4月30日正式出台的一季报每股收益竟然只有每股0.1元,两天之差,营业总收入、净利润、每股收益暴跌;经过分析发现,在该季度报表中,仅合并现金流量项目差错就多达27项,其中千万元的差错有8项,亿元的差错则多达12项。同时,绿大地也涉嫌伪造国家机关公文、有效证明文件和有关单据、凭证,隐匿、销毁会计资料等多项违法犯罪行为,性质极为恶劣。绿大地2010年主要财务资料如表8-1所示。

表 8-1 绿大地 2010 年主要财务资料

报告期 项目	2010-9-30	2010-6-30	2010-3-31
每股收益	0.120 0 元	0.060 0 元	0.1 元
每股净资产	3.91 元	3.85 元	3.89 元
每股现金含量	−0.14 元	−0.12 元	0.239 1 元
每股资本公积金	2.01 元	2.01 元	2.010 9 元
净利润	1 861.61 万元	969.12 万元	1 539.46 万元
主营利润收入	27 119.66 万元	19 479.14 万元	16 112.1 万元
财务费用	1 025.18 万元	688 万元	372.27 万元

资料来源:绿大地季报和年报。

三、案例分析

为什么绿大地频频造假却依然能够成功上市呢？其中,公司管理层、监管层应负有什么样的责任？中介机构(保荐机构、会计师事务所和律师事务所)是否有过失,应承担什么样的责任？作为 IPO 审批的中国证监会,其审批程序和监管措施是否存在漏洞？案例的分析思路如图 8-1 所示。

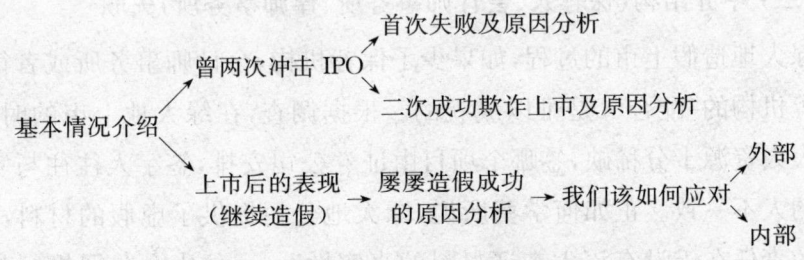

图 8-1 绿大地案例分析思路图

(一) 公司治理结构不完善

首先我们必须看到绿大地前董事长何学葵拥有公司约 30%的股权,公司的控制权完全掌握在其手中,而且缺乏有效的内部监督机制,独立董事、监事会形同虚设。根据资料显示,2009年绿大地共召开过9次董事会,独立董事郑亚光均亲自参加,而2010年共召开过18次董事会,郑亚光出席16次,委托出席2次。但事实上,这位被认为管理经验和专业知识都过硬的独立董事,在绿大地东窗事发前,从未在会议上投过一次反对票或弃权票,而以其专业能力和从业经验看,他不可能看不出公司的财务存在重大问题,最大的可能就是他在其位不谋其职,根本就没关注过公司。而最无法向中小投资者交代的是其对绿大地多年来自设关联公司虚增资产的行为一言不发。同时我们还发现,郑亚光在2009年3月接任公司独立董事后,于2011年3月接替何学葵任董事长一职,独立董事的职责在于监督管理层的日常行为,对特殊事项发表意见,防范公司发生损害投资者利益的行为,而郑亚光就任董事长一职并代行董事会秘书职责显然混淆了公司治理机制的设计理念,使人不得不质疑曾经的独立董事是否为中小股东的利益尽职尽责。除郑亚光外,在2011年之前,其他三位独立董事也从未对公司的决策发表过任何反对意见。5年间,公司账目暗藏近百张伪造的银行单据,控制31家关联公司,几十个公司公章由一人保管。这种"一股独大"的股权分布和无效的内部控制制度显然直接纵容了绿大地的欺诈行为。其造假与否完全取决于董事长的意图。

(二)中介结构(保荐人、会计师事务所、律师事务所)失职

绿大地造假上市的过程,如果少了保荐机构,会计师事务所或者律师事务所等机构的"配合",是难以成就的。根据调查,在绿大地上市的时期,保荐代表人资源十分稀缺,签哪个项目由证券公司安排,签字人往往与实际做项目的人不一致。正如何学葵所说,绿大地公司提供了虚假的材料,"中介机构的责任在于没有深入查证材料的真实性"。一位中金公司投行部的工作人员告诉记者,目前在IPO中,保荐机构会进行一个包括财务、业务和法律在内的全面尽职调查。"我们会提一些问题,准备一些书面材料,同时会和企业的管理层以及负责业务、财务和法律相关的人面谈。"他表示,如果

(企业)有意隐瞒,保荐人是没有能力查出来的。"更多的是一种诚信,该问的都要问到,该要的材料都要到了,作为中介机构的会计师、律师则各自从专业角度给券商出一个专业意见。"他强调:"业界有一种潜规则,受人之托、纳人之财,就得为人谋事。"资料显示,此次涉嫌欺诈发行的绿大地,其保荐机构是联合证券,2009年9月,联合证券更名为华泰联合证券。在联合证券2007年出具的对于绿大地的发行保荐书中,明确表示:"发行人符合现行法律法规有关股票发行和上市规定的各项实质性条件;发行人募集资金全部用于主营业务,投资方向符合国家产业政策和有关规定。"公开资料显示,在这份保荐书上签名的保荐人是李迅冬和黎海祥,两人曾因绿大地信息披露违规和重大会计差错而于2010年被证监会通报批评。更可怕的是中介机构还以专业水平指导造假。身为注册会计师的庞明星是绿大地案中的一个关键人物,身份复杂。根据何学葵的说法,四川华源会计师事务所所长庞明星是绿大地外聘的财务顾问。但据知情人透露,庞明星曾在绿大地的上市审计公司——深圳鹏城会计师事务所就职,也是他将鹏城会计师事务所介绍到绿大地的。庞从绿大地项目中的收入一部分来自鹏城会计师事务所,一部分来自何学葵,这些收入都是对庞明星"造假智囊"的报酬。从公开的资料不难看出,绿大地自从上市至2010年的3年间,一共更换了三次审计机构。其中负责绿大地IPO招股说明书财务审计的会计机构为深圳鹏城会计师事务所。根据绿大地招股说明书,2007年下半年,绿大地上市的审计机构深圳鹏城会计师事务所对绿大地造假之后的2004年、2005年、2006年和2007年上半年的财务报表出具了"深鹏所股审字[2007]104号标准无保留意见审计报告"。此外,绿大地上市的另一个重要中介方就是其法律顾问。其法律顾问为四川天澄门律师事务所,该所负责操办绿大地IPO项目的律师为徐平和肖兵。在一路大开绿灯之后,各大中介机构自然从绿大地身上获得了丰厚的回报。数据显示,绿大地成功上市后,联合证券从中收取了1 200万元的承销及保荐费用;深圳鹏城会计师事务所也收获了110万元的审计费用;四川天澄门律师事务所也从中收取了80

万元的律师费用。可以肯定的是,在收取了巨额的相关中介费用之后,无论是绿大地的保荐机构、审计机构还是法律顾问,都对绿大地的欺诈上市"浑然不觉"。在发审机关的审核上,曾参加《公司法》《证券法》等商事经济法律研究、起草和修改工作的中国人民大学商法研究所所长刘俊海表示:"目前主要是由拟上市公司、拟发行公司来出面聘请保荐机构、会计师事务所和律师事务所,所以保荐机构、会计师事务所和律师事务所往往就是'谁找我们,我们就对谁负责',而不是对于未来的投资者负责任。另外,即使保荐机构保荐的上市公司出现问题后,保荐机构也是以受到警告和罚款处罚的居多,收费多,罚款少,中介机构违法成本偏低"。

(三)地方政府的过度保护和偏袒

由于企业上市带来大额资金的募集以及地方税收的增加等,使推动企业上市也成为一项重要政绩,地方政府往往为企业上市一路开绿灯。根据资料显示,绿大地2010年一季度的销售额仅为5 989.35万元,而缴纳的税费高达3.02亿元。在绿大地一案中,这道关口不仅没有被守住,相反却随处可见地方保护的影子。尚且不说当年地方部门如何让绿大地带病过关,单就案发之后的各种迹象看,地方为保护企业可谓不遗余力。何学葵被捕前,绿大地曾以公司名义向云南省政府书面求援。其紧急报告中说,如果公司被定性为虚假或欺诈上市,"可能引起农户和股民的大规模上访、投诉等社会恶性事件","不利于鼓励有条件的企业上市发展,进一步做大我省花卉产业","使将来云南企业上市融资难上加难"。云南省花卉产业办公室也曾向绿大地公司风险处置及维稳工作领导小组打报告,请求有关部门在处理绿大地案件方面从轻从宽。在案发前后,有关地方领导也曾多次赴京,与证监会高层会晤,为绿大地说情。调查人员也面临很大阻力,整个调查过程非常艰难,公安部门对何学葵的批捕方案也曾多次被地方驳回。

(四)IPO审核制度缺陷

现有发行审核制度的缺陷也为企业造假上市、欺诈发行提供了可能。

绿大地造假案一出，人们的第一反应是：证监会怎么审的？如此严重造假的企业竟能过会？理清这一问题需要对新股发行审核的流程进行梳理。根据现有体制，一家企业若要申请上市先要通过地方证监局的辅导备案，然后才能报证监会。证监会发行部对企业的申请材料进行初审之后，向发审委提交初审报告，最终由发审委委员根据材料进行审核并投票决定是否通过。可以说，地方证监局、证监会发行部、发审委是监管层为新股发行设立的三道关口。按理说，地方证监局由于地缘优势容易掌握企业的真实情况，应是监管层了解企业的重要窗口。但身处地方的派出机构往往更有动力推动本地企业上市，且因不对企业进行实质性审核，地方证监局这一关并不严格。"到了证监会层面，审核人员不可能也没有义务去现场，如果企业蓄意造假且凭证齐全，再专业的人单凭材料也很难识破。"一位投行人士说，"若在企业审核中没有受贿等行为则很难推定审核人员的责任。"在很多人看来，新股发行审核重权在握，但与权力相对应的责任却要小得多，A股历史上似乎也还没有哪位审核人员因所审企业出问题而受到处分。深圳大学经济学院国际金融研究所所长国世平认为证监会承担了交易所本应承担的发行审核责任，又缺乏监督机构，无疑增加了其中的寻租空间。如果交易所负责发行审核，证监会负责监督，两者各归其位，加大其中权力制衡力量，就能更好地避免上市造假等事件的发生。

（五）欺诈的成本和收益

纵使我国的IPO制度有诸多的漏洞，但是归根结底，支撑绿大地罔顾法纪、铤而走险的真正动力在于一旦上市成功，其带来的效益将会远远高于其付出的成本。绿大地上市后一次性募资3.46亿元，原董事长何学葵身价过亿，而后随着股价的上涨其更是跻身2009年胡润富豪榜，绿大地也一跃成为A股市场苗木绿化企业的龙头。根据经济学的供求理论，只要边际收益大于边际成本，即当会计造假的收益大于成本时，企业就会采取造假行为。根据资料显示，绿大地先后中标昆明市"宜良县南盘江西岸一期景观工程"和"重庆市酉阳自治县桃花源景区改造、伏羲洞开发建设工程"。2010年上半年,该公司共获得园林工程订单3.03亿元。2010年11月5日,绿大地与四川省南充市住房和城乡建设局签订《合作意向书》,南充市城建同意将西华体育公园、北部新城道路、东湖公园、江东大道南段工程项目整体打包依法履行招标程序后由公司以BT方式整体承担投资建设,项目预计总投资人民币5亿元人民币,而与此形成鲜明对比的是绿大地东窗事发后,5名被告人全部被判缓刑,公司仅被罚款400万元。在海外成熟市场,投资者遭遇欺诈发行情况时,可以集体诉讼,强制上市公司作出赔偿。在我国目前尚无这一制度。因此经济学家华生就此认为,欺诈发行的出现并不能说明现行新股发行制度有什么问题,关键在于提高违法违规成本。

四、结论和建议

那么针对这样一种局面,我们该怎么来应对呢?

(一) 引入机构投资者和改变独立董事的任免机制

针对我国民营上市公司内部"一股独大"的问题,应积极推行上市公司持股形式多元化,可以借鉴德国和日本的经验,推行银行法人持股的模式,还可以积极引进机构投资者。由于市场分割,信息通道受阻,单个投资者的信息识别能力较差,因此面对证券市场信息的不完全,其明显处于弱势,无法实现最理想的金融产品投资组合,而机构投资者的产生部分决绝了市场信息不完全的问题。根据WIND资料显示,国外的机构投资者占投资者总体的90%左右,而我国只有60%。独立董事充当了中小股东代言人的角色,我国民营上市公司治理的问题在于股权集中模式下股东之间的利益冲突,内部治理机制的目标是解决控股股东与中小股东之间的利益冲突,而不是解决股东与管理层之间的利益冲突。因此,由大股东提名独立董事的机制背离了制度设置的初衷,在一定程度上影响了独立董事独立履行职责。美国著名学者J. C. Coffee曾经指出,股权集中模式下的国家仓促引进美国的独立董事制度可能收效甚微,因为这些国家的控股股东掌握着董事的任免权,而任免者恰恰就是独立董事的未来监督对象。因此,未来可以考虑由中国证监会统一选派独立董事,直接对中小股东负责。独立董事的报酬由中国证监会直接发放,以此来隔开独立董事对大股东的依赖。

(二) 加大处罚,完善投资索赔制度

当年美国安然公司因财务造假,导致股价从 90 美元暴跌至 30 美分,使其最终走向没落。受其影响,为安然服务的著名五大国际会计师事务所之一的安达信会计师事务所也跟着倒闭关门,并由此引发美国世通公司的丑闻,后者也随之宣告破产。而安然公司、世通公司的丑闻,却促成了美国《萨班斯-奥克斯利法案》的诞生。与之相比,在我国 A 股市场,财务造假或欺诈上市的违规成本却要低得多,这从绿大地一审判决即可看出。虽然我国也启动了投资者保护机制,但效果相当有限。低廉的造假成本,让股市的惩戒机制形同虚设,代价太低成为资本市场造假猖獗的主要原因。业内人士呼吁,应该本着严惩造假者和保投资者利益的原则,妥善处理绿大地事件,同时着眼长远,完善投资者索赔等机制。经济学家华生说:"监管部门与司法部门有必要以绿大地为标本,从重处理欺诈上市事件。全面追究绿大地公司、原公司高管、保荐机构、会计师事务所、律师事务所的责任。"从这个角度看,我们更需要中国版的《萨班斯-奥克斯利法案》。这不仅是保护投资者利益的需要,更是中国股市健康发展的基本诉求。

(三) 克服地方保护主义

在绿大地的案子中,随处可见地方保护主义的影子。中国注册会计师协会发布的 2010 年年报审计情况快报显示,已披露年报的 1 570 家上市公司中,有 1 454 家收到政府补贴,所占比率高达 92.61%,涉及的金额高达 464.4 亿元人民币,平均每家上市公司获得补贴 3 187.09 万元,并且,地方政府往往在税收方面大开方便之门,如早期在创业板上市的 117 家公司中就有 16 家公司受益于地方政府越权审批税收优惠,占比 13.68%。

首先,由于目前各级干部的考核主要是以经济指标来衡量的,如果这个地方的经济水平上去了,便一好遮百丑。因此要转变政府官员的考核办法,

经济指标虽然是重要的内容之一但所占的比重不能过重,上市不是政绩,不能为了保壳而向各上市公司撒钱。其次,把地方政府的推荐上市等主导权从证券市场中剔除出去,取消发审委,让投资者决定公司的估值,让交易所决定公司能否上市。只有这样,才能彻底消除地方保护主义,维护证券市场的公平性。

从内部来看,真正起到预防、发现和纠正企业造假行为的关键在于有效的内部控制。

(四)重视控制环境建设

在控制环境方面,绿大地自上市以来,董事会成员除被羁押的董事长之外,如今仅剩下两个;监事会的换血显得更为彻底,如今已全是新面孔。从权力制衡的情况来看,2009年之前,公司一直未实现董事长和总经理的职务分离;从2010年4月起,董事会秘书一直由董事长兼任;公司的实际控制人——董事长在董事会中处于绝对的主导地位。新上任的董事长在担任公司独立董事期间,他曾多次提出过有关内部控制方面的建议,但受限于公司的决策程序等因素,未能起到作用。更令人担心的是,公司新聘用的高管有的曾在问题公司当过管理者,有的是理论多于实践经验。不仅高管的素质和稳定性难以保证,公司里中专及以下学历的员工占了62.35%,现有员工的专业教育背景、专业资质和专业结构也难以支撑公司的长远发展。归根结底,内部控制是"人"的问题,因为它既是靠人去设计的,也是靠人去执行的。针对控股股东的不当行为、人员变更和基础管理薄弱的问题,绿大地应加强基础管理,规范会计账务处理和信息披露,并在发展战略、企业文化以及团队建设等方面,做出相应的调整。必须承认,重要职位上的频繁变动,势必会影响公司制度执行的连贯性和有效性,也说明公司没能建立良好的人才储备机制。因此,绿大地的当务之急是建立并完善人力资源储备机制,稳定管理团队与员工队伍,加强企业的向心力和凝聚力,完善培训机制和考核机制,提高经营团队和员工的综合素质,以保障日常生产经营的正常开展。

（五）强化风险评估

在风险评估方面，2010年绿大地的业务结构发生了较重大的变化，公司的业务重心由原来以绿化苗木生产为主、绿化工程设计和施工为辅，调整为在稳定现有苗木生产经营的基础上，大力拓展绿化工程业务。但这一经营理念的转变似乎来得太迟。旱灾于2008年7月就开始，12月明显加重；严重干旱天气又从2009年下半年持续至2010年一季度，对公司的绿化苗木业务产生了不利影响。虽然公司的绿化工程业务发展较为迅速，在一定程度上抵御了异常天气给公司生产经营带来的不利影响，但绿化工程项目在执行过程中，主要依靠资金来推动订单的增长。由于需要公司大量垫付资金，而客户拖延支付货款或付款能力又欠佳，导致应收账款发生坏账损失的风险加大。因此，公司应加大催收应收账款的力度，同时积极盘活资产，拓宽融资渠道，解决流动资金不足的问题，以满足日常经营活动现金流的需要。另外，针对以前苗木种植靠天吃饭的状况，公司应强化苗木基地基础设施建设，降低苗木种植中由于自然因素带来的风险。

（六）加强控制活动

在控制活动方面，绿大地的有关资料显示，2004—2006年存货金额逐年增加，截至2007年6月底，存货金额占流动资金总额的比例达67.74%。存货积压造成了资金流的短缺，加上农产品自身的质量容易受到天气的影响，需要合理计提减值准备，因此公司在2009年亏损达1.51亿元，说明公司没能对存货进行有效的管理和控制。

（七）完善信息和沟通

在信息与沟通方面，绿大地上市后三番五次的业绩错报，也让人对其信息与沟通的真实性和有效性产生疑虑。2009年10月至2010年4月，绿大地披露的业绩预告和快报曾几度反复，由预告增长过亿元变更为最后亏损1.51亿元，成为"业绩变脸王"。绿大地应以重视内部控制的新董事长上任为契机，积极改变"业绩变脸王"的不利形象，加强审计委员会领导下的内部审计监督,使内部控制的自我评估落到实处,以确保信息与沟通的准确性与有效性。与此同时,为获取当地政府与相关监管部门的帮助和支持,绿大地需要与当地政府及相关监管部门建立顺畅的沟通渠道,如通过 24 小时热线,随时与相关部门保持沟通,争取省、市政府及金融部门等相关各方督促欠款单位依法按合同付款,并帮助解决可能面临的问题。

(八)增强内部监督

在内部监督方面,绿大地在 2010 年年度报告中,详细阐述了公司在内部控制方面存在的问题,并提出了诸多整改措施和办法。但综观绿大地 2008 年和 2009 年的年度报告发现,无论是董事会、监事会还是管理层对内部控制的自我评价虽不是百分之百满意,但大都感觉良好,改进的建议也泛泛而谈,并没有具体指出问题所在或提出实质性的改进建议。由于内部控制制度一经设立,在一定时期内就有一定的持续性和稳定性,可见绿大地在内部控制方面的问题早就存在,只是内部控制的自我评估监督作用甚微。所以,公司应建立重大决策集体审批制度,以杜绝管理者的独断专行。同时建立部门之间的相互牵制制度,以杜绝部门权力过大或集体徇私舞弊的现象。在内部监督的过程中,要加强审计委员会领导下的内部审计监督,赋予内审部门真正的权力,加强其权威性和独立性,使内部审计真正发挥作用,以帮助公司实现长远发展。

五、参考文献

[1] 冲蒋,章颖,徐建军.人格特征、利益博弈、资本证券化与财务舞弊——基于绿大地舞弊案例的启示[J].会计之友,2012,(6).

[2] 林枫,范锰杰.我国保荐人制度:市场的"守夜人"抑或"合谋者"——基于中小板绿大地公司的案例分析[J].财会学习,2011,(6).

[3] 齐小亚.由"绿大地财务造假"事件看我国上市公司盈余管理[J].时代金融,2011,(18).

[4] 刘婷.透视绿大地财务违规事件[J].财务与会计(理财版),2011,(12).

[5] 钟林."绿大地造假门"击中 IPO 软肋[J].股市动态分析,2011,(13).

[6] 李秋迪.绿大地事件分析.工作论文.

第二节 国外上市公司舞弊案例及启示

 案例19 集体规避审计之南方保健公司案例

一、案例介绍

(一) 案例背景

2003年3月18日,美国最大的医疗保健公司——南方保健会计造假丑闻败露。该公司在1997年至2002年上半年期间,虚构了24.69亿美元的利润,虚假利润相当于该期间实际利润(-1 000万美元)的247倍。这是《萨班斯-奥克斯利法案》颁布后,美国上市公司曝光的第一大舞弊案,备受各界瞩目。为其财务报表进行审计,并连续多年签发"干净"审计报告的安永会计师事务所,也将自己置于风口浪尖上。

南方保健使用的最主要造假手段是通过"契约调整"(Constractual Adjustment)这一收入备抵账户进行利润操纵。"契约调整"是营业收入的一个备抵账户,用于估算南方保健向病人投保的医疗保险机构开出的账单与医疗保险机构预计将实际支付的账款之间的差额,营业收入总额减去"契约调整"的借方余额,在南方保健的收益表上反映为营业收入净额。这一账户的数字需要南方保健高管人员进行估计和判断,具有很大的不确定性。南方保健的高管人员恰恰利用这一特点,通过毫无根据地贷记"契约调整"账户,虚增收入,蓄意调节利润。而为了不使虚增的收入露出破绽,南方保健又专门设立了"AP汇总"这一账户以配合收入的调整。"AP汇总"作为固定资产和无形资产的次级明细账户存在,用以记录"契约调整"对应的资产增加额。

据《华尔街日报》的报道,安永会计师事务所参与南方保健审计的多位

注册会计师明显缺乏应有的职业审慎:

(1) 安永的主审合伙人 Miller 证实,在南方保健执行审计时,审计小组需要的资料只能向南方保健指定的两名现已认罪的财务主管 Emery Harris 和 Rebecca 索要。审计小组几乎不与其他会计人员进行交谈、询问或索要资料。对于南方保健这种不合理的限制,安永会计师事务所竟然屈从。稍微有点审计常识的人都知道,被审计单位对注册会计师获取审计证据的限制是不能接受的,通过被审计单位指定渠道是难以获取充分、适当的审计证据的。

(2) SEC 和司法部的调查结果显示,南方保健虚增了 3 亿美元的现金。众所周知,现金是报表科目中最为敏感的一个项目,对现金的审查历来是财务报表审计的重点。一旦现金科目出现错报或漏报,财务报表便存在失实或舞弊的可能。注册会计师也可以此为突破口,追查虚构收入、虚减成本费用等舞弊行为。各国的审计准则普遍要求注册会计师采用函证等标准化程序,核实存放在金融机构的现金余额。

(二) 公司背景

斯克鲁西是南方保健的缔造者,被誉为变革美国理疗业的灵魂人物。他创造性地提出将理疗和恢复性治疗等手术辅助环节从医院中独立出来运作的构想,并探索出一套低成本、高疗效的诊所运营模式。从 20 世纪 90 年代开始,斯克鲁西带领南方保健疯狂扩张,终于让南方保健旗下的理疗诊所像麦当劳一样开遍美国的每一个角落。截至 2002 年,南方保健在全球拥有了 1 229 家诊所,203 家外科手术中心和 117 家疗养院,成为全美最大的保健服务商。

斯克鲁西是个开拓进取的创业者,却也是个独断专行、刚愎自用的人。在南方保健,他实行独裁式的强权管理。曾与其共事过的董事和高管人员对他敬畏有加。董事们即便"懂事",也不敢管事,任凭斯克鲁西左右公司的重大决策。此外,斯克鲁西及其同伙还投资了数十家医疗企业,编织成一张以斯克鲁西为中心的复杂的关联交易网,成为他们中饱私囊的"提款机"。

2002年8月,南方保健的CEO理查德·斯克鲁西(Richard M. Scrushy)和CFD威廉·欧文斯(William T. Owens)按照《萨班斯-奥克斯利法案》的要求,宣誓他们向SEC提交的2002年第二季度的财务资料真实可靠。宣誓后,欧文斯寝食不安。慑于安然和世界通信造假丑闻曝光后社会公众的反响和压力,2003年3月18日,不堪重负的欧文斯终于向司法部门投案自首,供出南方保健的会计造假黑幕。已经披露出的25亿美元虚假利润使南方保健成为仅次于世界通信的第二大"会计造假大王"。

二、问题梳理

南方保健至少从1997年开始就使用各种会计造假手法对经营利润和资产负债表科目进行操纵,以满足华尔街的盈利预期。

(一) 开"家庭会议",编造虚假分录

在斯克鲁西的领导下,南方保健的高管人员每个季度末都要开会,商讨会计造假事宜,他们亲切地称这种独特的会议为"家庭会议",与会者被尊称为"家庭成员"。SEC在起诉状中指出,南方保健使用的最主要造假手段是通过"契约调整"这一收入备抵账户进行利润操纵。

从1997年至2002年6月,南方保健通过凭空贷记"契约调整"的手法,虚构了近25亿美元的利润总额,虚构金额为实际利润的247倍;虚增资产总额15亿美元,其中包括固定资产10亿美元,现金3亿美元。

其实,早在会计造假曝光前,南方保健就曾因多次诈骗联邦医疗保险金的行为而臭名昭著了。根据美国医保服务中心(CMS)的调查,长期以来,南方保健向CMS提交理疗服务成本报告时就存在如下问题:①成本报告中有相当数量的服务种类是其从未对医保病人开放的(将一部分非医保病人发生的支出计到医保病人的头上,以骗取Medicare(老年人医疗保险计划)和Medicaid(国民医疗补助计划)的补偿;②在南方保健上报的理疗服务中,有50%缺乏指定医师的诊疗记录(即虚构莫须有理疗支出);③南方保健经常

将助理医师给多个病人提供的诊疗服务按照执业医师单人诊疗的标准列示，以向 Medicare 和 Medicaid 寻求高额补偿。

（二）处心积虑，规避审计

为掩饰会计造假，南方保健动员了几乎整个高管层，共同对付安永会计师事务所。其别有用心的欺骗行为具体表现在：①为了避免直接调增收入，他们设计了"契约调整"这一收入备抵账户，利用该账户依赖主观判断，且在会计系统中不留交易轨迹的特点，加大虚假收入的审计难度；②编造虚假会计分录时，南方保健利用了许多过渡账户，虚构的利润通过频繁借贷，最终虚增了固定资产、无形资产甚至是现金账户；③南方保健的会计人员对安永会计师事务所审查各个报表科目所用的重要性水平了如指掌，并千方百计将造假金额化整为零，确保造假金额不超过安永会计师事务所确定的"警戒线"。这样，即使虚假分录被抽样审计所发现，他们也可以"金额较小，达不到重要性水平"为由予以搪塞。

当然，纸总是包不住火的。在 2000 年度的审计中，安永会计师事务所就曾质疑南方保健某家门诊机构固定资产的增加缺乏足够的凭证支持。为此，南方保健的会计人员当即在电脑上篡改了固定资产的采购发票为自己圆谎。更恶劣的是，当安永会计师事务所向南方保健索要固定资产的明细分类账时，南方保健的会计人员居然迅速炮制了一本分类账，将所有由"AP汇总"捏造出的"新增固定资产"在这本分类账中逐一补上。

三、案例分析——思考与认识

（一）保持高度的职业审慎

保持高度的职业审慎，能够帮助注册会计师敏锐地发现问题、捕捉错弊的蛛丝马迹，提高审计效率，使审计工作事半功倍。相反，如果未能保持应有的职业谨慎，即使按部就班地执行了所有既定的审计程序，审计依然是没有效率甚至是没有效果的，审计质量也无从谈起。在这一点上，安永会计师事务所和已经倒下的安达信会计师事务所都是前车之鉴。在与被审计单位

"斗智斗勇"的博弈过程中,职业审慎始终是注册会计师赖以生存的基本法则。

(二)保持独立性

独立性是确保审计质量的关键所在,也是包括"四大"在内的会计师事务所取信于社会公众的砝码。然而,独立性经常受到"逐利性"的威胁和瓦解。在南方保健一案中,安永会计师事务所是否保持实质独立,正受到各方的质疑。南方保健一直是安永会计师事务所伯明翰办事处的最大客户,该公司向 SEC 提交的"征集投票权声明"(Proxy Statement)显示,2000 年和 2001 年,南方保健向安永会计师事务所支付的费用分别为 368 万美元和 367 万美元,其中,"审计相关费用"是"审计费用"的两倍多。耐人寻味的是,2000 年度和 2001 年度的"审计相关费用"合计数 497 万美元中包含了 260 万美元的"洁净审计"(Pristine Audit)费用,比审计费用合计数 219 万美元还多 41 万美元。所谓"洁净审计",是指南方保健聘请安永会计师事务所对其医疗场所及设施的卫生保洁情况(如卫生间、接待室是否有污迹、灰尘和垃圾等)进行一年一度的检查。卫生检查本来与报表审计毫无关系,但南方保健美其名为"洁净审计",并按照安永会计师事务所的建议将其披露为"审计相关费用",严重误导了投资者。据介绍,"洁净审计"的主意出自 Scrushy,此举又可暗示着南方保健有向安永会计师事务所"购买审计意见"之嫌,因为卫生保洁检查显然是一种无风险高回报的业务。安永会计师事务所每年只需派 20 多个最初级的审计人员对南方保健 1 800 多个场所的卫生保洁情况进行一次突击检查,就可收取比报表审计更高的费用。接受如此慷慨的"业务馈赠",是否有损于安永会计师事务所的独立性,正引起多方的高度关注。特别是,在 SEC 正审查安永会计师事务所与其审计客户仁科公司(PeopleSoft)联合开发和推销软件是否违反独立性原则并准备给予安永会计师事务所暂停接受新客户半年处罚的关头,安永会计师事务所将"卫生保洁检查"创造性地包装成"审计相关费用"的丑闻,更有可能给安永会计师事务所带来意想不到的伤害。

四、参考文献

[1] 宋建波.美国证监会审计案例精选[M].北京:中国人民大学出版社,2005.
[2] 黄世忠.会计数字游戏:美国十大财务舞弊案例剖析[M].北京:中国财政经济出版社,2003:311-339.
[3] 王芳.财务舞弊与财务报表的审计方法透视[J].经营管理者,2009,(3).
[4] 张景山,审计案例分析,中国市场出版社,2011.

案例20 法国兴业银行舞弊案例

一、案例简介——法国兴业银行简介

法国兴业银行创建于拿破仑时代,历经两次世界大战。有200多年骄人业绩的法国兴业银行是世界上最大的银行集团之一,担任着世界最大衍生交易市场的领导角色。法国兴业银行最受业界推崇的是它的金融投资业务,其盈利能力在同业中属于佼佼者。尤其是在风险较高的金融衍生品市场,大约有50%的股东和40%的业务来自海外。法国兴业银行至今已有55 000名雇员为客户提供从传统商业银行业务到投资银行业务的全面、专业的金融服务。

法国兴业银行一直以全球风险监控出色著称,一直被认为是世界上风险控制最出色的银行之一。法国兴业银行凭借严格的风险控制管理能力长时间占据金融衍生产品和结构性融资方面头把交椅。据法国兴业银行公开资料显示,其股票衍生品业务全球排名第一,利率、信贷、汇率和商品衍生产品业务排名全球前五位,出口融资与商品融资业务排名全球第一,项目融资业务在欧洲排名前五位。

二、问题梳理——舞弊丑闻

2008年1月24日,法国兴业银行曝出有史以来金融业最大的交易员职

务舞弊丑闻。现年31岁的交易员Jerome Kerviel在未经授权情况下大量购买欧洲股指期货,最终给兴业银行造成49亿欧元(约合71.4亿美元)损失。

Jerome Kerviel年仅31岁,毕业于法国里昂第二大学,2001年加入法国兴业银行。在前5年,Jerome Kerviel一直在银行投资部从事后台管理工作,因此,他非常熟悉后台的风险控制流程及内部监控系统。直到2005年,Jerome Kerviel晋升为交易员,负责欧洲股市指数期货的交易,这也是法国兴业银行最为擅长的衍生品交易,但也是风险最大的品种之一。

由于Jerome Kerviel曾从事后台管理工作,对兴业银行的内部监控系统非常熟悉,加上Jerome Kerviel对电脑技术的了解,所以Jerome Kerviel在真实仓位面临交割前利用大量虚拟交易掩藏其违规投资行为,从而成功地掩盖自己的操作踪迹,2007年3月开始的舞弊交易变得非常激进,Jerome Kerviel注意到美国次级房贷的问题,而决定用500亿欧元大量放空欧洲股指期货。其中道琼斯欧洲50指数方面有300亿欧元,德国DAX指数方面有180亿欧元,英国FTSEloo指数上有20亿欧元。2007年6月Jerome Kerviel的指数期货空头部位达到280亿欧元,在这段期间,Jerome Kerviel还同时持有6亿欧元的股票部位。2007年11月Jerome Kerviel结清手上的部位后,产生高达15亿欧元的惊人获利。

从2007年底开始,Jermoe Kerviel反手做多,豪赌市场会出现上涨,Jerome Kerviel持有指数期货多头部位达到490亿欧元,然而,这次幸运之神没有降临,Jerome Kerviel看错了方向。欧洲市场2008年年初以来的大跌使他的账户反而出现巨额亏损。为掩盖自己的操作踪迹,Jermoe Kerviel继续大量创设虚假的对冲头寸,不断以虚拟的买卖为即将到期的合约转仓。

在具体操作中,Jerome Kerviel使用了多种欺骗方法来规避相关交易被查出。①第一个手法是确保所执行违规操作的特征不会引起高概率的控制核查。举例来说,Jerome Kerviel选择的违规交易中不带有任何包括现金流动、保证金追缴要求和那些需要得到及时确认的操作行为。②第二个手法是盗用操作人员管理的IT系统权限,用于取消特定的交易行为。③第三个手法是伪造相关数据,使其能够伪造虚假操作数据的来源。④第四个手法是确保在每次虚假操作中使用另一个不同于他刚刚取消的交易中的金融工具,此举的目的是增加规避相关审查的概率。

2008年1月,因为一封伪造的邮件,风险管理系统发现Jerome Kerviel的交易资料出现异常的情况,立刻建立专门团队调查此事,才发现Jerome Kerviel舞弊行为。调查团队在1月20日震惊地发现,这起欺诈案件所涉及的资金总额惊人地达到500亿欧元之巨。法国兴业银行在随后短短的3天之内紧急解除所有股票衍生品头寸,低价贱卖,进行大规模平仓,到1月24日平仓结束,最后的亏损额为49亿欧元,约合美元71.4亿元。

2008年7月4,法国银行委员会对兴业银行开出接近处罚金额上限的400万欧元罚单,原因是兴业银行内部监控机制"严重缺失",导致巨额职务舞弊案的发生。这一处罚再一次强调了内部控制对于预防职务舞弊的重要性。而为了保障内部控制有效运行,预防职务舞弊,建立健全内部审计机制又不可或缺。

三、舞弊成因

Jerome Kerviel隐藏交易的手段五花八门且其手脚干净利落:谎话、伪造文件、运用不同的金融商品和不同的交易对手捏造假交易、迅速修改及删除异常交易。每次后台同仁有疑问时,Jerome Kerviel总能实时给予回复,法国兴业银行内审部门在此次调查中,发现七封伪造电子邮件。那么Jerome Kerviel为什么能够舞弊成功?法国兴业银行事件的根本原因是什么呢?是内部控制制度的缺失吗?很可能不是。法国兴业银行此前扮演的是全球衍生交易市场领导者的角色,一直被认为是世界上风险控制最出色的银行之一,其经营管理水平及盈利能力在全球居前,应该可以肯定的是,其有着先进的内控制度,并且该行还将内控制度与先进的IT技术结合在一起,非常的先进和完善。所以,法国兴业银行内部控制制度不存在缺失。

那么,造成法国兴业银行事件的原因到底是什么呢?我们认为是法国兴业银行的控制环境发生了问题,从而导致了Jermoe Kerviel可以超出自己的授权进行非法交易,而且管理层也不能及时发现或者即使发现了Jermoe Kerviel的非法交易并及时纠正,在追求业绩第一的理念驱使下,任其发展,并最终导致巨额亏损。

交易员之所以有机会超出权限进行交易,主要原因有两点:一是因为法国兴业银行对金融衍生品市场的风险熟视无睹,只看到金融衍生品市场的高收益,而忽视了高风险,忽视了对风险的认识与管理。Jermoe Kerviel以前有得手的违规操作经历,这些经历让他盲目自信,甚至使管理人员对这些交易员持迷信的态度。二是因为内部监管不力。法国兴业银行的Jermoe Kerviel实际上自己就是监管者,他利用在安全控制部门的工作经历和获得的知识来逃避监管,用编造的交易掩盖他的非法交易活动。

当然,更为重要的应该是"人性",只要交易者会因为盈利而受到奖励或者赔钱而丢掉工作,那么欺骗风险就会存在。这种风险通常会被制度或高科技所抑制。但Jermoe Kerviel从自己熟悉的后台知识中学会了藏匿自己头寸的方法,从而躲过了计算机系统的监控。正如一名不愿署名的资深交易员所感慨的:"过去10多年,这样的事情都是已经发生过了,大部分的银行对这样的事情在监管规则上应该都很成熟。但很多银行仍然有这样的问题。其实,只要有人的地方就有漏洞,只要人做的事情,就有出错的可能。制度是死的,人是活的,制度都是可以破解的,'道高一尺,魔高一丈',这样的事情永远都有可能发生,只要有人的地方就有可能发生。"

法国兴业银行的控制环境存在以下问题。

1. 只重视利益而忽视风险的经营管理理念

在法国兴业银行,交易员的经营业绩决定其命运(包括升迁及薪水等),这就导致了交易员们只想通过风险投资来提高业绩,并铤而走险。此外,按兴业银行正常的监督机制,后台结算部本应发现交易员异常的交易行为,但由于为了追求高收益而对风险视而不见,即便是有所察觉时也可能忽视。Jermoe Kerviel曾说:"我不相信上级主管没有意识到我的交易金额,小额资金不可能取得那么大的利润,我用的手法根本算不上复杂。不过只要我们赚钱,见好就收,就不会有人说什么。"在这样的氛围中,有效的内控制度因经营理念的因素而失效了。案发以后,Jermoe Kerviel居然公开表示:"如果能完成最后一笔做空法国兴业银行的交易,灾难是可以避免的。"法国兴业银行的内控环境的混乱由此可见一斑。

2. "业绩至上"的企业文化

穆斯蒂埃从2003年开始担任法国兴业银行投行部门主管,在他的领导下,投行业务逐渐成为法国兴业银行增长最快、最赚钱的业务,而其成功的法宝就是大胆参与越来越复杂的金融衍生产品投资,"业绩至上"的企业文化也因此在该银行内部盛行。在这种企业文化的熏陶下,法国兴业银行的员工不顾一切地追求业绩,Jermoe Kerviel为了实现这个目标而不择手段也就不足为奇了。

3. 未建立科学的人力资源管理

如同巴林银行一样,法国兴业银行也没有建立科学的交易员的聘用制度,居然任用Jermoe Kerviel这样一个有过后台管理系统经历和经验的人员来担任交易员。法国兴业银行没有建立起科学的交易员绩效考核制度与薪酬制度。法国兴业银行对交易员的加薪、升迁都只看交易的短期获利情况,并没有考虑收益与风险的平衡,并没有长期的绩效考核目标。其结果就是鼓励交易员进行高风险的交易,而将风险置之度外,或对风险考虑甚少,最终导致Jermoe Kerviel铤而走险,酿成大祸。对于Jermoe Kerviel这样的员工来说,不合理的人力资源政策及绩效考核导向,往往把员工引入歧途,并且员工在这个过程中往往会自我合理化,不得已而为之是导致员工舞弊的重要原因。与Jermoe Kerviel有过深入交谈的检察官曾经说过:"他并不是为了自己赚钱,他所希望的是成为优秀交易员。"出人头地、获得承认,这恐怕是Jermoe Kerviel最强烈的渴望。

4. 内部审计的缺失

在Jermoe Kerviel违规操作的这段时间,法国兴业银行的内部监管体系

居然毫无察觉,直到最终舞弊大案的发生,由此可见在法国兴业银行内部审计的缺失。法国兴业银行的风险控制曾经是在全球金融界非常有名的,但Jermoe Kerviel 事件的发生,可以说是对法国兴业银行最大的讽刺,也提醒全球金融界必须加强对风险的控制,必须加强内部监督机制的建设。最为重要的就是加强内部审计的建设,要将内部审计深入到业务的事前、事中及事后的全程控制中。另外,发生这样大的舞弊事件与技术进步也有相当大的关系,监管也需要随着技术进步不断创新。法国兴业银行之所以会陷入泥淖,过分相信电脑系统、放松对员工的监管和对交易流程的管理,也是一大原因。

此外,法国兴业银行在风险评估、控制活动、信息和沟通、控制监督上也存在缺陷,以下我们依次列举。

在风险评估方面:法国兴业银行的风险控制系统监控其经纪、交易、流量、传输、授权、收益数据分析、市场风险等各个流程环节。但是法国兴业银行并没有修改或删除交易的控管措施,没有延后交割交易的控管措施,没有控制管理巨额交易的措施。风险控制部门警报的解除是因为这些风险控制部门负责调查的人员相信了 Jerome Kerviel 的谎言,有些警报甚至在风险控制信息技术系统中转来转去而没有得到最终解决。这说明法国兴业银行的内部控制缺乏部门间横向监督功能,也没有具体规定横向各个部门之间的牵制。法国兴业银行可以采取如下防范措施:加强预警作业程序与作业风险预防系统、暂时缩减"压力测试限额"及"套利交易承做量"、设立独立的安全作业部门,专门独立负责调查警报原因。

在控制活动方面:法国兴业银行信息安全存在漏洞,Jerome Kerviel 盗用同事的密码,侵入银行的计算机系统存取数据。而且兴业银行休假制度不合理,Jerome Kerviel 必须经常删除及重新键入他所假造的交易,以免被他人发现,所以 Jerome Kerviel 基本没有休假。法国兴业银行可以在如下方面采取防范措施:增强信息安全控管、发展生物辨识系统,以避免不当人员侵入系统篡改资料、严格执行强迫休假制度。

在信息和沟通方面：法国兴业银行各部门之间缺乏沟通。不同部门发现的异常信号很难集中并逐级报告到相关部门进行处理。前台部门对舞弊风险缺乏敏感度，对大量信号缺乏关注与反映。后台人员发现异常状况没有向上呈报，也没有告知前台主管，即使该笔交易金额很大。而且银行信息系统更新不及时，过分依赖不完善的人工处理，不能处理猛增的权益证券交易量。此外，法国兴业银行忽略外部信息。2007年11月，欧洲期货与期权交易所给法国兴业银行写了两封信提及Jerome Kerviel交易的异常现象，法国兴业银行收到信后并没有深入调查。因此法国兴业银行今后应该采取如下防范措施：确保信息能够适时传递给不同单位及适当的管理层阶、及时更新适合银行业务需求的电子系统及其监控系统、委托外部机构检视其作业规定并提供建议。

在内部监督方面：法国兴业银行的员工监督缺失。采用的虚拟交易大约15%是由Jerome Kerviel的交易助理来完成的，交易助理为Jerome Kerviel规避内部控制提供了有利机会。管理层对于交易活动和职员个人管理方面的监管都缺乏。Jerome Kerviel的上司和监管者并没有对现存的数据结构进行必要分析，而是选择听信Jerome Kerviel的解释。在防范措施上，法国兴业银行应该明确关于舞弊的奖惩条例。如对发现舞弊欺诈行为的员工进行奖励，对有失监督的员工进行责问。管理层要有相应的胜任能力，应具备专业知识以及丰富的实务经验。对员工的监管不能放松，要经过调查分析而不是一面之词。

四、案例分析——教训和启示

法国兴业银行无法防制此类内部诈欺的发生，除了Jermoe Kerviel熟悉前、中、后台的作业流程与漏洞外，追根究底，就是在于该行风险控管出了问题。法国兴业银行虽然具有完善的内部控制和风险管理，但由于公司的相关执行者缺乏此种理念，或者说对其没有引起足够的重视，导致在实际实施过程中，出现只有"监督警告"，没有"阻止纠正"的现象，从而最终导致了法国兴业银行的失败。法国兴业银行舞弊案例的启示如下：

第一，企业内部必须建立稳健审慎的控制环境。一般说来，金融衍生工具是市场深化的产物，很大程度上是为了帮助企业和金融机构规避风险、获取收入，如能审慎地加以运用，金融衍生工具可以有效地降低企业风险，并可以降低融资成本、提高特定资产的产出（BCBS，1994）。但衍生工具是一把双刃剑，其本身亦具有相当大的风险，如果控制不当，极可能招致不可估量的损失，甚至导致破产。从当年的巴林银行丑闻，到今天的法国兴业银行悲剧，无不向我们敲响了警钟：对待金融衍生工具，虽然不能因为出了事而因噎废食，但确实应该持"如临深渊，如履薄冰"的态度。

进行金融衍生工具业务的企业内部必须建立起稳健审慎的控制环境：

（1）加强对金融必须衍生工具的风险认识。由于金融衍生工具的复杂性日益加大，企业管理者必须与时俱进、充分学习；同时要看到衍生工具本身所蕴含的巨大风险，不能过于强调衍生工具的避险作用，万万不可抱有侥幸的投机心理。

（2）提高企业管理层和操作人员的专业胜任能力。必须掌握复杂的金融衍生工具的专业知识，只有掌握了专业知识才能在关键时刻做出正确的决策、进行正确的操作。

（3）从公司治理角度建立健全风险管理。健全的风险管理组织对于风险管理至关重要，股东要在企业中要设立风险管理委员会、首席风险官等专门化的机构及高级职位，通过对企业重大风险的量化评估和实时监控，建立重大风险评估、重大事件应对、重大决策制定、重大信息报告和披露以及重大流程内部控制的机制，从根本上避免企业遭受重大损失。实际上，法国兴业银行事件的爆发也加速了我国设立期货首席风险官制度的步伐，根据证监会的规定，从2008年5月1日起《期货公司首席风险官管理规定（试行）》将开始实施，而期货首席风险官也将走马上任。

（4）客观地对企业自身的风险承受能力进行评价并据以审慎地确定风险偏好、容忍度以及各类风险限额。合理的确定风险限额非常重要，风险限额设定过高,将使限额控制失去其应有的控制意义。

第二,不能片面追求高新技术控制而忽视"人"的因素。本案例中,固然法国兴业银行采用了复杂的黑匣技术来进行风险控制,但仍然被 Jermoe Kerviel 所破解,并最终造成了巨大的损失。其意义在于:金融市场再发达、再现代化,仍然离不开人的操作。因此,企业除了针对衍生工具的特点采用有关复杂、尖端的控制技术对其风险进行衡量、分析、控制以外,还应当建立和完善科学的人力资源管理制度来加强"人"的管理。反观我国金融市场,一些机构的交易也完全寄托于交易员个人的品德操守,而缺少有效的流程控制,这同样蕴含着极大的潜在风险。

第三,彻底改变"业绩至上"的企业文化。我们不能不注意这样一个事实:全球经济在近几年持续增长,促使以股票、债券为主的资本市场和石油等大宗商品市场均出现强劲的投机风潮,全世界的投资者都狂热地忙于从中渔利,当年震惊全球的巴林银行事件已被忘到九霄云外,一些金融机构的风险管理意识明显放松。当全球金融市场出现一波又一波投机风潮时,严控风险往往被视为过于保守、坐失良机,而那些在投机心理驱使下出现的类似赌博的行为却容易受到鼓励,其形成的文化就是"业绩至上"。这种文化带来的经营风险非常大,法国兴业银行案例就是生动体现。这对于正在急速发展和转轨中的中国金融业,有十分重要的警示意义。因此必须改变这种文化,要建立业绩与风险并重的、风险可控的、审慎的、积极向上的、健康的企业文化,在这样的文化氛围中,企业的经营业绩自然会向好的方向发展,必定有利于企业的长期发展。

第四,必须加大内部审计力度。很多企业都有内部控制制度,但在实际业务中很多内部控制制度又往往流于形式,并不遵守这些制度,最终造成企业的损失。因此,加大内部审计的力度显得更为重要,并且对审计过程中发现的问题必须及时堵漏,还要对相关人员严惩不贷,绝不手软。建立标准安全的"越级举报"制度,防止包庇纵容,高层凌驾的现象出现。建立标准的奖惩制度,并对查处事件在全公司内进行公告,以示警诫。同时还要树立典型,进行宣传教育,风险警示之钟要长鸣。

也许就如同墨菲定律所述:"一件事如果有两种以上的做法,而且其中一种会产生灾难,就偏有人会去做。"我们能做的就是透过各种管理机制把这种事件发生的概率降至最低。

五、参考文献

[1] 何宇.职务舞弊与内部控制、内部审计——兼评法国兴业银行职务舞弊案例[J].审计研究,2009,(2).

[2] 王毅.从法国兴业银行案例看企业内部控制环境的重要性[D].硕士学位论文,2008.

[3] 由法兴案到"首席风险官".http://space.21our.com/html/20/t-1194 420.htm.

[4] 法兴悲剧告诉我们什么[N].中国证券报.

第九章 特殊项目审计

第一节 会计估计审计

案例 21　杭萧钢构天价合同质疑

一、案例介绍

杭萧钢构事件被称为"中国牛市第一案"和"中国非内幕人员内幕交易第一案"。2007年年初,上市公司杭萧钢构出现的惊人的非洲大订单,使得其股价剧烈波动,尽管管理层用停牌、调查、发行政处罚,但其股价硬是从4元多涨至31元多。这个当时市场的神话最终破灭,证券界多为感慨万千,可以说当时监管层也未遇到过如此恶劣事件,成为负面效应较大的鲜活案例。5月14日,中国证监会针对杭萧钢构发布《行政处罚决定书》,认定杭萧钢构及其有关管理人员的行为违反了《证券法》第63条"发行人、上市公司依法披露的信息必须真实、准确、完整,不得有虚假记载、误导性陈述或者重大遗漏"的规定,构成了《证券法》第193条所述的"未按照规定披露信息"的

行为、所披露的信息有"误导性陈述"的行为,决定对杭萧钢构给予警告,并处以 40 万元罚款,对董事长单银木、总裁周金法分别给予警告,并处以 20 万元罚款,对董事会秘书潘金水、总经理陆拥军、证券事务代表罗高峰分别给予警告,并处以 10 万元罚款。丽水市中级人民法院依照《中华人民共和国刑法》,对涉案人罗高峰、陈玉兴、王向东进行了一审宣判。罗高峰(浙江杭萧钢构股份有限公司证券办副主任、证券事务代表)犯泄露内幕信息罪,被判处有期徒刑 1 年 6 个月,陈玉兴、王向东(与陈玉兴合作炒股关系)犯内幕交易罪分别被判处有期徒刑 2 年 6 个月和有期徒刑 1 年 6 个月,缓刑 2 年,并各处罚金人民币 4 037 万元,对陈玉兴、王向东的违法所得人民币 4 037 万元予以追缴,由丽水市人民检察院上缴国库。此案的关键问题是杭萧钢构高达 344 亿元天文数字合同的真实性,下面将运用审计中的分析程序,着重对杭萧钢构天价合同进行质疑分析。

浙江杭萧钢构股份有限公司于 2003 年 11 月 10 日在上海证券交易所挂牌上市,行业为金属结构制造业。是国内首批建筑钢结构定点企业钢结构专业承包一级资质、专项工程设计甲级资质。截至 2006 年,公司总资产达到 30.55 亿元,主营业务收入超过 18 亿元,发展规模居国内同行业首位。

二、问题梳理——杭萧钢构事件回放

发生于 2007 年的中国牛市第一大案—杭萧钢构事件,从事件最初开始、发酵、收场经历了一些重要时间节点,回放如下:

2007 年 1 月至 2 月初,杭萧钢构与中国国际基金有限公司(以下简称中基公司)就安哥拉住宅建设项目(以下简称安哥拉项目)举行了多次谈判。2 月 8 日,双方就安哥拉项目合同的价格、数量、付款方式、工期等主要内容达成一致意见。2 月 10 日至 13 日,双方就合同细节进行谈判,并于 13 日签署合同草案,合同总金额折合人民币 313.4 亿元。从已有证据看,安哥拉项目合同的总金额折合人民币 313.4 亿元而杭萧钢构 2005 年度经审计的公司主营业务收入只有 15.16 亿元,足以对杭萧钢构的经营成果产生重要影响。因此,这一事件应当及时予以披露。安哥拉项目合同金额巨大,自 2006 年 11 月起,公司主要领导、公司设计部、投标办、市场营销部和法务部等十多人参与了该项目工作,信息泄露的风险已经很大。相关证据显示,2007 年 2 月 8 日,双方已就项目主要内容达成一致。2 月 11 日上午,公司开始布置设计部门进行工作,表明该合同已难以保密。2 月 12 日下午,公司董事长单银木在公司年度总结表彰大会的讲话中泄露了信息。2 月 13 日,公司股价连续两个涨停。上海证券交易所询问公司有无经营异常情况,公司称没有异常情况。上海证券交易所要求公司作进一步地了解,并提醒公司如有异常情况要及时公告,但公司一直到 2 月 15 日才披露正在商谈一个境外合同项目。2007 年 1 月下旬,从杭萧钢构辞职不久的陈玉兴,曾任杭萧钢构的证券事务代表兼证券办副主任,在杭萧钢构安徽子公司总经理王更新处得知,杭萧钢构正在谈一个境外合同。2 月 11 日下午,在杭萧钢构事业部经理罗晓军的邀请下,陈玉兴参加了一次聚会,谈到杭萧钢构近况时,罗晓军透露,他从公司一位高管处得知,公司正在洽谈安哥拉的一个工程项目,金额高达 300 亿元。尽管陈玉兴对此心存怀疑,但仍然离座打电话给合作炒股者王向东,指令他于次日全仓买入杭萧钢构。第二天,王向东就买入"杭萧钢构"股票 2 776 996 股。2 月 12 日,罗高峰刚出差回来,并没有参加公司 2006 年度总结表彰大会,但下午在公司的多个部门听到同事们在谈公司"国外的大项目"——来自安哥拉的 300 亿元大单。由于参与表彰大会的杭萧员工涵盖了高、中、基层各级员工,从这一刻开始,杭萧钢构获得的超级大单变成了公开的秘密。罗高峰与陈玉兴是朋友,罗高峰用"亦师亦友"来形容自己和陈玉兴的交情,而陈玉兴也承认和罗高峰"关系不错"。2 月 12 日下午,陈玉兴给罗高峰打了两次电话,因为罗高峰正在忙,两人未能详谈。到了下午 5 点左右,罗高峰给陈玉兴回电话时,两人谈起了"安哥拉项目"。陈玉兴从罗高峰口中,又一次证实了这 300 亿元的合同。陈玉兴在 2 月 12 日晚上又将信息告诉王向东,并再次下令买入"杭萧钢构"股票。次日上午,王向东买入

2 398 600股。陈玉兴还利用罗高峰委托其管理的晁某股票账户买入42 800股。2月13日下午,罗高峰打电话将合同已草签的情况泄露给陈玉兴。陈叫罗获取合同文本,并告知用晁某的账户买入了"杭萧钢构"股票。随后,陈玉兴指令王向东于2月14日将账户里的所有资金以涨停价买入1 787 300股。2月12日、2月13日,公司股价连续两个涨停。2007年2月15日,杭萧钢构发布公告称"公司正与有关业主洽谈一境外建设项目该意向项目整体涉及总金额折合人民币约300亿元,该意向项目分阶段实施,建设周期大致在2年左右。若公司参与该意向项目,将会对公司2007年业绩产生较大幅度增长"。2月15日,第一次复牌后又是连续3个涨停。春节后2月27日,杭萧钢构开始停牌半个月。3月13日,杭萧钢构海外344亿巨额合同披露,股价又是连续4个涨停。短短10个交易日股价累计涨幅达159%,市场一片哗然,质疑公司合同的真实性和内幕交易。3月15日,陈玉兴从罗高峰处得知,证券监管机构要调查,遂指令王向东于次日卖出股票。3月16日,王向东将6 961 896股全部卖出,获利4 037万元。3月19日,上证所对杭萧钢构实行停牌处理。4月10日,陈玉兴将晁某账户里的股票全部卖出,获利367 810.9元。2007年4月4日,中国证监会向杭萧钢构下发了《立案调查通知书》,通知公司因公司股价异常波动,涉嫌存在违法违规行为,根据《证券法》的有关规定,决定立案调查。4月5日上午公司进行了公告。当日下午,公司董事会秘书潘金水先后接受了多家媒体记者采访,对媒体发表"大家都误解了公告的内容"、"证监会调查的对象主要是二级市场的违规行为"、"证监会调查已基本结束"、"我可以负责任地说,我们公司在信息披露等方面,并不存在违规情况"等言论。多家媒体和网站对此迅速做了报道或转载。事实上,中国证监会向杭萧钢构下发《立案调查通知书》时,有关调查才刚刚开始,并不是所谓的"已基本结束",而且也未排除公司在信息披露方面存在违法违规行为。5月11日,上海证券交易所发布公告,对在信息披露方面存在违规行为的浙江杭萧钢构股份有限公司和董事长单银木、董事会秘书潘金水、总裁周金法进行公开谴责。5月14日,中国证监会针对杭萧钢构发布《行政处罚决定书》。中国证监会对杭萧钢构进行立案调查的同时于4月19日依照有关规定将涉嫌杭萧钢构股票内幕交易犯罪案移送公安部。公安部随即部署浙江省公安机关依法查处。5月1日浙江省公安机关立案侦查。6月11日经报浙江省检察机关批准,浙江省公安机关对涉嫌泄露内幕信息罪的犯罪嫌疑人罗高峰、涉嫌内幕交易罪的犯罪嫌疑人王向东、陈玉兴执行逮捕。2007年7月,公安机关对王向东、陈玉兴、罗高峰3名嫌疑人涉嫌杭萧钢构股票内幕交易的犯罪事实侦查终结,并移送检察院。由于案情重大,检察院将该案退回公安机关补充侦查一次。10月中旬补充侦查结束后,案件再次送检察院审查起诉。2007年12月21日杭萧钢构案在浙江省丽水市开庭审理。丽水市检察院以涉嫌泄露内幕信息罪对杭萧钢构证券办副主任、证券事务代表罗高峰以涉嫌内幕交易罪对陈玉兴、王向东提起公诉。丽水市中级人民法院对此案公开审理后认为,被告人罗高峰身为内幕信息知情人员,在涉及证券的发行、交易对证券的价格有重大影响的信息尚未公开前,故意泄露内幕信息给知情人员以外的人,造成他人利用内幕信息进行内幕交易,情节严重,其行为已构成泄露内幕信息罪。被告人陈玉兴非法获取内幕信息并利用内幕信息进行股票交易,情节严重,其行为已构成内幕交易罪,对罗高峰、陈玉兴、王向东进行了一审宣判。一审判决后,罗高峰、王向东表示服判,但陈玉兴认为自己没有利用内幕信息进行交易,不构成内幕交易罪,提出上诉。2008年3月26日受浙江省高级法院的委托,丽水市中级人民法院对罗高峰、陈玉兴、王向东泄露内幕信息、内幕交易案进行二审宣判,裁定驳回陈玉兴的上诉,维持一审判决。

三、杭萧钢构签订合同

杭萧钢构(卖方及承包方)与中基公司(买方及发包方)分别签订了《安哥拉共和国—安哥拉安居家园建设工程—产品销售合同》,《安哥拉共和国—安哥拉安居家园建设工程施工合同》,产品销售合同计248.86亿元,施工合同计95.75亿元,合计344.61亿元。

浙江杭萧钢构股份有限公司关于签订境外建设工程项目合同的公告：

本公司及董事会全体成员保证公告内容的真实、准确和完整，对公告的虚假记载、误导性陈述或者重大遗漏负连带责任。根据《上海证券交易所股票上市规则》的有关规定，本公司董事会现就前次公告（编号：临2007—005）中涉及的境外建设工程项目说明如下：

一、签订事项

近日，公司（卖方、承包方）与中国国际基金有限公司（买方、发包方）签订了《安哥拉共和国—安哥拉安居家园建设工程—产品销售合同》（以下简称"产品销售合同"）、《安哥拉共和国—安哥拉安居家园建设工程施工合同》（以下简称"施工合同"）。

二、买方、发包方概况

中国国际基金有限公司（CHINA TNTERNATIONAL FUND LIMITED），注册地：中国香港，地址：SUITES 1011—1012 10/F TWO PACIFIC PLACE 88 QUEENSWAY HK，业务性质：INVESTMENT AND TRADING，法律地位：BODY CORPORATE。

三、项目背景

安哥拉共和国结束长达20多年的内战，全国实现和平并且逐步稳定，这为安哥拉加快国家经济发展和改善人民生活创造了必要的条件和良好的环境。中国国际基金有限公司与安哥拉共和国政府签订了公房发展 EPC 合同，为安哥拉兴建公房项目，总工期为5年。

四、有权机构的批文

公司具有建设部颁发的钢结构工程专业承包一级资质。根据中华人民共和国商务部商合批[2005]462号批文，公司具备对世界各地开展对外承包工程业务，工程的开展无需其他有权机构的批文。

五、合同简介

1. 合同价款：产品销售合同总价计人民币 248.26 亿元（包括钢结构构件、土建、楼承板、墙板、龙骨、门窗、水电、消防、防火涂料等材料及国内运输),施工合同总价计人民币95.75亿元(包括在当地土建、水电、消防、墙体等的施工及钢结构的安装)。

2. 施工地点:非洲,安哥拉共和国,分别在12个城市。

3. 合同工期

产品销售合同按照买卖双方确定的需求计划实施采购及生产计划;施工合同工期按照各施工点现场具备施工条件后2年内完工,各施工点的具体工期按双方施工计划执行。

4. 合同履行

项目为钢结构建筑,所用钢结构构件可利用公司现有设备加工。2006年公司生产各类构件约30万吨,由于钢结构构件的类型不同,加工能力也不同,按照公司目前钢结构加工能力,能完成所需钢构件的加工。该项目除钢结构工程外,土建等工程,预计采用专业分包形式完工。

5. 工程收益对公司财务的影响

该项目除钢结构工程外土建等工程,预计采用专业分包形式完工,公司在该项目的主要收益来源于钢结构构件销售及在现场安装服务。项目实施过程中存在诸多不确定因素,工程收益随着项目进展的顺利程度,才能逐步体现。因此,与近3年公司钢结构行业毛利率缺乏比较性。同时,施工合同工期是按照各施工点现场具备施工条件后2年内完工,各施工点需双方确定具体开工时间,我们不认为在合同签署后两年内即具有整个项目的工程收益。

六、管理层对该项目履行过程的风险分析

1. 境外项目的风险

工程实施地点在安哥拉共和国,目前该国交通相对落后给运输造成一定困难、工程所需地方材料——水、电等在当地供应也存在一定难度。工期履行存在一定风险。

2. 不可抗力

合同签订后发生的自然灾害、政府政策变化、暴动、骚乱因素等原因,不是当事人一方的故意或过失造成的,对其发生以及造成的后果当事人不能预见、不能避免并不能克服的客观情况,导致合同履行的风险。

3. 合同履约

在合同履行过程中,双方以精算成本、不垫资的原则,按双方确认的工程计划,收取相应款项,再安排相应的采购及生产。因此,如对方未支付相应款项,公司为控制风险,存在不持续执行的可能。公司将根据合同实际履行状况,进行信息披露。

4. 应对风险的措施

公司将在合同实施过程中,严格按照工程计划安排采购及生产,依照合同约定收取相应款项。

5. 特别风险提示

公司董事会特别提醒广大投资者,上述建设工程项目合同签订后,公司近期内没有形成收益。项目的进度和收益均存在不确定性,对公司影响还需要一定时间和过程才能逐步体现。公司董事会郑重提醒广大投资者注意投资风险,理性投资。《上海证券报》为公司指定的信息披露报纸,公司将严格按照有关法律法规的规定和要求,及时做好信息披露工作。

特此公告。

浙江杭萧钢构股份有限公司董事会

2007年3月12日

关于境外建设工程项目合同的说明性公告 [杭萧钢构 2007-03-26]

根据有关规定,浙江杭萧钢构股份有限公司董事会现就公司签订的境外建设工程项目合同,即公司与中国国际基金有限公司签订的《安哥拉共和国—安哥拉安居家园建设工程—产品销售合同》及《安哥拉共和国—安哥拉安居家园建设工程施工合同》,予以补充说明,详见2007年3月26日上海证券交易所网站(www.sse.com.cn)。

四、合同疑点

合同一公布,人们就发现其中疑点重重,主要来自两方面:一方面是对杭萧钢构的质疑,因为是首次出口,产能有限;另一方面是对安哥拉与中基

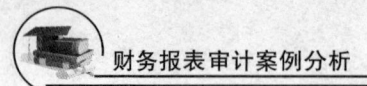

公司的质疑。

(一) 首次出口

杭萧钢构之前的出口额为零,竟然能中标。自上市以来,尽管杭萧钢构经营范围中包括经营进出口业务,但杭萧钢构的产品无一出口海外,其主要收入来源于国内。在杭萧钢构的历次年报中,均未提及产品出口,其港澳台的主营业务收入也始终为0。

(二) 产能问题

杭萧钢构生产能力恐不能如期完成工程,尽管杭萧钢构表示能及时完成300亿工程所需钢构件的加工,但是业内人士仍有颇多忧虑。按照合同工期的要求,价值248.26亿元的产品销售合同按照买卖双方确定的需求计划实施采购及生产计划;95.75亿元的施工合同工期按照各施工点现场具备施工条件后2年内完工。钢结构的专业人士认为,该合同可能是"一项无法完成的任务"。248.26亿元的销售合同,以每吨7 400~7 600元的售价,推算出326.66万吨的产量,折合为30万吨的年产量,即意味着10年产能。

(三) 安哥拉当时状况

安哥拉当时状况无法支付如此巨额工程款项,具体理由如下:

(1) 由于战乱的影响,地处非洲西南部的安哥拉,曾经是南部非洲最为落后的国家之一。

(2) 2002年安哥拉结束27年的内战,之后安哥拉经济取得一定的恢复性增长。但由于存在严重的通货膨胀,其经济实际增长非常有限。

(3) 据中国商务部公布的数字,2005年中安双边贸易额为69.5亿美元,同比增长41.6%。

(4) 2006年安哥拉的外汇储备约65亿美元左右,而仅杭萧钢构的这份344亿人民币合同(约43亿美元),就占了安哥拉2005年GDP的14.33%左右,或安哥拉2006年外汇储备的2/3左右。

(四) 合作集团——中基公司

中基公司工作极其不透明,注册地中国香港,注册资金100万港币,前身是一个贸易公司。正式员工数不超过10人。其他均为临时聘用人员。中基公司的架构、核心人物关系图谱、来源一直是个谜。其资金链条多次紧张,缺乏管理经验。中基公司在安哥拉设立子公司,但是它在安哥拉的项目开展却极其不透明。

五、案例分析——事后查证

杭萧钢构与中基公司2007年2月签署的安哥拉公住房项目的2份合同,1份是《安哥拉安居家园建筑工程施工合同》,1份是《安哥拉安居家园建设—产品销售合同》。

《安哥拉安居家园建筑工程施工合同》的承包范围包括:公共住房建筑工程的基础工程、结构工程、墙体工程、门窗工程及水电、消防工程的安装施工,合同总价为95.75亿多元人民币。《安哥拉安居家园建设—产品销售合同》是一份采购合同,包括安哥拉公共住房一期项目约101 696套高层住宅的土建工程、钢结构工程、墙体工程、门窗工程及水电消防工程等工作所用的材料,合同总价为248.26亿多元人民币。

上述两份合同称:"考虑到安哥拉国家社会住房项目建设的紧迫性,发挥浙江杭萧钢构股份有限公司在新材料新技术和钢结构技术优势,以工期短、标准化装配式施工为特点。双方同意建立战略合作伙伴,共同完成安哥拉公共住房一期项目约101 696套高层住宅。"这101 696套住宅共908栋,分布于安哥拉罗安达(Luanda)、本格拉(Benguela)、卡宾达(Cabinda)等12个城市。

上述两份合同合计总价为344亿余元人民币。在《安哥拉安居家园建筑工程施工合同》中还约定了合同工期:自合同签订并生效,各施工点现场具备施工条件后2年内完工。

安哥拉公住房项目2007年7月开始施工,至2009年6月最后一批施工人员撤回国内约2年时间,但"只有4幢房屋马马虎虎竣工,2幢房屋土建结束还未装潢,大概6~8幢房屋钢结构安装完毕还未土建和装潢"。知情人士说,即使算14栋房子全部竣工,按栋数计,杭萧钢构也只完成合同总栋数

908栋的1.54%。

2008年年报是杭萧钢构最后披露其因安哥拉公住房项目从中基公司收到的付款:至报告期末,安哥拉公房项目第一批次累计收到中基公司付款1.068亿余美元,折合人民币7.788亿余元。而此履现金额只占合同总金额344亿余人民币的2.26%。

显然,2007年中杭萧钢构与中基公司签订的安哥拉天文数字的合同的履约率极低,该合同的真实性与当初信息发布的动机值得怀疑。2007年中国证监会与法院对杭萧钢构事件的处罚是公正、及时、正确的,是经得起时间检验的。

六、参考文献

[1] 陈利,宋华. 上市公司会计信息披露的有效性探析[J]. 金融会计,2008,(2).

[2] 吴鼎,陈妍妍. 从杭萧钢构事件看确立信息披露充分性原则的必要性[J]. 商业文化(学术版),2008,(4).

[3] 孙丹. 上市公司会计信息披露的研究[J]. 现代商业,2009,(12).

[4] 王婷. 我国上市公司会计信息披露质量问题研究[D]. 东北财经大学,2010.

第二节　信息披露审计

 案例22　重庆啤酒案例

一、案例介绍

(一) 公司背景

重庆啤酒集团(以下简称重庆啤酒)始建于1958年,是西南地区啤酒业中最早的上市公司,是我国啤酒行业中仅有的4家上市公司之一(证券代码:600132,股票简称:重庆啤酒)。公司以啤酒为主业,致力于啤酒、饮料、生物制药以及相关产品的生产和研发。主要产品山城啤酒、重庆啤酒等在国内具有很高的知名度。公司与重庆大学、第三军医大学等科研机构联手研制开发具有自主知识产权的国家一类新药——乙肝治疗性多肽疫苗，开创啤酒企业进入高科技生物制药领域之先河，有望使该领域成为新的重要经济增长点。

（二）案例内容

乙肝治疗性多肽疫苗，重庆啤酒"童话股"神话的缔造者，在2012年1月10日终于掀开了神一般的面纱，然而揭盲的结果却最终使童话股走到了尽头。究其缘由，还要从20世纪90年代说起。

20世纪90年代，臭名昭著的银广夏事件还未曝光，中国股市流行着编故事、造业绩、炒股价的投机风潮。重庆啤酒公司的乙肝疫苗故事始于1998年。彼时，上市不久的重庆啤酒手握从股市募集的巨额资金，除了用于啤酒主业扩张外，重庆啤酒还在寻找适合的收购项目。当时的申银万国证券公司重庆总部总经理王军把第三军医大学吴玉章教授的乙肝科研成果，介绍给当时的重庆啤酒董事长华正兴。吴玉章从1989年起就在第三军医大学免疫学研究所对"治疗用（多肽）乙肝疫苗"进行研究开发，取得一定成果后他求助于重庆啤酒，主要希望上市公司能提供科研经费，继续进行乙肝新药的研究和开发。这个诉求很快与重庆啤酒一拍即合。这个项目的一个特点也深具吸引力：我国约有乙型肝炎病毒携带者1.3亿（全球有6亿），慢性肝炎患者3 000万，治疗性乙肝多肽疫苗一旦成功，那几乎可以说是震撼人类的世界性的医疗革命。很快，重庆啤酒集团就在1998年9月2日与第三军医大学、重庆大学共同挂牌成立了重庆佳辰生物制药有限公司，研发治疗乙肝的新药。并于同年12月25日出资1 435万收购重庆佳辰生物工程52%股权。此后3年，几经股权转让，重庆啤酒取得佳辰生物93.1%股权，成为绝对控股方。

这确实是一个美妙的故事，初衷并不像一场骗局。吴玉章也是一名认真的科研工作者。华正兴也看好这个项目未来巨大的市场潜力。但科学研究本身的高风险,为此后的跌宕埋下伏笔。

在以后的10年间,重庆啤酒凭借"乙肝疫苗"项目开始了一段"牛股故事会":东方证券、国泰君安、宏源证券、国联证券、富国基金、华夏基金、华安基金等机构都在玩利好消息的时间差,一波波进进出出。与此同时,一系列的好消息也接踵传来:2004年11月25日,重庆啤酒治疗用乙肝疫苗Ⅰ期临床试验结束,试验结果良好,并表示已经提出Ⅱ期和Ⅲ期的申请。2006年3月,好消息再度传来,重庆啤酒公告称:乙肝疫苗期临床研究试验Ⅱ期A阶段开始启动。受此消息刺激,重庆啤酒股价一路走高,并在2007年7月涨到51元。同年,担任重庆啤酒董事长10年之久的华正兴退休,黄明贵继任重庆啤酒董事长,并且继续进行"乙肝疫苗"研发的项目工作。2008年3月27日,重庆啤酒的治疗型乙肝疫苗临床试验Ⅱ期A阶段评审会在北京召开,会上高度肯定了临床试验的结果。到了2009年8月25日,佳辰生物公司乙肝疫苗Ⅱ期B期临床试验研究方案公布,预计Ⅱ期实验时间为2～3年,费用约人民币7 000万元。大成基金、东北证券等机构也正是在此时进场。此时,一些券商研究报告给乙肝项目的估值甚至高达每股500元至1 000元。至2010年11月24日之前,重庆啤酒发了5份研究进度公告,公告显示Ⅱ期临床研究临床试验方案正在各家临床医院正常进行临床试验。2011年也每月都有发表关于Ⅱ期临床研究的研究进度公告,直至2011年11月。谁都没有想到,1个月之后,也就是12月3日这一天,重庆啤酒以无法揭盲乙肝疫苗工作会议相关信息停牌一天,并以相同理由在6、7号继续停牌,12月8日重庆啤酒突然发布一则公告,宣布公司正在进行的乙肝疫苗项目临床试验数据不理想。重庆啤酒复牌后出现连续9个跌停。2012年1月10日,重庆啤酒终于将统计分析结果公布于世,各项结果的"无差异"在医学界大部分专家看来,意味着重庆啤酒"乙肝疫苗"的疗效有限,治疗用(合成肽)乙型肝炎疫苗研发失败,也无疑宣告重庆啤酒的神话故事破灭。此时,重庆啤酒股价已从81元跌至21元,300亿市值灰飞烟灭。

二、问题梳理

(一) 反映出的问题

1. 信息披露滞后严重,不及时

重庆啤酒乙肝疫苗治疗慢性乙型肝炎二期临床研究已于 2011 年 9 月 30 日完成。业内人士指出,按照进度,预计在 2012 年年初公布试验结果。

然而,重庆啤酒 2012 年 1 月 7 日的一纸公告,再次让所有对临床试验结果翘首以盼的投资者的期望落空。

1 月 7 日,重庆啤酒公告称,乙肝疫苗二期临床研究统计分析结果终稿仍然在交接过程中,1 月 9 日继续停牌一天,10 日将披露相关信息并复牌。

这并非重庆啤酒第一次推迟公告临床试验结果。早在 2011 年 11 月 24 日,重庆啤酒就公告称,二期临床研究将于 2011 年 11 月 27 日召开揭盲工作会议,12 月 5 日即可公告揭盲工作会相关信息。公告一出,重庆啤酒二级市场股价闻风而动,强势上涨两个交易日。

在连续跌停期间,以大成基金为代表的众多流通股股东对重庆啤酒的信息披露工作提出质疑,但重庆啤酒方面未作理会,直到 2011 年 12 月 23 日,重庆啤酒三度公告,称统计分析结果初稿预计于 12 月 23 日完成,终稿将于 1 月 6 日公布,随后,重庆啤酒再次停牌。

就在各方纷纷猜测最终结果是好是坏之时,1 月 6 日,重庆啤酒却连续发布三则与临床试验结果风马牛不相及的公告,分别针对前期媒体报道内容和市场质疑的两件事进行了澄清说明,并公告一起公司董事违规买卖公司股票的事件。而 1 月 7 日发布的公告内容则又是拖延披露分析结果和复牌时间。

深圳一位基金公司人士对记者表示,按照常理,公司应该非常清楚统计结果出台的每个时间节点。比如 2011 年 12 月 7 日发布一项主要疗效指标初步统计结果时,就应该知道 2011 年 12 月 23 日是一个时间节点,但公司坚持复牌,我们觉得公司可能也有很多矛盾和挣扎,难以顾全各方利益。或者说,内部对统计结果也存在争议,很可能结果不一定很差,否则也不用几次拖延。

而1月6日重庆啤酒发布三则与统计结果无关的公告,也完全在市场预料之外,公告内容也颇为奇怪。无论是高管违规买卖公司股票的披露,还是对前期媒体和市场质疑的内容的澄清,从时间上来说公告都太晚,反应太慢,也不符合信息披露一般规则。

最终,重庆啤酒在2012年1月10日揭盲,公布所有的试验数据,确定该疫苗试验以失败而告终,历时13年的"牛股故事会"才正式宣告结束。

总而言之,虽然重庆啤酒信息披露公告从未不断,但是在揭盲结果、项目终稿等信息的披露上,重庆啤酒却总是在"迟到",其信息滞后问题显而易见。

2. 信息披露的有效性和针对性不足

各种证券给其强烈推荐意见,兴业证券甚至连续27次给出推荐或者强烈推荐的意见,导致重庆啤酒的投资者闻风而动,股价也随即飙升。

而超过几十页厚厚的年报到底给谁来看?中小散户认为,这样的年报过于复杂,他们最关注的内容可能只涉及净利润、每股收益等几个指标,对他们而言目前的年报"太厚了";而机构投资者却抱怨披露的信息不够充分,他们关注的要点包括财务成本分析等目前年报中未包含的内容,对他们而言目前的指标还不够。而明显重庆啤酒的年报并未提供这样的年报,其有效性和针对性的问题显露无遗。

3. 信息披露内容真实性完整性存在问题

自2010年6月起,重庆啤酒连续发布了7份疫苗进度公告,开启了后来被广为诟病的"每月一告"信息披露之路。

进入2011年,重庆啤酒发布公告节奏并未放缓,1月至9月期间公司对关于疫苗研究进度,一共披露了9份公告,仍然保持每月一份的数量。但从披露的信息来看,公告内容主要集中在北京大学人民医院中心实验室、浙江大学医学院附属第一医院中心实验室的临床试验进展。这些疫苗研究进程,并无太大突破。重庆啤酒公告只是不断宣称试验进展顺利,但核心数据从来一字不提。

其实,早在 2007 年,重庆啤酒就爆出试验失败的消息,但依旧进行了下一步试验,到结束之时,重庆啤酒乙肝试验居然出现戏剧性变化。2008 年 3 月 27 日,重庆啤酒的治疗型乙肝疫苗临床试验Ⅱ期 A 阶段评审会在北京召开。令人惊异的是,这次评审会肯定了临床试验的结果。

但充满疑惑的是,评审会并未公布具体试验数据。翻阅重庆啤酒此期间相关公告发现,不管是乙肝疫苗的Ⅰ期临床试验结果数据,还是Ⅱ期临床 A 阶段的试验结果数据,重庆啤酒公告中从未披露过,其公告只是不断宣称试验进展顺利,但核心数据从来一字不提。

在《首席评论》中,有嘉宾认为:"重庆啤酒公告中只是表明其工作已经进展到什么程度,投资者需要注意风险,这样笼统的说法,不能满足大众的需求,而且根据《证券法》和《信息披露管理办法》,凡是能够影响股价的重要信息都需要进行信息披露,但是重庆啤酒始终未将决定其股价变动的临床实验核心数据公布于众。"

虽然,从形式上来看,重庆啤酒对各项信息,都按要求进行了披露,但在内容的真实性、完整性方面,是否给出了一个权威的答复还存在疑问。

(二) 上述问题发生的原因

1. 内部:害怕股价下跌

重庆啤酒从 1997 年上市至 2012 年 1 月的股价如图 9-1 所示。

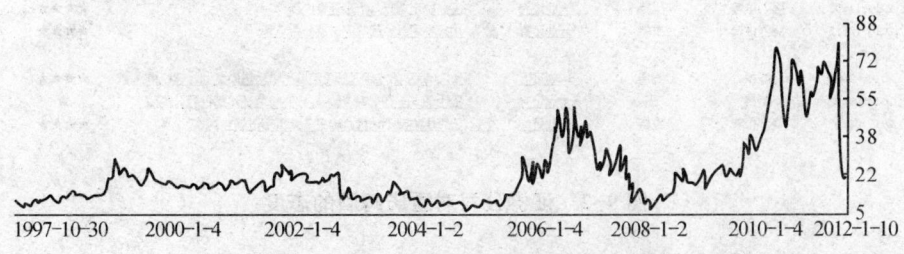

图 9-1　重庆啤酒 1997 年至 2012 年 1 月股价走势

从图 9-1 中不难看出,重庆啤酒自上市后股价一直有浮动,而且几乎每次下跌后就会涨至股价的新纪录,究其时间便可发现,均是重庆啤酒对外公布乙肝疫苗"好消息"的阶段。这也印证了疫苗研发项目多年来一直是重庆啤酒最寄予厚望的增长点,无数投资者蜂拥而入,推动股价不断上涨。但是重庆啤酒方面,不管是乙肝疫苗的Ⅰ期临床试验结果数据,还是Ⅱ期临床 A 阶段的试验结果数据,重庆啤酒公告中从未披露过,其公告只是不断宣称试验进展顺利,但核心数据从来一字不提。我们站在今日的角度上看,2008 年 3 月 27 日,重庆啤酒关于治疗型乙肝疫苗临床试验Ⅱ期 A 阶段评审会的肯定很可能就是其对Ⅱ期 A 临床的试验数据进行操纵的结果,目的就是为了达到启动Ⅱ期临床后续 B 阶段,以吸引更多的投资者走进重庆啤酒的股市王国中,继续牛股的神话,防止股价的下跌。

2. 外部:证券公司以及金融机构的影响

重庆啤酒(600132)研报明细	酿酒行业研报	酿酒行业个股盈利预测	查看该股资金流向	控盘程度	千股千评
报告日期	评级类别	评级变动	机构名称	研报	机构影响力
2011-11-24	强烈推荐	维持	兴业证券	治疗性乙肝疫苗 Ⅱ 期临床即将揭盲	★★★★
2011-11-01	强推	维持	华创证券	市场潜力预期由1.2亿人口向3.5亿人口转变	★★★★
2011-11-01	强烈推荐	维持	兴业证券	展望远大前程	★★★★
2011-08-03	强烈推荐	维持	兴业证券	啤酒增长平稳,疫苗临床顺利	★★★★
2011-03-26	强推	维持	华创证券	主营业务稳定增长治疗用合成肽乙肝疫苗临床试验进展顺	★★★★
2011-03-25	强烈推荐	维持	兴业证券	高增长未来一次性收益,长期还看疫苗	★★★★
2011-03-02	强烈推荐	维持	兴业证券	最新临床进展点评	★★★★
2011-02-11	强烈推荐	维持	兴业证券	治疗性乙肝疫苗进展公告	★★★★
2011-01-26	强推	维持	华创证券	治疗用合成肽乙肝疫苗临床试验均进展顺利 成功概率加	★★★★
2010-12-03	强烈推荐	维持	兴业证券	商务部批准嘉士伯收购公司股权	★★★★
2010-12-03	强烈推荐	维持	兴业证券	最新临床进展点评	★★★★
2010-11-08	强烈推荐	维持	兴业证券	疫苗进展顺利,前景一片光明	★★★★
2010-11-04	强烈推荐	维持	兴业证券	嘉士伯收购公司股权获得国资委批准	★★★★
2010-11-02	强烈推荐	维持	兴业证券	主业稳定增长,未来还看疫苗	★★★★
2010-10-13	强烈推荐	维持	兴业证券	治疗性乙肝疫苗临床进展公告点评	★★★★
2010-09-07	强推	维持	华创证券	重庆啤酒-治疗用乙肝疫苗临床试验进展顺利,建议继续	★★★★
2010-08-31	增持	无	金元证券	嘉士伯入主利于啤酒业务,核心价值在治疗性乙肝疫苗	★
2010-08-27	强烈推荐	维持	兴业证券	天气影响啤酒销售,未来关注疫苗进展	★★★★

图 9-2 证券公司对重庆啤酒的态度

某些证券公司始终强推该公司,导致其公司股价持续大幅上涨。图 9-2 中的兴业证券就是这些证券公司中最具代表性的一家。据统计,从 2009 年

8月起,兴业证券研究员王晞一共对重庆啤酒发布了27份研究报告,其中有25份报告明确给予"强烈推荐"。在其发布的一份报告中称,治疗性乙肝疫苗的创新性是前所未有的,其市场价值、经济效益也是空前的,今年完成Ⅱ期临床,并顺利进入Ⅲ期临床的话,该疫苗对母公司的贡献在每股110元以上,并维持"强烈推荐"评级,从未提示过任何风险。但兴业证券的评级报告也于这里止步。乙肝疫苗研发结果揭盲之后,这位曾力推重庆啤酒的证券研究员再也没有发表任何有关重庆啤酒的评估报告。由此我们得知,正是因为有了这些在普通股民心中具有权威性的证券公司的联合强推,使广大投资愿意相信乙肝疫苗项目实施情况良好,给该公司掩藏其真实情况提供了机会和时间,导致信息披露滞后。

三、案例分析——建议和意见

(一)针对现行的法律制度

由于现行制度的缺陷,不能保证上市公司信息披露的真实性。要通过法律保证其真实性,就要健全相关立法,完善制度,从法律上保证上市公司披露的信息的真实性,防止虚假陈述的泛滥,应当在实体法上明确其义务范畴,并以不履行义务时的责任承担为约束,促使上市公司不作虚假陈述,而能真实、准确、完整、及时地披露相关信息。科学规范虚假陈述带来的一系列法律问题,核心在于对投资者民事救济制度的健全,通过合理的民事责任的设定、具体的实体法的规定,使相关义务主体如实披露信息,有利于监督和制约虚假陈述行为,从而调动广大投资者的积极性,推动证券资本市场的健康发展。

(二)针对上市公司

上市公司要提高公司信息披露的有效性,在信息的真实性和公平性上下功夫。

1. 应避免无效信息披露

重庆啤酒的公告中基本上是形同虚设,无任何实质性的相关内容,让业内各界人士看的是一头雾水。上市公司应避免这种现象。

2. 针对企业特点细化披露要求

对一些重要的信息持续跟踪披露,而不能流于形式,应对相关条款进行细一点的描述和解释。诸如重庆啤酒等上市公司超过几十页厚厚的年报到底给是给谁来看?中小散户认为,这样的年报过于复杂,而机构投资者却抱怨披露的信息不够充分。针对这样的矛盾,要加大信息披露的有效性和针对性,既能让普通小散户看得懂,也能让机构投资者看个明白。

3. 上市公司应建立健全相关内部控制制度

上市公司应按照《企业内部控制基本规范》的要求建立健全与财务报告相关的内部控制制度,提高信息披露质量,建立健全内幕信息知情人登记管理制度,维护信息披露的公平原则。

(三) 针对监管部门

(1) 对上市公司进行以落实诚信责任为重点的巡回检查和专项核查,督促各有关方面切实履行诚信责任。

(2) 利用新技术、新方法丰富监管手段,开辟更加畅通、便捷和高效的资信渠道,充分利用和发挥社会各界的监督力量,进一步加强对上市公司的一线监管,如建立上市公司资信信息网、上市公司失信举报电子信箱等。

(3) 建立上市公司诚信评级和公告制度。根据上市公司的信息披露情况,将上市公司分为守信和失信两类,再根据守信和失信的程度划分为若干级别,并定期和不定期地加以公告。

(4) 建立诚信档案,实行黑名单制。为上市公司、中介机构、董事、监事建立诚信档案,详细记录他们在信息披露方面的行为,并将失信者列入黑名单。

(四) 针对中小投资者

1. 坚持低估选股

只有低估了的个股才有安全边际,才有投资价值。

从短期来看市场是一个报价器,而从长期来看却是一个称重器。在乐观的时候,报价器会报一个过高的价格,在悲观的时候,它又会报一个过低的价格。作为一个价值投资者,就是要发现这种被报低的机会,买入并耐心持有,直到市场对它的错误报价进行修正之后再卖出,实现投资的正收益。

2. 耐心等待

投资本来就是一个不断等待的过程。发现好企业后等待安全边际的出现,买入股票后等待企业价值回归,卖出股票后等待下一次机会的来临,这都需要耐心等待。只有学会了耐心等待,才能在投资市场中获得丰厚的回报。但是要做到这一点很难,因为这不仅需要对企业价值和前景的深刻理解,还需要克服人类固有本性:贪婪和恐惧。而对于那些把目光和主要精力集中在股价变化上而不是企业经营本身的投资者来说,恐怕更是难上加难了。因此有人说,真正投资大师的境界不在股票上,而在于心态。

(五) 针对大型的投资基金与证券公司等机构投资者

(1) 基金与证券公司等机构投资者在自身投资上市公司时,首先要看清这家公司现实拥有的和未来成长过程中可能具备的分红能力,尽量避免对不切实际的投资标的的追逐。例如,重庆啤酒看似前景无限却虚无缥缈的乙肝疫苗研究项目。

(2) 证券评估应该更加理性与公正。重庆啤酒股价一路走高的一个重要原因除了乙肝疫苗自身的话题性之外还有兴业证券对其接连不断的"强烈推荐"。从表面上我们无从得知兴业证券与重庆啤酒之间到底有什么紧密联系促使其不断为重庆啤酒加高声势,最终承受损失的还是不够理性的投资者。

四、参考文献

[1] 王芳. 财务舞弊与财务报表的审计方法透视[J]. 经营管理者, 2009, (3).

[2] 孙惠, 张翠燕. 析企业财务风险控制[J]. 合作经济与科技, 2009, (2): 5-10.

案例23 酒鬼酒案例

一、案例介绍

（一）公司背景

酒鬼酒股份有限公司（以下简称酒鬼酒）于1997年4月28日经湖南省人民政府批准，由湖南湘泉集团有限公司独家发起，以其所属湘泉酒公司、酒鬼酒公司、陶瓷公司三家公司的净资产折股投入，经中国证券监督管理委员会（证监发字［1997］361号、362号）批准首次向社会公开发行5 500万股人民币普通股股票，并于1997年7月18日在深圳证券交易所上市。

公司主营业务为生产、销售酒鬼酒、湘泉酒、内参酒等系列白酒产品，产品畅销全国30多个省、自治区、直辖市，远销美国、日本、俄罗斯、韩国、东南亚及中国港澳台等20多个国家和地区。酒鬼酒为"中国驰名商标"。公司曾先后荣获"全国酒文化优秀企业""全国"五一劳动奖状""全国轻工业系统先进集体""全国先进集体""中国公众形象优秀企业""全国质量效益企业""全国酿酒行业优秀企业""全国酒文化优秀企业""中国公众形象优良企业""全国食品行业质量效益型先进企业""全国食品工业科技进步优秀企业"等多项荣誉。

（二）案例内容

然而这只2012年的牛股，因被21世纪网报道塑化剂超标260%，于当日（2012年11月19日）停牌。此消息的杀伤力巨大，其他未停牌白酒上市公司被连坐，股价纷纷跳水。

11月19日，21世纪网题为"致命危机：酒鬼酒塑化剂超标260%"的报道称，21世纪网在酒鬼酒实际控制人中糖集团的子公司北京中糖酒类有限公司购买了438元/瓶的酒鬼酒，并送上海天祥质量技术服务有限公司进行检测。检测报告显示，酒鬼酒中共检测出3种塑化剂成分，分别为邻苯二甲酸二(2-乙基)己酯(DEHP)、邻苯二甲酸二异丁酯(DIBP)和邻苯二甲酸二丁酯(DBP)。其中,酒鬼酒中邻苯二甲酸二丁酯(DBP)的含量为1.08 mg/kg。而2011年6月卫生部签发的551号文件《卫生部办公厅官员通报食品及食品添加剂中邻苯二甲酸酯类物质最大残留量的函》,规定DBP的最大残留量为0.3 mg/kg,酒鬼酒中的塑化剂DBP明显超标,超标达260%。此后,湖南省质量技术监督局11月21日向质检总局报告,经湖南省产商品质量监督检验院对50度酒鬼酒(32.65,1.81,5.87%)样品进行检测,检验结果显示,DBP最高检出值为1.04 mg/kg,按照0.3 mg/kg的标准计算,超标2.47倍,即塑化剂含量超出卫生部食品标准247%。

塑化剂在中国内地俗称增塑剂,是工业上被广泛使用的高分子材料助剂,在塑料加工中添加这种物质,可以使其柔韧性增强,容易加工,可合法用于工业用途。同时,食品在储存过程中也会有微量增塑剂从包装材料中迁移到食品中。塑化剂的物质成分为邻苯二甲酸酯类物质,本身就是化学品,其分子结构决定邻苯二甲酸酯类物质都是对人体有毒的。塑化剂真正让公众认识是在2011年5月,塑化剂在台湾引起轩然大波,并最终成为重大食品安全事件。台湾食品中先后检出DEHP、DINP、DNOP、DBP、DMP、DEP等6种邻苯二甲酸酯类塑化剂成分,药品中检出DIDP。截至6月8日,台湾被检测出含塑化剂食品已达961项。这场塑化剂风波也波及大陆。2011年6月1日卫生部紧急发布公告,将邻苯二甲酸酯(也叫酞酸酯)类物质,列入食品中可能违法添加的非食用物质和易滥用的食品添加剂名单。同时,卫生部于6月发布了《卫生部办公厅官员通报食品及食品添加剂中邻苯二甲酸酯类物质最大残留量的函》,规定了DEHP、DINP和DBP的最大残留量。而塑化剂引起如此大的恐慌,主要是因为其对人体危害极大。长期摄取塑化剂会干扰内分泌,造成孩子性别错乱,使女孩性早熟,使男性生殖器变短小、性征不明显、精液量和精子数量减少等。有研究表明,塑化剂还会增加肝肾负担,对免疫系统、消化系统会造成慢性伤害,严重的还会导致肝癌。而"传承湘西悠久的民间传统工艺,独创中国白酒馥郁香型"的酒鬼酒,业绩突飞猛进之时,却把大量带毒的酒不断抛向市场,让信赖其品质的消费者无辜受害。

"塑化剂"事件除却对消费者造成负面影响外,对股市投资者也是一次重大考验。陷入"塑化剂门"后酒鬼酒复牌连续4天跌停。短短一周内,酿酒食品板块整体下跌3.5%。

酒鬼酒塑化剂超标事件在整个白酒行业引发地震,13只白酒类股票中,除当日停牌的酒鬼酒之外,其余12只个股均出现了较大幅度的下跌,短短一个交易日之内,白酒板块就蒸发了324亿元的市值。

而对于事件核心的酒鬼酒来说,停牌也并未能够阻止其股价的下跌。2012年11月23日复牌之后,酒鬼酒就遭遇了4连跌停。截至12月5日收盘,酒鬼酒收报于30.75元/股,较停牌前的47.58元/股的收盘价格已经跌去了35.37%。

二、问题梳理

酒鬼酒一直处于风口浪尖。2005年,酒鬼酒被证监会立案调查,前任董事长刘虹也被依法拘留,这在当时引起了轩然大波。酒鬼酒2005年半年度财务报告披露时账上还有4.36亿元的货币资金,主要是当年收购原控股股东湘泉集团的股权转让款。由于之前湘泉集团占用巨额资金,所以这笔钱就直接注入酒鬼酒。但是,截至2005年9月7日,公司账上4.2亿元资金均被大股东成功集团及其关联方全部转出,存放在银行3个账户内的实际资金余额只有503元。其中18 238.45万元转入成功开发投资,1 600万元转入湖南福莱特,另外约2.2亿元的资金早已不在公司账上,不明去路。

与此同时,终端市场调查显示,酒鬼酒在大众消费市场并不火爆,但其2012年年报显示,6个月时间酒鬼酒做到2011年近全年业绩,营业收入9.29亿元,同比上涨超133%,净利润2.61亿元,同比增幅超329%。上半年是传统的销售淡季,酒鬼酒利润却大增3倍。酒鬼酒2012年半年报一经公布,市场人士对比酒鬼酒的母公司报表和合并报表发现,负责省外市场的供销公司截至6月30日的预收账款高达3.44亿元,占酒鬼酒总预收账款的74%;存货仅为1亿元,不到酒鬼酒总存货的20%。有关酒鬼酒可能通过短期在省外大量铺货来迅速提高业绩的猜测一直弥漫。

(一) 管理层信息披露的义务

关于酒鬼酒含塑化剂超标一事,根据新浪财经的报道,中国酒业协会早在2011年6月就已获知白酒普遍含有塑化剂,但这一问题却拖延了17个月后才被披露,未将相关情况及时公之于众。而酒鬼酒副总经理范震称,公司早在2012年10月底就拿到了这份报告,并已经和报道这一事件的媒体进行了沟通。酒鬼酒作为一家上市公司,其管理层为何最终通过这样的形式,在相对迟滞的时间以及在事件已经见诸报端的情况下才对消费者及投资者披露早已掌握的情况?

(二) 董事会的监督作用

董事会对公司管理层起监督作用。作为公司内部的核心治理机制,董事会监督的有效性对公司管理层决策的成本起到重要影响。酒鬼酒的董事会是否对产销流程进行监督并对产品质量进行检验,对公司的渠道经销商及销售账款明细是否及时验查,以及是否就对投资者决策有重大影响的公司重要信息监督管理层及时进行披露。

(三) 审计单位的鉴证职责

作为酒鬼酒的审计单位,国富浩华会计师事务所是否基于现代风险导向审计了解了被审计单位的经营情况及其所处的行业环境,并对被审计单位内部管理体制以及质量控制系统进行了评估,进而对酒鬼酒的财务数据以及经营风险基于鉴证和判断,帮助投资者进行判断值得怀疑。同时,注册会计师是否熟悉企业的生产即运转流程,对白酒中塑化剂含量超标是在哪一环节发生有无基本的认识。这些问题有待进一步调查说明,其结论也将对食品行业的审计人员具有长远启发。

三、案例分析——建议和意见

（一）针对监管部门

在现行的制度下，白酒产品质量的管理涉及众多的部门，包括国务院食品安全委员会办公室、商务部、卫生部、国家质检总局、国家食品药品监督管理总局，还有酒类专卖部门，以及作为行业组织的中国酒业协会。

自2004年开始，根据《国务院关于进一步加强食品安全工作的决定》，确立了"一个监管环节由一个部门监管"的原则，采取"分段监管为主，品种监管为辅"的方式，由农业部、质检总局、工商总局、卫生部分别对农产品生产环节、食品加工环节、食品流通环节和餐饮业和集体食堂等消费环节进行监管，形成了多部门齐抓共管的食品安全监管体制。2009年，上述监管体制在《食品安全法》中以法律的形式确定下来。2011年5月，台湾发生添加塑化剂DEHP恶性食品安全事件后，塑化剂也引起了大陆有关监管部门的重视。上述的分段管理机制立即投入运作。2011年6月，卫生部签发551号文件《卫生部办公厅关于通报食品及食品添加剂中邻苯二甲酸酯类物质最大残留量的函》，该文件规定DBP的最大残留量为0.3 mg/kg。这个函件发送给了工信部、商务部、工商总局、质检总局办公厅，食品药品监管局办公室，食品安全办综合司。2011年6月下旬，国务院食品安全委员会办公室发布《关于进一步加强酒类质量安全工作的通知》（食安办[2011]23号文）。文件中要求"认真排查酒类生产、贮存、运输、销售环节存在的安全隐患"，但未具体提及酒类中的塑化剂风险。此时，国家质检总局正在部署全国食品领域紧急排查塑化剂，国家食品药品监督管理局6月中旬即在药品中检出塑化剂，发现并通知禁用8种含塑化剂产品，涉及香精等行业，但未涉及酒类塑化剂问题。

在公开文件中，最早将塑化剂问题和白酒行业联系起来的是中国酒业协会。中国酒业协会的内部文件称，早在2011年6月，中国酒业协会就获知了白酒产品中含有塑化剂有关信息，中国酒业协会白酒分会分别与全国重点白酒企业、国家相关检测、科研机构进行沟通并布置调研任务。之后,中国酒业协会在2011年7月18日发布关于贯彻落实国务院食安办23号文加强行业自律的通知(中酒协[2011]32号文),要求白酒企业"禁止在酒类生产、贮存、销售过程中使用塑料制品,加强对接触酒的塑料瓶盖的检测"。2012年4月中国酒业协会白酒分会理事会会议和7月中国酒业协会全国白酒国家评委年会上,再次提出加强严控白酒产品塑化剂含量的要求。

但是由于行业组织的通知并无法律约束力,因而在白酒行业的执行效果自然要打折扣。我国的食品领域虽有塑化剂标准,但这一标准是由卫生部制定,且并非专门针对酒类行业。而目前我国白酒行业质量安全的日常监管单位主要是质检局系统,但质检部门在白酒领域并没有针对塑化剂检测标准,在白酒抽检明细中也没有塑化剂检测项目。

为了更好地协调各部门之间的关系,《食品安全法》设立了"国务院食品安全委员会",这在当时被誉为一大创举。2010年,国务院食品安全委员会设置了"国务院食品安全委员会办公室"(简称国家食安办),自此国家食安办开始履行职责。

(二)针对现行标准

除却监管漏洞外,检测项目的设置常常是滞后的。对于要不要去检测一个指标,这种预判通常是经验型的。2012年6月27日,国家质检总局官网发布关于公布2012年24类产品质量国家监督抽查结果的公告,其中公布的白酒产品质量国家监督抽查结果,并未提及发现塑化剂问题。行业检测标准的设置滞后影响了质检部门在白酒塑化剂监管上的作为。

目前国家监管部门还没有对一家白酒生产企业进行过处罚。较早触发白酒行业整改塑化剂问题的,是地方政府。由于贵州名牌产品老干妈因被检出塑化剂含量超标导致出口欧盟受阻,以白酒为支柱产业的贵州仁怀,地方政府较早重视起酒类塑化剂问题。2012年4月,根据仁怀市委市政府的要求,仁怀大小酒厂全部整改。仁怀市茅台镇展开由仁怀市酒类发展局牵头,公安、质检、卫生等部门参与的大规模塑化剂联合执法行动。

（三）针对上市公司

上市公司有责任对自身生产的产品质量进行检验和把关，对消费者的安全和健康具有责无旁贷的义务。酒鬼酒公司的管理层应重新检验自身的生产、运转及经销流程，及时向消费者公布产品质量的最新信心，以及做好相应的退换货等后续工作，以补救对消费者带来的损害。

同时，在资本市场上，上市公司也应该及时披露重大信息，以避免误导投资者的投资决策。除却管理层在此方面应尽责任和义务外，公司董事会作为内部治理的重要机制，也应发挥自身的监督和管理作用，抑制代理问题的发生，维护投资者的知情权，保护投资者的利益。

（四）针对会计师事务所

酒鬼酒公司的审计单位应基于现代风险导向审计，了解被审计单位的经营情况及其所处的行业环境，并对被审计单位内部管理体制以及质量控制系统进行评估，进而对酒鬼酒的财务数据以及经营风险基于鉴证和判断，帮助投资者进行判断。注册会计师应对白酒行业全行业的生产状况有所了解。同时，注册会计师应熟悉企业的生产即运转流程，对白酒中塑化剂含量超标是在哪一环节发生有基本的认识，并对可能存在风险的环节进行重点审查。

（五）针对大型的投资基金与证券分析师

在A股市场中，像白酒这样的增长稳定、没有周期性的较好的投资标的不多，在这种选择较少的情况下，在经济下行周期中，券商分析师重点推荐这类股票皆是人之常情。然而，即便像股票业绩增长比较明确的食品饮料行业，是在买入和持有时也应当重点考虑食品安全的风险，因为其常常属于突发性的、无法预见的风险，短期势必会造成股价的大幅下挫，并且使整个行业的估值水平受到影响，故应相应的调整行业的估值。

从食品安全事件本身的性质以及影响范围来看，可以将其分为以下几类：①全行业、龙头公司、大部分产品的食品安全事件，此类食品安全事件影响范围广(几乎涉及整个行业、龙头公司主流产品)、对消费者损害严重,由此对企业经营销售带来致命打击,恢复时间长;②龙头公司、部分产品的食品安全事件,此类食品安全事件局限在龙头公司的部分子公司、部分产品里面,事件蔓延得到控制,对企业经营阶段性影响较大,但不至于影响到企业的存亡;③部分公司、部分产品的食品安全事件,以及部分公司、部分产品、经检测没有食品安全问题的事件。酒鬼酒"塑化剂"事件属于第一类情形,几乎涉及整个行业、龙头公司主流产品,对消费者和投资者都造成严重的负面影响。在此种情况下,机构投资者尤其应当考虑谨慎使用集中投资的方式,特别是在一些容易出现系统性风险和无法预料的突发性事件的行业当中。

四、参考文献

[1] 张璐. 酒鬼酒:生产线无塑料设备,问题或出在包装线[N]. 北京晨报,2012.11.26.

[2] 庞倩影. 酒鬼酒与经销商"做市"利益链恐断裂[N]. 新快报,2012.11.27.

[3] 张麒麟. 酒鬼酒获省长质量奖[N]. 羊城晚报,2013.02.24.

[4] 陈羽桃,胡北忠. 内部环境与企业风险管理浅析[J]. 贵州社会科学,2012,(6).

第十章
审 计 报 告

审计失败案例分析

 案例 24　美国废物处理公司案例①

一、案例介绍——美国废物处理公司事件简介

1998年2月24日,位于得克萨斯州的美国废物处理公司(Waste Management)发布声明,宣布重新编报该公司1992年至1996年5个年度以及1997年头3个季度的财务报告,这犹如在平静的资本市场扔进了一枚炸弹。在声明中,美国废物处理公司承认,截至1996年年底,该公司虚报了税前收入14.3亿美元,少报纳税费用1.78亿美元。这是美国自1933《证券法》颁布后至事发时最大的一桩财务报表重报事件。

美国废物处理公司属于最受会计师事务所欢迎的客户,它是"明星公司"。作为一家主要从事有毒有害废物的处理、能源回收利用、环保技术开

---

① 美国废物处理公司的审计失败主要摘自陈汉文等(2003):《安达信:事件与反思》。

发、工程和咨询等业务的大型公司,该公司一直聘请安达信会计师事务所进行年度审计工作,是安达信会计师事务所的忠实客户,也为安达信会计师事务所带来了丰厚的收入。根据该公司管理层报告给其审计委员会的资料,仅1991年至1997年间,安达信会计师事务所就从该公司收取了750万美的审计费用,平均每年的审计费高达100万美元;同期安达信会计师事务所对该公司非审计服务收费更是达到了1 180万美元,几乎是审计费用的两倍。

然而,美国废物处理公司又是一家令会计师颇为头疼的客户。从20世纪80年代后期开始,该公司的经营业绩停滞不前,管理层授意财务人员采用一些比较激进的会计程序,以提高公司的每股盈余。每年的第四季度末,美国废物处理公司都根据预期的盈利指标来调整已提取的固定资产折旧额,且大量采用与一般公认会计准则(GAAP)不一致的会计程序来推迟确认费用。比如,不适当地对废物填埋成本的利息进行资本化、不足额计提纳税准备和自我保险准备、不适当地采用购买法会计法来增加环境损害赔偿准备、不适当地用环境损害赔偿准备来冲销经营费用、拒绝冲销已经放弃了的或已经减值了的废物填埋地的开发成本,等等。各项会计程序的目的都是为了降低当期的经营成本,从而增加当期的经营性收益。

从1992年开始,美国废物处理公司显著提高了利润虚报的金额,它不仅继续采用少报或者推迟确认费用的会计程序,而且通过对收益进行错误分类,用一次性收益冲销经营费用,以降低经营费用。在1992年,公司用首次公开发行证券中获得的一部分收益抵销当期经营费用和以前年度的错报。1995年,美国废物处理公司通过服务器项目的权益置换实现了1.6亿美元的收益,这一非经常性收益立即被用来抵销与此无关的经营费用以及1994年以前发生的错报,其金额占到1995年税前经营性收益(未提特别拨备)的10%。1996年,美国废物处理公司又用出售两家子公司的收益抵销经营费用和以前年度的错报,从而虚增公司的税前经营性收益(未提特别拨备)5.9%。所有这些抵销事项,美国废物处理公司都没有在财务报表附注中进行披露,也没有按照美国证券交易委员会的要求在"管理层分析与讨论

(Management's Analysis and Discussion)"中予以说明。

通过上述利润操纵手段,美国废物处理公司在1992年至1995年期间,虚增净利的幅度分别为14.9％、56.8％、25.0％、77.6％,1996年更将亏损3 900万美元错报为盈利1.9亿美元。1997年年底,美国废物处理公司管理层发生重大变动,新的管理层对前任业绩进行复核,揭开了该公司操纵利润的行为。资本市场中每一起上市公司的财务报表失实事件,都将不可避免地把负责审计的会计师事务所卷入舆论的旋涡之中,更不必说这样一起惊天大案。长期以来,负责对美国废物处理公司进行审计的安达信会计师事务所,每年都出具无保留意见审计报告(具有讽刺意味的是,该公司新管理层仍然聘请安达信会计师事务所对重新编报的财务报表进行审计,后者不无尴尬地再次出具了无保留意见审计)。面对美国废物处理公司1998年2月24日发布的声明,人们不禁要问,如此巨额的财务报表错报,安达信会计师事务所怎么可能在长达数年的时间里没有发现任何蛛丝马迹?实际上,安达信会计师事务所不仅早就察觉到美国废物处理公司操纵利润的踪迹,而且还曾多次要求该公司进行整改。然而美国废物处理公司一意孤行,安达信会计师事务所则由于各种原因未能坚持自己的立场,只能眼睁睁地看着废物处理公司丑闻爆发。

SEC对安达信会计师事务所的处罚如下:安达信会计师事务所因纵容废物处理公司的财务舞弊,在1992年至1996年期间"故意地"和"不顾后果地"为美国废物处理公司提供虚假、具有误导性的审计报告,虚报收入14.3亿美元,被华盛顿联邦法庭以"欺诈及伪造账目罪"判处罚款700万美元。其中有3名合伙人除了被罚款外,还被SEC处以5年内不得从事审计工作,另有1人1年内不得从事审计工作的惩罚。

二、问题梳理——安达信会计师事务所审计失败的原因

作为美国废物处理公司多年的审计师,安达信会计师事务所对该公司财务报表的错报有充分的了解。从1988年开始的各次审计中,安达信会计

师事务所负责美国废物处理公司的审计小组不仅发现,而且记录下了美国废物处理公司中已经引起错报以及可能引起错报的诸多会计事项。鉴于该公司连续数年少提准备金或者毫无根据地改变会计估计等方式且废物处理行业的会计估计和会计计量具有很大主观性,安达信会计师事务所内部的风险测评程序在1993年就将美国废物处理公司评定为"高风险客户"。为此,安达信会计师事务所将该公司置于"受监管的客户"名单中,在审计程序上丝毫不敢松懈。对于其中的一些重大问题,安达信会计师事务所中部地区的审计业务董事、安达信会计师事务所的管理合伙人以及安达信会计师事务所审计部门的负责人都参与了讨论决策。有些事项涉及美国废物处理行业的一些特殊业务的会计处理,审计人员还咨询了安达信会计师事务所内部会计准则组(Accounting Principle Group)中的废物行业专家,并听取他们的意见。

一个审计项目经过如此严格的把关并有多位高级合伙人介入,为什么仍然出现了重大失误?根据美国证券交易委员会(SEC)的调查,安达信芝加哥事务所对废物处理公司的审计至少存在着三个方面的问题:

第一,未能严格地执行审计程序。美国废物处理公司存在着大量引起或可能引起错报的会计程序,这些程序有些直接与公认会计原则(GAAP)相抵触,有些属于废物处理行业的特殊业务,如废物填埋的成本摊销,废物处理场歇业后潜在的环境损害赔偿责任,等等。对于后一类事项,GAAP中往往没有具体涉及,但美国废物处理公司采用的会计程序明显地存在引起财务数据失真的可能性。然而,由于这些事项很多而且比较琐碎,每一项的金额都不太大,安达信会计师事务所的审计人员认为它们都不是"实质性"的,因而没有进行定量分析,也没有全面地估计其对财务报表数据可能产生的影响,这就使得许多错报从审计人员眼皮底下溜了过去。如在1993年度审计中,审计人员仅对一部分违反GAAP的会计程序进行了量化,就确定了1.28亿美元的虚报,占公司剔除非经常性损益前净利润的13%。如果审计人员同时对已经发现的其他有问题的会计程序(如应冲销的填埋项目减值列为递延费用,将环境损害赔偿准备转回利润等)进行全面量化,可能早就发现美国废物处理公司的财务报表失实程度比他们想象的要严重得多。

第二,高级合伙人专业判断上的失误。安达信会计师事务所内部审计手册要求:当审计小组提出的调整分录达到客户净经营性收益的8%以上时,签字合伙人需要咨询审计业务董事等高级合伙人的意见。由于美国废物处理公司数年间的调整分录都很大,审计项目负责人Allgyer和Maier多次向审计业务董事以及安达信会计师事务所审计部负责人汇报,并征求他们的意见。Allgyer甚至还向安达信会计师事务所的执行合伙人作了汇报。然而这些合伙人每次形成的意见都是:这些错报不属于"实质性"的,因而可以对该公司的财务报表签发无保留意见审计报告。

造成高级合伙人判断失误的原因是多方面的。首先,废物处理行业的会计估计和会计计量具有很大主观判断性,审计人员通常不太容易否定客户选择的会计程序。其次,美国废物处理公司每年的错报都涉及一些以前年度错报的累积影响,几位提供咨询意见的高级合伙人在运用分析性程序评价这些错报的严重性时,没有采用安达信会计师事务所审计手册所要求的"铁幕法"(iron-curtain method),而是错误地采用了"前推法"(roll-forward method),低估了问题的严重性。这两种方法在对待以前年度错报的问题上有根本性区别:按照铁幕法,审计人员在判断客户财务报表错报的严重性程度时,应当将以前年度的错报与本年度的错报一并考虑在内;而在前推法下,只需要衡量本年度的错报相对于本年度净利润金额的比重。再次,合伙人过于依赖技术性的指标分析,没有对美国废物处理公司系统性的造假行为的性质给予足够的重视。例如,审计小组没有量化的会计程序虽然单个而言都不是实质性的,但是其数量众多,应该足以警示审计人员注意问题的严重性。最后,安达信会计师事务所的风险测评已经将该公司定位为"高风险户",但仍然不适当地信赖了该公司对选择特定会计程序理由的解释,最终酿成恶果。

第三,对客户管理层过于宽容,事实上放任了会计违法行为的发生和持续进行。无论是疏于对错报进行全面定量分析,还是专业判断上对客户过度信赖,都源于安达信会计师事务所对美国废物处理公司管理层的宽容态度,总是期望后者能改进其会计程序。因此,安达信会计师事务所一方面冒着风险出具无保留意审计报告,另一方面则不断督促美国废物处理公司进行整改。早在签发1993年度无保留意见审计报告的同时,审计项目负责人ALLGYER就根据高级合伙人的指示,向美国废物处理公司首席执行官提交了详细的《改进措施表》,其中列举了安达信会计师事务所认为该公司必须立即采取的最低限度的改进措施,包括减少(即向后结转)该公司积累下来的错报金额,并改变那些导致错报(包括已经量化的以及其他已知的或可能的错报)的会计实务。同时还向该公司提供了"合理的"与"保守的"两种会计程序,建议该公司采用。

然而,安达信会计师事务所没有将《改进措施表》提交给美国废物处理公司的审计委员会,而是仅仅向后者说明已经与管理层就整改达成了共识;而且,在该公司管理层的请求下,安达信会计师事务所也没有要求其立即实施最低限度的整改措施,而是许可其在5年至7年内完成。即使如此,美国废物处理公司仍然对安达信会计师事务所的整改建议置若罔闻,继续大量采用不符合公认会计原则的会计处理程序。安达信会计师事务所尽管对此深为恼火,但只是向该公司审计委员会成员私下进行抱怨,最强烈的反应也不过是在1996年年初向美国废物处理公司提交了一份备忘录,声明"……我们不同意这种处理(指该公司用一次性收益抵销经营费用和以前年度收益,并隐瞒不报),而且我们很明确地告知贵公司管理层,这是SEC非常关注的领域。我们将继续关注这一问题,并评估隐瞒不报对整个财务报表披露的实质性影响以及对本年净利润的影响"。

安达信会计师事务所终究没有撤销已出具的无保留意见审计报告,也没有采取任有力的措施来防止或制止美国废物处理公司在1996年继续用抵销经营费用和以前年度错报,这种软弱态度显然助长了美国废物处理公司管理层的造假气势。在安达信会计师事务所1996年的审计中,美国废物处理公司公然游说安达信会计师事务所审计人员认同该公司已提环境损害赔偿准备过高,因此可以转回到利润中;而当安达信会计师事务所审计人员就该公司用转让子公司的收益抵销经营费用提出调整分录时,该公司毫不客气地予以拒绝。

安达信会计师事务所为它的软弱付出了沉重的代价。审计小组的工作底稿、安达信会计师事务所发出的备忘录,日后都成为安达信会计师事务所明知美国废物处理公司的财务报表不符合公认会计原则却依然出具无保留意见审计报告的证据,从而将自己置于《证券法》重点打击的虚假陈述者之列。这大概也可以在一定程度上解释,安达信会计师事务所为什么在安然事件爆发后铤而走险,销毁了有关工作底稿:避免工作底稿再次成为自己被定罪的证据。

三、审计师的独立性

安达信会计师事务所对美国废物处理公司的非审计服务也达到相当的规模。对此,负责美国废物处理公司审计项目的签字合伙人 Allgyer 功不可没。Allgyer 被安达信会计师事务所视为最出色的"客户服务"合伙人,他不仅是安达信芝加哥事务所负责"客户服务"业务的合伙人,而且担任安达信会计师事务所的"营销董事"(marketing director)。在这个岗位上,Allgyer 负责协调安达信芝加哥事务所的市场推广工作,包括向审计客户推销非审计服务。安达信会计师事务所指派 Allgyer 负责美国废物处理公司的审计项目,就是因为 Allgyer 不仅具有为客户服务的献身精神,而且其个人风格与废物处理公司管理层非常匹配,可以为安达信会计师事务所拓展对该公司的非审计服务创造机遇。果不其然,Allgyer 在其接手美国废物处理公司审计项目后不久,就与该公司达成了限定审计收费(不超过以前年度的水平),但聘请安达信会计师事务所提供其他非审计服务的协议,包括税务咨询、非财务报表审计方面的鉴证业务、复核、监管问题以及其他咨询服务。从 1991 年至 1997 年,安达信会计师事务所从该公司收取了 750 万美元的审计费用,而非审计业务收费却达到1 180万美元。

此外,安达信咨询公司(Anderson Consulting)也向美国废物处理公司收取了600万美元的非审计服务费用,其中370万美元的收费源于一个"经营战略审查"项目。该项目的是由安达信咨询公司对美国废物处理公司的整个经营结构进行分析,并最终就该公司实施一个新的"增加股东价值"的营运模式提出建议。Allgyer先生是监督该项目运作的一个指导委员会的成员,其在指导委员会中工作的时间也计入了安达信咨询公司向美国废物处理公司收费的范围。而安达信会计师事务所在确定对Allgyer的业绩报酬时,也将安达信会计师事务所对废物处理公司的审计和非审计项目收费统一考虑在内。

当安达信会计师事务所与废物处理公司之间有着密切的非审计服务利益联系时,安达信会计师事务所很难证明其仍然保持了审计的独立性。

四、注册会计师的责任

SEC在对安达信会计师事务所作出处罚时区分了安达信会计师事务所的责任与有关合伙人的责任。对出具了重大错误审计报告的安达信会计师事务所本身提起了行政诉讼和民事禁令,同时对参与美国废物处理公司审计项目的几位合伙人提起了同样的诉讼。对于提供咨询意见的几位高级合伙人,SEC则仅对业务董事提起了行政诉讼,没有追究安达信会计师事务所的执行合伙人以及安达信芝加哥事务所审计部门负责人的个人责任。

美国废物处理公司出现重大错报的财务报表覆盖1992年至1996年这5个会计年度,其中,1992年的审计基本上是由签字合伙人(即项目负责人)Allgyer一手定论的,其他年度的审计都涉及安达信会计师事务所内部若干部门的合伙人。前后有6名安达信会计师事务所的合伙人牵涉其中,除签字合伙人以外,还有主要负责审核项目的第二合伙人,安达信芝加哥事务所的审计业务董事,安达信会计师事务所执行合伙人以及审计部负责人。后三者主要是对审计小组提出的一些重大专业判断问题提供咨询意见。

就安达信会计师事务所的责任而言,美国废物处理公司违规会计处理行为持续多年,所涉及的金额巨大,其错报行为的性质和严重程度触目惊心。安达信会计师事务所内部多位高级合伙人,如管理合伙人、审计业务指导以及会计准则专家等,都参与了对审计报告中有关问题的讨论,但却令人遗憾地作出了错误的结论。鉴于美国废物处理公司的财务报表并不符合公认会计原则,安达信会计师事务所的审计也没有遵循独立审计准则的要求,因此安达信会计师事务所在其出具的无保留意见审计报告中声明的"财务报表符合公认会计原则(GAAP)""审计过程符合公认审计准则 GAAS)"不符合事实。安达信会计师事务所需要对其合伙人以安达信会计师事务所的名义出具有重大错误的审计报告行为负责任。

安达信会计师事务所"知道或由于极其草率而不知道"(know or recklessly do not know),其为美国废物处理公司1993至1996年度财务报表出具的审计报告有重大误,其行为违反了《证券交易法》第10(b)条款以及SEC就该条款颁布规则10-b(5)(反欺诈规则);同时,安达信会计师事务所的行为也构成了SEC制定的《执业规则》(rule of practice)第102(e)(i)条款所指的不当执业行为。按照安达信会计师事务所与SEC达成的和解协议,安达信会计师事务所同意支付700万美元的民事罚金,并保证以后不再违反《证券法》以及SEC的相关规则。

合伙人的责任:第一,签字合伙人Allgyer在1992年至1996年间是美国废物处理公司审计项目的签字合伙人。2000年,55岁的Allgyer从安达信会计师事务所退休,但是仍然需要对其在职期间的行为负责。SEC指控Allgyer对1992年度的审计失误负有全部责任。他明知已经量化的错报(9 350万美元)就达到了税前收益的7.407 0亿美元,也知道或由于极其草率而不知道该公司还存在其他诸多可能引起错报、但尚未量化的不当会计程序,如报告的土地价值超过净可变现价值,用环境损害补偿储备来冲销经营费用,用首次公开发行证券的收益抵销当期经营费用和以前年度的错报且未披露等,却仍然签发了无保留意见审计报告。

SEC 进一步指控 Allgyer 在 1993 年至 1996 年的审计中有同样的过错。尽管在这些年度的审计中，安达信会计师事务所的其他咨询合伙人也参与了审计结论的决策过程，但 Allgyer 作为签字合伙人知道或不知道安达信会计师事务所从 1993 年至 1996 年的审计报告有重大错误和误导。Allgyer 同时知道该审计报告构成向 SEC 备案的公司 10-K 表格的一部分，因此，Allgyer 的行为违反了《证券交易法》第 10(b)条款以及 SEC 颁布的规则 10-b(5)，同时违反了《证券法》第 17 条（即不得向 SEC 报送有虚假信息的财务资料）。Allgyer 被处以民事罚金 5 万美元，并且在 5 年内不得从事受 SEC 监管的公司的审计业务或其他业务。

第二，第二合伙人 Maier 与合伙人塞卡夫斯奇（Cercavschi）。Maier 在 1992 年至 1996 年间出任美国废物处理公司审计项目的第二合伙人，与 Allgyer 共同负责该项目，主要职责是复核有关审计程序，以保证审计质量。他同时是安达信芝加哥事务所的风险管理合伙人。塞卡夫斯奇从 1988 年开始加入对美国废物处理公司的审计小组，担任高级项目经理；1994 年成为安达信会计师事务所的合伙人后，继续在该审计小组中工作。

作为合伙人，Maier 与塞卡夫斯奇了解该公司中存在的、已经被审计小组量化了的错报金额，也清楚该公司还存在诸多引起或可能引起错报但审计小组没有估计其金额影响的会计程序。然而，两名合伙人依然同意出具无保留意见审计报告。因此，他们的行为构成"知道或由于极其草率而不知道"安达信会计师事务所在相关年度出具的审计报告中有重大错误和误导。由于两合伙人同时知道该审计报告构成向 SEC 备案的 10-K 表格文件的一部分，因此，他们的行为违反了《证券交易法》第 10(b)条款、规则 10-b(5)和《证券法》第 17 条下的反欺诈规则，Maier 被处以民事罚款 4 万美元，且在 3 年内不得从事上市公司业务；塞卡夫斯奇被处以民事罚款 3 万美元以及 3 年内禁止从事上市公司业务。

第三，审计业务董事库森达（Kutsenda）。库森达作为合伙人，在 1992 年至 1995 年间担任安达信会计师事务所中部地区审计业务董事，负责对安达信会计师事务所在芝加哥、堪萨斯等地的事务所审计业务提供技术指导，监督审计质量和风险管理程序。

SEC对库森达的指控主要集中在其对美国废物处理公司1995年度的审计业务指导上。当审计小组向库森达汇报美国废物处理公司用1.6亿美元的一次性收益抵销与此无关的经营费用和以前年度错报，且此项抵销占该公司1995年税前收益的10%时，库森达知道或应当知道该项抵销业务违反公认会计原则，需要引起审计人员的高度警惕。然而，当签字合伙人征求其意见时，库森达认为该项抵销的金额是非实质性的，因此，只要美国废物处理公司在自己的总账中分别记录了收益和费用，仅仅是在财务报表中进行抵销，安达信会计师事务所也可以签发无保留意见审计报告。受库森达的结论的影响，安达信芝加哥事务所执行合伙人和审计部负责人也同意出具无保留意见审计报告。

SEC认为，库森达虽然不是美国废物处理公司审计小组的成员，但是，按照公认审计准则的要求，他作为安达信会计师事务所负责技术问题的合伙人，也应当保持适当的专业注意，根本不应该同意对这种有重大错误的财务报表签发无保留意见审计报告。库森达的行为极其不当，违反了职业守则的要求，构成SEC《执业规则》第102(e)(i)(ii)项下的不当执业行为，最后给予库森达1年内不得从事与上市公司有关的业务的行政处分。

五、结论

安达信会计师事务所在美国废物处理公司审计项目中翻船，再一次给注册会计师敲响了警钟。正如SEC在给安达信会计师事务所的处罚通知中所指出的："审计师一旦知道公司管理层不打算改正财务报表中的错报，就应当马上向管理层澄清自己的立场，考虑解约或者对财务报表发表保留意见。如果他没有这样做，而是继续将审计做完，他就会发现自己正处于一个进退两难的境地：他对一份有实质错报财务报表出具了无保留意见，从此提心吊胆，期望日后不被发现；要么就不得不在日后迫使管理层重新发布财务报表或提出保留意见,实际上就暴露了他自己在以前签发无保留意见审计报告时的过错,从而将置于法律责任的风险下。"其实,美国废物处理公司案件中暴露出来的主要问题之一:为同一客户提供审计与咨询服务从而影响审计师的独立性与之后发生的安然事件十分相似。遗憾的是,安达信会计师事务所未能从这一事件中吸取足够的教训,在安然事件中重蹈覆辙并最终走向覆灭。

六、参考文献

[1] 宋建波. 美国证监会审计案例精选[M]. 北京:中国人民大学出版社,2005.

[2] 陈汉文,王华,郑鑫成. 安达信:事件与反思[M]. 济南:济南大学出版社,2003.

[3] 王砚书,董丽英. 审计案例[M]. 大连:东北财经大学出版社,2012.

[4] 张景山. 审计案例分析[M]. 北京:中国市场出版社,2011.

[5] 饶斌,喻小明. 会计与审计案例分析——基于资本市场的案例[M]. 南昌:江西人民出版社,2011.

[6] 胡春元. 审计案例——源于资本市场[M]. 大连:大连出版社,2010.